지금부터
스트레스 재설정을
시작합니다

일러두기

1. 이 책의 사례에서 나오는 마약성 물질(substance)은 한국에서는 대부분 불법이며, 불법 물질에 대한 사용으로 사고나 문제가 생길 경우 국내 출판사와 원저작권사, 저자는 어떤 책임도 지지 않습니다.
2. 대마와 마리화나는 모두 '대마초'로 통일했습니다.
3. 이 책에서 도서명은 국내 미출간인 경우 원어를 병기했습니다.
4. 원서의 본문에서 'substance use'는 보건복지부 국립정신건강센터의 분류에 따라 '물질 사용'으로 번역·표기했는데, 이는 알코올 사용과 약물 사용을 모두 포함하는 개념입니다.
5. 이 책에서 다루는 내용은 전문 의학적 조언을 대신할 수 없습니다. 치료에 대한 문제는 먼저 의사 혹은 전문가와 상담할 것을 권장합니다.

몸과 마음을 빠르게 리셋하는 스트레스 제어법

지금부터 **스트레스 재설정**을 시작합니다

제니퍼 테이츠 지음 ★ 성세희 옮김

시그마 북스
Sigma Books

지금부터 스트레스 재설정을 시작합니다

발행일 2025년 8월 5일 초판 1쇄 발행
지은이 제니퍼 테이츠
옮긴이 성세희
발행인 강학경
발행처 시그마북스
마케팅 정제용
에디터 최연정, 최윤정, 양수진
디자인 강경희, 김문배, 정민애

등록번호 제10-965호
주소 서울특별시 영등포구 양평로 22길 21 선유도코오롱디지털타워 A402호
전자우편 sigmabooks@spress.co.kr
홈페이지 http://www.sigmabooks.co.kr
전화 (02) 2062-5288~9
팩시밀리 (02) 323-4197
ISBN 979-11-6862-383-5 (03180)

STRESS RESETS by Jennifer Taitz
Copyright © 2024 by Jennifer Taitz
All rights reserved.
This Korean edition was published by Sigma Books in 2025 by arrangement with Jenny Taitz c/o Levine Greenberg Rostan Literary Agency through KCC(Korea Copyright Center Inc.), Seoul.

이 책은 (주)한국저작권센터(KCC)를 통한 저작권자와의 독점계약으로 시그마북스에서 출간되었습니다.
저작권법에 의해 한국 내에서 보호를 받는 저작물이므로 무단전재와 복제를 금합니다.

파본은 구매하신 서점에서 교환해드립니다.

* 시그마북스는 (주)시그마프레스의 단행본 브랜드입니다.

나의 세 아이들 실비, 엘리, 애셔에게 –
스트레스를 마주할 때마다 용기와 친절을 택하기 바란다.

그리고 독자 여러분께 –
리셋으로 당신과 주변의 삶이 풍성해지기를 바랍니다.

차례

시작하며 _ 10
이 책의 사용법 _ 22

제1부 　스트레스를 아군으로 만들면 삶이 달라진다

제1장　뒤엉킨 실타래를 근사한 매듭으로 ·· 29
　　　스트레스 파헤치기　31 ｜ 스트레스를 인정하는 것, 그것이 임파워링의 시작　34

제2장　감정 조절의 힘 ··· 46
　　　어디서부터 시작할까　48 ｜ 감정의 ARC　52 ｜ ARC 개조하기　54
　　　어디서든 연습할 것　64

제3장　과도한 사고는 재고 대상 ·· 67
　　　과잉 사고는 왜 저절로 생길까?　70 ｜ 몸과 마음에 스트레스를 가두는 과잉 사고　73
　　　과잉 사고와 결별하는 초간단 가이드　77

제4장　물질 없이 이겨 내는 삶 ··· 86

제5장　더 중요한 것에 집중을 ·· 102

제2부　위기의 순간을 위한 스트레스 리셋

마음 리셋　01　그 자리에 버티고 서서 닻을 내려라 ····················· 125
마음 리셋　02　자신의 마음 상태를 인정하라 ····························· 127

마음 리셋	03	지혜의 마음을 찾아라	130
마음 리셋	04	생각을 노래하라	132
마음 리셋	05	철저하게 받아들여라	134
마음 리셋	06	감정에 이름을 붙여라	137
마음 리셋	07	자신을 인정하라	139
마음 리셋	08	득과 실을 따져 보라	142
마음 리셋	09	사랑을 보내라: 오글거린다면 더욱더!	144
마음 리셋	10	인생을 원그래프로 시각화하라	147
마음 리셋	11	극단적으로 생각하는 순간을 포착하라	149
마음 리셋	12	자신의 가정을 확인하라	152
마음 리셋	13	감정을 밀려오는 파도로 여겨라	155
마음 리셋	14	악몽을 길몽으로 바꿔라	157
마음 리셋	15	마음을 열고 의미를 찾아라	159
신체 리셋	16	열을 식혀라	161
신체 리셋	17	짧고 빠르게 몸을 움직여라	163
신체 리셋	18	긴장을 풀어라: 점진적 근육 이완	165
신체 리셋	19	천천히 바디스캔을 시작하라	168
신체 리셋	20	한숨의 미학을 체험하라	171
신체 리셋	21	5초간 들이쉬고 5초간 내뱉는, 박자 호흡을 하라	174
신체 리셋	22	박스 호흡을 실시하라	177
신체 리셋	23	살짝 미소를 지어라	179
신체 리셋	24	다리를 벽에 대고 올려라	181
신체 리셋	25	시야를 넓혀라	183
신체 리셋	26	몸을 터치해서 편안함을 얻어라	185
행동 리셋	27	STOP, 그냥 멈춰라	186
행동 리셋	28	충동의 파도 위에서 서핑을 즐겨라	188
행동 리셋	29	산책을 하라	191
행동 리셋	30	DJ가 되어서 무중력 상태에 몰입하라	193
행동 리셋	31	희망 구급상자를 만들어라	196
행동 리셋	32	기꺼이 하는 태도를 길러라	199
행동 리셋	33	메시지 수신을 잠시 멈춰라	201

행동 리셋	34	소셜미디어를 끊어라	205
행동 리셋	35	취침 시간을 고정하라	208
행동 리셋	36	매일 같은 시간에 기상하라	211
행동 리셋	37	한 번에, 한 걸음씩	213
행동 리셋	38	선행을 하라	216
행동 리셋	39	도움을 주는 사람에게 의지하고 감사하라	219
행동 리셋	40	에너지가 있는 것처럼 연기하라	222
행동 리셋	41	늘 겸손하게 행동하라	224

제3부 회복탄력성을 키우는 스트레스 버퍼

마음 버퍼	01	부정적인 핵심신념을 버려라	232
마음 버퍼	02	미리미리 대처하라	237
마음 버퍼	03	걱정만을 위한 시간을 마련하라	240
마음 버퍼	04	표현적 글쓰기를 하라	243
마음 버퍼	05	좋은 점을 꼼꼼히 찾아보라	247
마음 버퍼	06	감정에 대한 믿음을 재점검하라	249
마음 버퍼	07	삶의 목적을 향해서 앞으로 전진하라	252
마음 버퍼	08	판단은 잠시 보류하라	254
마음 버퍼	09	다양한 형태의 공감을 실천하라	256
마음 버퍼	10	공감의 즐거움을 느껴보라	258
마음 버퍼	11	3분간의 마음챙김을 하라	261
신체 버퍼	12	공황을 유도해 두려움을 줄이는 연습을 하라	264
신체 버퍼	13	스마트폰 화면 대신 아침 햇살을 즐겨라	268
신체 버퍼	14	입술 꼭 닫기를 하라	270
신체 버퍼	15	마음챙김으로 먹어라	272
신체 버퍼	16	수면 개선을 위해 침대에 머무는 시간을 줄여라	275
신체 버퍼	17	운동 루틴을 최우선으로 하라	278
신체 버퍼	18	천천히 호흡하는 습관을 길러라	281

신체 버퍼	19	물질 사용을 기록으로 남겨라	283
신체 버퍼	20	더 많이 웃어라!	286
행동 버퍼	21	갈등 스트레스에 대비해 미리 대본을 준비하라	289
행동 버퍼	22	부정적 험담은 그만 하라	293
행동 버퍼	23	일상의 인맥을 구축하라	296
행동 버퍼	24	호기심을 선물하라	298
행동 버퍼	25	침대부터 정리하라	301
행동 버퍼	26	기분 말고 계획에 충실하라	303
행동 버퍼	27	행복을 설계하라	306
행동 버퍼	28	한 번에, 한 가지만	309
행동 버퍼	29	불확실성에 머물러 보라	312
행동 버퍼	30	피하고 싶은 것에 먼저 다가가 보라	315
행동 버퍼	31	반항하되, 제대로!	318
행동 버퍼	32	건강 검진과 건강 관련 상담은 미루지 말라	320
행동 버퍼	33	재정 문제를 직시하라	322
행동 버퍼	34	실수를 검토해 지속적인 변화를 일으켜라	325

마치며 _ 328
감사의 글 _ 334
참고자료 _ 340

Introduction
시작하며

지루한 명상이나 약물, 혹은 술의 도움을 빌리지 않고도 언제든 원하는 순간에, 쓸모 없는 스트레스 반응을 단 몇 분 안에 없앨 수 있다면? 나는 임상심리학자로서 이런 장면을 거듭 목격해왔다. 감정을 조절하고 어려운 상황에 대처하는 방법을 과학적 증거에 기반하여 가르치는 것이, 내가 전문으로 하는 일이다. 지난 14년간 뉴욕과 LA에서 임상치료사로 일하면서, 나는 집착하고 반추하며 자신 앞에 놓인 문제에 수동적으로 몰입하는 행동을 의식적으로 멈추고, 시야를 돌리며, 감정을 수용면서 앞으로 나아가는 일을 가르쳐 왔다. 내가 '스트레스 리셋'이라 부르는 이 전략은 빠른 해결을 위한 것으로, 단 5분 안에 활용할 수 있는 방법이다. 빠르기만 한 것이 아니라 모두 관련 연구를 기반으로 만든 것이며 적어도 일시적이나마 완화 효과가 입증되었으니, 점진적 악순환에 빠지는 대신 잠시 멈추고 스트레스 리셋을 시도해보자.

대부분의 사람들은 이렇게 단순한 전략을 원한다. 삶이 버거울 때, 인간은 종종 본능적으로 자신이나 그 상황을 악화시키는 행동을 하게 된다. 감정이 북받친 상태에서는 현명한 행동을 하기 어렵기 때문에 오히려 스스로 옴짝달싹 못 하게 만드는 쪽으로 반응하는 것이다. 미친듯이 집착하거나, 공격적인 문자를 날리거나, 미적거리거나, 약물을 오용하는 등, 우리의 본능이 우리 스스로를 배신하고 고통을 가중시킨다. 여기서 다음을 생각해보자.

스트레스 = 스트레스
스트레스 + 과도한 생각 + 회피 = 스트레스

  꼭 이런 식을 고집할 필요는 없지 않을까. 100여 년 전 스트레스에 관한 연구를 시작한 내분비학자로, 이 분야의 선구자인 한스 셀리에[Hans Selye] 박사는 스트레스를 우리가 압도된 감정을 느낄 때 나타나는 신체 반응으로 보았다. 셀리에 박사는 스트레스에 관한 1,700편 이상의 논문을 발표하면서, '외부 사건 → 스트레스 반응'의 도식으로 설명했다. 100여 년 후인 1980년대에 대처 및 문제 해결을 주로 다뤘던 임상심리학자, 리처드 라자루스[Richard Lazarus] 박사는 셀리에 박사의 스트레스 정의를 확대하여 우리가 스트레스에 반응하는 방식까지 포함시키면서, 스트레스를 문제와 해석 및 반응이 각각의 역할을 하는 하나의 경험으로 정의했다(스트레스를 일으키는 사건 → 스트레스 ← 반응). 어떤 도식이든, 중요한 것은 우리가 직면한 상황에 어떻게 반응하는가에 따라 우리가 궁극적으로 느끼게 되는 스트레스의 정도(강도)가 달라진다는 점이다.

우리집에서 일어났던 일을 예로 소개한다. 내 남편 아담이 피곤했던 상태에서 시간에 쫓기느라(그다지 좋지 않은 조합이었음) 우유 한 팩을 부엌 바닥에 몽땅 쏟고 말았다. 아담은 씩씩거리며 거칠게 바닥을 닦다가 그만 냉장고 바닥 금속판에 손을 베였다. 엎친 데 덮친 격으로 집에

> **직면한 상황에 어떻게 반응하는가에 따라 궁극적으로 느끼는 스트레스의 정도가 달라진다**

반창고까지 떨어진 상황에서, 아담은 머리끝까지 성질을 내며 차를 몰고 약국으로 가야 했다. 집으로 돌아오는 길에도 여전히 흥분한 상태로 '거지 같은' 아침을 곱씹다가, 결국 가벼운 교통사고까지 내고 말았다. 억지로 꾸며 내기도 어려울 사건들이 연속으로 터진 날이었다.

나 역시 이미 스트레스가 심한 상황을 더 악화시켜 버린 경우가 많다. 몇 년 전 둘째 아이를 출산한 지 얼마 되지 않아 극도로 피곤한 상태에서 다시 일을 시작했을 때, 틈만 나면 손톱을 물어뜯기 시작했다. 급기야 항생제 내성이 있는 감염이 생겨 응급실에 가게 되었고, 간단한 수술을 하기에 이르렀다. 만일 그때 잠시 멈춰서 스트레스로 인한 충동임을 인식하고, 몇 차례 심호흡을 하면서 이 책에 나오는 스트레스 리셋 중 하나라도 시도했더라면, 응급실에서 보낸 몇 시간과 감염 전문의를 여러 차례 찾아가야 했던 고생을 피할 수 있었을 것이다.

아마도 분명 당신에게도 비슷한 경험이 있을 것이다.

많은 내담자가 스트레스에 대한 자신의 충동적인 반응을 내게 털어놓

는다. 거절당한 상처에 필요한 위로를 얻겠다고 무작정 낯선 사람, 심지어 문제가 있었던 전 연인을 다시 찾았다가 오히려 더 큰 외로움과 거절감을 느끼는 경우도 있고, 업무에 짓눌린 나머지 자극적인 음식을 과하게 섭취했다가 결국 더 무기력해지는 경우도 있다. 스트레스를 마주할 때 더 나은 삶을 살아갈 수 있는 능력을 스스로 약화시키는 길은 수도 없이 많다.

▶ 재정적 어려움 → 과소비
▶ 중대한 마감일 → 완벽주의와 미루기 사이에서 망설이기
▶ 불안감 → 공포 수준에 이를 때까지 문제에 대해 과도하게 조사하거나 극도로 집중하기
▶ 애도 → 고통에 무디어지기 위해 물질(substance)에 의존하기
▶ 탈진 → 늦게까지 스마트폰 만지작거리기

앞에 나온 '회피' 전략은 우리의 **자기효능감**, 즉 우리가 대처할 수 있다고 느끼는 능력에 점진적으로 악영향을 미친다. 다르게 표현하자면, 얼룩을 지우려고 했다가 오히려 더 번지게 만드는 셈이다. 이 책에서는 스트레스 요인을 습관적으로 회피하는 방식을 자세히 들여다보도록 권할 것이다. 자세히 들여다보는 행동 그 자체로 문제를 해결하는 자신의 힘을 키우는 방법이 될 수 있기 때문이다. 힘든 순간에 어떻게 대처하는지 되돌아보고 개선함으로써, 자신을 보다 효율적으로 돌볼 수 있는 능력을

재발견하게 될 것이다. 그리고 본질적으로 감정을 다스려 더 나은 삶을 누리며 기쁨을 찾을 수 있게 될 것이다.

스트레스를 유발하는 문제를 피하기란 사실상 불가능하다. 스트레스를 덜 느끼거나 인생을 더 정확히 예측할 수 있는 순간까지 기다렸다가 실질적인 조치를 취하려는 습관을 버려야 하는 이유가 여기에 있다. 지금 이 순간보다 더 나은 때는 오지 않는다. 미국 심리학회의 2022년 조사에 따르면, 미국 성인의 27%가 국가의 정치적 분열, 경제, 기후 변화 등의 극심한 스트레스로 정상적인 기능 수행이 어려워졌다고 답했다. 조사에 응한 이들 중 스트레스가 자신의 안녕감에 심각한 영향을 미쳤다고 응답한 사람은 76%였다. 이러한 스트레스를 그대로 방치하면 장기적인 심리적 문제로 이어질 수 있다. 실제로 2020년 COVID-19 팬데믹 발생 이후, 세계보건기구(WHO)는 전 세계적으로 불안과 우울증의 발병률이 25% 증가했으며, 미국의 경우에는 3배나 증가한 것으로 추정했다. 이처럼 많은 이들이 재정적 어려움, 구조적 인종차별, 성차별 등 감정적 자원이 소진될 수 있는 상황을 끊임없이 마주한다. 또한 우리의 삶을 파괴하는 갑작스러운 폭력과 인간의 직업을 완전히 뒤바꿔 놓을 인공지능 주제 등에 대한 걱정으로, 믿을 수 없을 정도로 불안해지고 있다. 그래서 누구나 손쉽게 실천할 수 있는 신속한 회복 방법이 필요하다. 이 방법은 우리로 하여금 속도를 늦추고, 한결 편안하게 숨을 고르며, 문제를 해결하는 데 집중할 수 있도록 도와준다.

하지만 우선 자신을 주저앉게 만드는 근본적 습관들을 살펴보는 것이

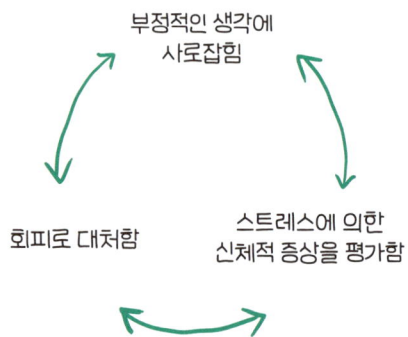

[스트레스 사이클]

중요하다. 스트레스에 대한 반응으로 어려움을 겪는 사람들은 대부분 ① 부정적인 생각에 사로잡히고, ② 스트레스에 의한 신체적 반응을 평가하며, ③ 스트레스 유발 대상을 회피하는 것으로 대처하려 한다. 문제는 이 세 가지 요소들이 스트레스로 인한 신체적 반응의 원인이 되어, 더 큰 스트레스를 만든다는 점이다. 예를 들어 '나는 할 수 없어!'라고 생각하면 몸의 떨림, 입 마름, 기타 감각 이상 등의 신체적 증상들이 나타날 수 있다. 그러면 다른 반응, 즉 자신의 신체가 나타내는 자연스러운 스트레스 반응에 대한 평가가 이어지면서 재앙적인 사고를 더욱 악화시킨다. 이렇게 되면 자신에게 중요한 것을 향해서 나아가는 것이 아니라 스트레스 유발 상황을 피하거나 벗어나는 데 초점을 맞추게 된다. 무슨 말인지 감이 오지 않는가? 이러한 악순환이 지속될수록 객관적 시각을 갖기 어려워지고, 처음에 스트레스를 유발한 근본적 문제의 해결이 현실적으로 어려워진다.

당연한 말이겠지만 인간은 본능적으로 걱정거리를 피하려고 한다. 소셜미디어에 몇 시간씩 허비하거나, 환각성 물질에 의존하거나, 생각 없이

술을 마시고 군것질을 하는 등 우리 주변에는 걱정거리로부터 도망칠 수 있는 탈출구가 널렸다. 개인적으로 내가 특별히 걱정스럽게 보는 회피 방법이 있다. 바로 불안에 대한 가장 흔한 '해결책'으로 자낙스나 클로노핀과 같은 벤조디아제핀 계열의 처방약을 찾는 사람들이 점점 많아지고 있다는 점이다. 분명히 밝히지만, 나는 지속적인 심리적 문제를 겪는 경우의 약물 치료를 전적으로 지지한다. 또한 전문가의 도움을 구하는 용기도 진심으로 응원한다. 다만 벤조디아제핀 계열의 약물은 특히 우려스럽다. 미국 식품의약국(FDA)은 이 약물의 중독 위험과 부작용이 크기 때문에 최소한으로 처방할 것을 의사들에게 권고한다. 그럼에도 불구하도 미국에서는 매년 9,200만 건 이상의 항불안제 처방이 이루어진다. 스트레스를 받을 때마다 약을 복용하는 것은, 스스로 감정을 조절할 수 없음을 더욱 깨닫게 만들 뿐이다.

파괴적인 행동 패턴을 바꾸기 위해 해결책을 찾으려면 외적 요인보다 자신의 내면을 들여다봐야 한다. 진정으로 풍요로운 삶을 훼손시키면서 편안함과 오락을 우선시하는 태도를 버리고, 자신의 삶이 무엇을 의미하는지를 고민해야 한다. 보다 지혜로운 방식으로 대처하여, 고군분투의 순간에도 더 나은 선택을 할 수 있어야 한다. 정신과 의사이자 홀로코스트 생존자인 빅터 프랭클 Viktor Frankl이 쓴 것으로 전해지는, 내게 깊은 울림을 주는 명언을 소개한다.

"자극과 반응 사이에는 틈이 있다. 그 틈 속에 반응을 선택하는 우리의 힘이 있다. 우리의 성장과 자유는 우리의 반응에 달려있다."

그런 틈 혹은 공간을 넓히는 구체적인 방법을 이 책에 담아 보려 한다. 앞으로 소개할 내용에는 마음챙김과 행동치료의 원칙을 함께 엮어서, 사람들이 강렬한 감정과 어려운 상황을 효과적으로 대처할 수 있도록 돕는, 내가 아끼는 기술들이 제시되어 있다. 이러한 접근법에 관한 자세한 설명과 그것이 스트레스 대처에 도움이 되는 방식에 대해 살펴보자.

변증법적 행동치료(DBT)[1]는 워싱턴대학교 명예교수인 마샤 리네한Marsha Linehan 박사가 개발한 치료법으로, 원래는 경계성 성격장애 치료를 위해 고안된 방법이다. 경계성 성격장애는 충동성과 불안정한 대인관계의 특징을 보이며, 한때 전문가들이 평생 지속되며 치료가 어려운 질환으로 간주하기도 했다. 그러나 변증법적 행동치료를 받은 수많은 경계성 성격장애 환자들의 특징적 증상이 개선되었으며, 결국 진단 기준에 해당되지 않을 수준까지 상태가 호전된 사례도 많다. 최근 들어서는 변증법적 행동치료가 외상 후 스트레스 장애(PTSD), 물질 사용(substance use) 장애, 폭식 장애, 신경성 폭식증 등의 치료에도 활용되고 있다. 또한 장기화된 외로움, 부정적 인간관계, 성취감 없이 심신을 고갈시키는 직업, 돌봄의 부담 등으로 극심한 스트레스를 겪는 많은 내담자가 변증법적 행동치료 기술을 활용하여 감정의 철인 3종경기와 같은 어려움을 겪는 상황을 헤쳐 나가는 데 도움을 받고 있다. 내가 열정적으로 가르치는 내용 중

---

[1] '변증법적'이 도대체 무슨 뜻인지 궁금할 텐데, 이 개념은 서로 상반되어 보이는 두 가지 생각이 동시에 진실일 수 있음을 뜻한다. 변증법적 행동치료에서 핵심은 바로 현재의 현실을 수용하는 동시에 그 삶을 변화시킬 수 있다는 것이다.

에 **고통 감내**라는 과정이 있다. 이는 감정의 세기(강도)에 압도되어 문제를 쉽게 해결하지 못하는 경우를 위한 기술이다. 변증법적 행동치료의 일부인 고통 감내에는 수용과 기꺼이 하는 마음 키우기, 스트레스에 반응하는 특정 충동의 장단점을 인식하기, 어려운 순간을 견디기 위해서 사기를 조금 더 높이는 방법을 모색하기 등이 포함되어 있다. 이 모든 기술들이 좀 더 효과적인 대처로 이끈다.

우리는 수용·전념치료(ACT)의 전략들도 살펴볼 것이다. 이 방법은 네바다대학교 리노 캠퍼스의 명예교수인 스티븐 헤이즈Steven Hayes 박사가 개발한 것으로, 사람들이 보다 유연한 태도로 현재에 집중하며 자신의 가치에 전념할 수 있도록 돕는 방법이다. 우리는 통합 프로토콜Unified Protocol의 도구들도 다루게 될 것이다. 이 인지행동치료(CBT) 프로그램은 사람들이 회피하는 문제를 대면하도록 돕는 기술이다. 통합 프로토콜은 보스턴대학교 명예교수인 데이비드 발로우David Barlow 박사와 그의 동료들의 주도로 개발했으며, 다양한 심리적 문제들을 효율적으로 개선하는 데 활용되는 치료 방법이다.

이 모든 치료법들은 실증적 근거를 기반으로 하며, 쓸모없는 사고에서 벗어나고 수용하기를 연습하여 자신에게 중요한 삶을 영위하는 데 온전히 집중할 수 있도록 돕는 것을 목표로 한다. '수용'이라는 단어가 자신이 지금까지 애써 온 것과 정반대의 것처럼 느껴질 수 있겠지만, 이 개념이 현재 상태에 머무르는 것을 의미하는 것은 아니다. 오히려 스트레스를 받아들이고 자신의 내면과 신체에서 어떤 반응이 일어나는지를 인식하는 것이야 말로, 눈앞의 스트레스 상황에 좀 더 효과적으로 반응할 수 있도록 돕는 길이다. 그리고 곧 배우게 되겠지만, 스트레스 대처 능력이 극대화되면 모든 것을 악화시키는 충동에 무릎 꿇지 않을 수 있다. 나를 비롯한 변증법적 행동치료, 수용전념치료, 그리고 인지행동치료의 전문가들은 일상의 사소한 스트레스부터 만성 통증, 깊은 상실감에 이르는 여러 어려움에 대처하는 데 실제로 이 기술들을 활용하고 있다.

누구에게나 최악의 순간에 즉각적으로 위로의 한마디를 건네는 사람이 가까이에 있다면 가장 좋겠지만, 현실은 그렇지 않다. 게다가 많은 내담자들이 극심한 스트레스를 받을 때 타인에게 털어놓는 것이 늘 해소감으로 이어지는 것은 아니라는 사실도 알고 있다. 자신의 스트레스를 과도하게 공유하면 오히려 그 순간의 흥분이 더 높아지기도 하고, 그 스트레스가 전염될 수도 있다고 전문가들은 말한다. 안타깝게도 선의를 가진 가까운 사람도 때때로 우리의 스트레스를 가볍게 여기거나(예: 걱정 마, 다 잘될 거야!), 현실적으로 실천하기 어려운 조언을 건넨다(예: 그냥 며칠 쉬다 오면 어때?).[2] 그런 순간에 이 책이 당신에게 도움이 되길 바란다. 잠들지 못하는 늦은 밤에 혹은 짓눌리는 순간에 페이지를 찾아가며 이 책을 읽게 될 지도 모를 당신에게, 이 책을 읽는 동안 내가 곁에서 응원단장이자 스트레스 코치가 되어, 당신이 겪은 경험에 정당성을 부여해주고 어려운

---

[2] 나는 당신이 관계의 힘을 과소평가하지 않길 바란다! 이 책의 후반부에서는 자신을 주장하여 원하는 지지를 받을 가능성을 높이는 전략에 대해서도 다룰 것이다.

순간을 조금이라도 쉽게 만들어 줄 실질적인 방법을 제시하는 느낌이 전달되면 좋겠다.[3] 펜실베이니아대학교 정신과 교수이자 인지치료센터 소장이며, 내 친구이자 동료인 코리 뉴먼^{Cory Newman} 박사는 "아무런 비용 없이, 별다른 노력 없이, 스트레스를 즉시 절반으로 줄이는 방법이 있다. 바로 상황을 더 악화시키지 않는 것"이라고 말한다. 충동적으로 반응하지 않기만 해도 상황이 극적으로 진정될 수 있는 것이다. 앞으로 이어질 내용에서는 상황을 악화시키지 않는 방법, 그리고 더 나아가 상황을 개선하는 방법을 다루게 될 것이다.

---

[3] 비록 당신을 실제로 아는 것은 아니지만, 많은 사람들을 상담하며 쌓아 온 경험과 내가 살아온 삶을 바탕으로, 스트레스와 어려움이 어떻게 느껴지는지 공감할 수 있다. 힘든 시간을 겪고 있어도 주변 사람들이 알아차리지 못할 때는 좌절감을 느낄 수도 있다. 당신의 감정이 지금 이해받고 있으며 내가 당신을 돕고 싶다는 마음이 전해지도록 최선을 다하고 싶다.

How to use this book
이 책의 사용법

『지금부터 스트레스 재설정을 시작합니다』를 쓰기 시작했을 때, 나는 내담자가 최고의 관리 패키지로 느낄 수 있는 책을 선물해서, 그들이 요점을 기억할 뿐만 아니라 요즘처럼 주변의 지지가 필요한 많은 사람들에게 전할 수 있기를 바랐다. 이 책을 쉽게 활용할 수 있고 편안하게 이해할 수 있는 전략들이 명확한 설명과 함께 제공되어, 각자의 취향과 필요에 따라 선택적으로 적용할 수 있도록 구성된 전략 모음집, 즉 웰빙 레시피북으로 생각해주면 좋겠다. 집단적 무관심이 만연한 시대에, 스트레스에 관한 책이 도리어 스트레스를 얹는 책이 되게 하고 싶지는 않다.

먼저 자신의 스트레스를 이해하고 마인드셋과 정신적 습관, 대처 방법을 어떻게 개선할 수 있을지를 잘 알고 싶다면, 1부부터 시작해보자. 여기서는 앞으로 나올 방법들이 어떻게 도움이 되는지 설명한다. 만약 지금 너무나 짓눌린 상태라서 긴 글을 읽을 여력이 없다면, 2부로 바로 가도 좋다. 2부에는 극심한 스트레스를 경험할 때 즉각적으로 활용할 수 있는 짧은 기술들이 소개된다(그래도 가능할 때 꼭 다시 1부로 돌아가 읽어 보기를 권한다!). 마지막으로 3부에서는 장기적인 스트레스 리셋 방법을 익히게 될 것이다. 내가 **버퍼**라고 부르는 이 전략들은 보다 여유롭고 명확한 사고가 가능할 때 실천하는 방법으로, 이를 통해 스트레스가 적은 삶을 설계하고 어려운 상황에서도 회복할 수 있다는 자신감을 키울 수 있다. 그저 극한의 스트레스 순간을 정신없이 넘기며 살아가는 것이 아니라, 지속적으로 자신을 보호하는 대처 습관을 만들어 나갈 수 있다는 사실을 알게 될 것이다.

마음, 생각, 그리고 신체를 모두 동원해서 이 전략에 진심으로 몰입하며 시작하는 것이 중요하다. 심리치료를 효과적으로 만드는 것은 '새로운 기술의 습득'이라는 연구 결과들이 있다. 단순히 읽고 생각에 그치는 것이 아니라, 실제로 시도하고 새로운 반응 방식을 발전시켜야 효과를 얻을 수 있는 것이다. 그러니 준비가 되었다면, 몇 가지 스트레스 리셋 전략과 버퍼를 선택해서 직접 실천해보자. 바로 그 한 걸음 뒤에 새로운 가능성이 기다리고 있으니 말이다. 자신의 경험을 기록할 수 있도록 만들어진 도표와 도식을 준비해두었으니, 노트나 일정표에 옮겨 적어도 좋다. 특별히 효과가 컸던 비결이 있다면 쉽게 찾아볼 수 있도록 표시해두자. 그리고 이 방법을 직장과 집에서, 혹은 타인을 대상으로 다양하게 연습하고 적용해보자. 인생에 어떤 일이 생기든 감정을 조절할 수 있다는 자신감이 점점 커지는 것을 느끼게 될 것이다.

이미 감정에 짓눌린 상태에서는 이런 책을 집어 드는 것조차 너무나 어렵게 느껴질 수 있음을 안다. 하지만 당신이 더 잘 살기 위해 노력하고 있다는 사실만으로도, 당신은 이미 대단하다는 말을 진심을 담아 전한다. 진부한 말처럼 들릴 수도 있겠지만, 자신을 인정하고 진심 어린 마음으로 자신의 두 어깨를 두드려 주었으면 좋겠다.[1] 덧붙여 현재 심각한 위기를 겪고 있다면, 전문가의 도움을 받는 것이 가장 좋은 선택이라는 것도 알려 주고 싶다. 이 책에서 다루는 전략은 응급 상황의 치료를 대신할 수 있는 것도, 인생의 가장 어려운 문제들을 단번에 해결해주는 것도 아니다. 이 전략의 역할은 아무리 막혀 있다고 느껴도, 스트레스를 받아도, 공황 상태에 빠져 있어도, 당신이 느끼는 감정의 방식을 개선하는 힘은 당신 자신에게 있음을 알려 주는 것에 있다. 후회하게 될 길을 계속 걸어갈 필요는 없지 않을까? 단 몇 분이면 마인드셋과 행동을 전환할 수 있으니 말이다. 강렬한 감정을 조절하는 연습을 할수록 가능성이 커짐을 느끼게 될 것이고, 우리 모두에게 절실히 필요한 것, 바로 희망을 발견하게 될 것이다. 희망은 단순히 스쳐 지나가는 감정이 아니다. 그것은 분명한 삶의 목적과 그 목적을 향해 기꺼이 나아가는 마음에 전적으로 달렸다. 나라면 순간적인 대안보다는 희망을 선택하겠다. 당신도 그렇지 않은가?

---

1 나의 제안을 이미 평가하기 시작했다 해도 괜찮다! 인간의 마음이란 원래 그런 법이니까. 하지만 가끔은 가장 냉혹한 비평가가 되는 대신 자신이 잘하고 있음을 알아차린다면 스트레스를 조금은 덜 받지 않을까? 내가 이 책을 쓰는 이유는 전문가를 만날 기회가 없는 사람들에게도 다가가기 위함이며, 그래서 직접 만나 이야기하는 톤으로 쓰고 있다.

PART

1

스트레스를
아군으로 만들면
삶이 달라진다

Befriending Stress, Living Better

1

뒤엉킨 실타래를 근사한 매듭으로

유감스럽게도 스트레스는 우리의 '방해 금지' 요청을 존중하지 않는다. 성가신 생각과 감정 때문에 뒤처지고 흥분하며 방해를 받지 않는 사람은 아무도 없다. 나의 경험으로도, 효과적으로 감정을 다루는 방법을 찾는 사람들의 경우를 통해서 봐도 그렇다. 이들 중 몇 가지 사례들을 개인정보보호 차원에서 이름 및 신원 식별 정보들을 변경하여 이 책에서 나누려 한다. 이를 통해 당신만의 문제가 아님을 느끼고 스트레스를 유발하는 상황을 다르게 인식함으로써 삶이 어떻게 개선될 수 있는지 알게 되기를 바란다.

나의 내담자 중 한 명인 로리는 50대로, 대규모 해고의 시대에 테크 기업에 새로 입사하여 재택근무를 하고 있다. 이직을 하며 느꼈던 그녀의 설렘은 수년간 겪었던 것보다 더 많은 스트레스로 바뀐 상태다. 재택근무는 해방감 대신 고립감을 가져왔다. 동료들을 알아 가는 것도 어려웠고, 자신에 대한 동료들의 평가도 알 수 없었다. 게다가 매니저와의 소통이 화상으로만 이루어지다 보니, 어떠한 잡음도 없음에도 불구하고 자신의 업무 성과에 대한 매니저의 의견에 신경이 쓰였다. "연례 평가는 1년에 한 번이지만, 그 평가에 대해 얼마나 스트레스를 받는지 당황스러울 정도예요"라고 로리는 말했다. 아무런 주의나 경고 없이 해고를 당한 직장 동료들이 있음을 알고 난 뒤로, 나는 그녀의 걱정을 더욱 이해하게 되었다.

나를 찾아온 시기에, 로리는 자신이 좋아하던 하이킹이나 독서 모임 등의 활동들을 이미 포기한 상태였다고 말했다. 스트레스가 너무 심해서 업무 외의 일을 감당할 수가 없었기 때문이다. 새 직장 때문으로 여겼던 편두통과 위장 문제 등의 증상들이 업무 외의 생활까지 잠식하던 로리의 상태를 생각해보면 당연한 일이었다. 그녀는 심지어 이 스트레스가 수면에도 영향을 미치고 수명까지 단축시키는 것 같다며 걱정했다. 새 직장에 대해 묻는 친구들의 가벼운 질문에도, 지나치게 남의 이목을 의식한 탓에 자신의 감정을 제대로 말하지 못했다. 로리의 불안에 불만을 느낀 그녀의 애인이 "스트레스를 받을 가치도 없는 거야! 그만해!"라고 재차 말해주었지만, 그녀에겐 전혀 도움이 되지 않았다. 애인에게서 스트레스 제거에 관한 책과 평정심 유지 관련 문구가 적힌 물건들을 선물 받을 때면 오히려 절망감을 느끼기도 했다. 로리는 "스트레스 때문에 이따금씩 안달복달하는 정도가 아니에요. 내 삶이 방해받고 있다고, 내 자신은 통제 불능이라고 느끼게 돼요"라고 말했다.

스트레스 파헤치기

심각한 논쟁이나 건강상의 적신호와 같은 단기적 문제부터 로리의 직장 문제와 같은 만성적 상황, 그리고 그러한 사건에 대한 우리의 감정과 반응을 묘사할 때, 우리는 흔히 '스트레스'라는 표현을 쓴다. 이 책에서는 우리가 가진 자원과 우리가 감당해야 할 책임이나 부담 사이의 불균형에서 비롯된 감정에 초점을 맞춰 스트레스를 다루려 한다. 이것은 캘리포니아대학교 버클리 캠퍼스의 심리학자 리처드 라자루스 Richard Lazarus 와 수전 포크먼 Susan Folkman 이 처음 제시한 개념으로, ① 자신이 위협에 직면해 있다고 인식하는 생각과 ② 이를 감정적으로나 현실적으로 감당할 수 없다고 여기는 믿음을 포함하여 스트레스를 설명한다. 우리는 로리처럼 '너무 벅차… 도저히 못하겠어!'라고 생각하는 순간들을 위한 해결 방법을 다뤄 보려 한다.

명확히 짚고 넘어가야 할 또 하나는 스트레스와 불안이 다른 개념이라는 것이다. 스트레스는 우리의 생리적 또는 감정적 균형이 깨질 때 발생하는 반면, 불안은 원인에 걸맞지 않게 과도하게 지속되는 걱정이다. 불안은 스트레스에 대한 반응으로 생기기도 한다. 우리가 경험하는 스트레스 대부분이 불안과 마찬가지로 예측적이거나, 그 순간에 일어나는 일과 직접적으로 관련이 없기 때문에 스트레스와 불안의 차이는 다소 모호하다. 그러나 두 개념을 구별하는 방법이 있다.

두 개념의 측정 방법부터 살펴보자. 스트레스는 해당 스트레스가 초래한 혼란의 정도부터 스트레스가 지속되는 시간, 그 스트레스에 대한 통제감을 느끼는 정도까지, 여러 방식으로 측정할 수 있다. 정신 건강 전문가들이 가장 많이 사용하는 스트레스 평가 도구는 스트레스 자각척도(PSS; Perceived Stress Scale, 이 명칭만 봐도 스트레스의 상당 부분이 우리 인식에 달려 있음을 알 수 있다)로, 이 척도는 삶이 벅차게 느껴지는 여부, 그 상황에 대처할 수 있는 자신감의 정도를 묻는 질문 형식으로 구성되어 있다. 그와 달리 전문가들이 흔히 사용하는 벡 불안척도(BAI, Beck Anxiety Inventory) 등의 불안 측정 도구들은 주로 걱정의 정도, 공황 상태나 심박수 증가와 같은 신체적 증상에 초점을 둔다.

또 다른 차이점을 보자면 스트레스는 외부 환경으로부터 시작되지만 불안은 명확한 외부 원인이 없기도 하고, 특히 삶의 불확실성을 받아들이기 어려워하거나 두려움을 유발하는 상황을 회피하는 경우에는 좀처럼 사라지지 않기도 한다. 로리의 경우, 그녀의 스트레스는 새 직장에서 유발되었고 이후에 불안으로 변형되었다. 나는 그녀가 치료를 시작하려고 자발적으로 찾아온 것을 정말 다행이라 여겼다. 초기에 스트레스를 관리하면 장기적인 불안장애로 이어지는 것을 막을 수 있기 때문이다.

나는 로리에게 스트레스가 반드시 나쁜 것만은 아니라는 것을 꼭 알리고 싶었다. 어려운 상황에 직면했지만 이를 감당할 수 있다고 믿는다면, 스트레스를 긍정적인 도전으로 받아들일 수 있다. 그러나 자신이 감당할 수 있는 범위를 벗어난 상황을 마주하고 있다고 믿는 경우, 스트레스는 위협이 된다. 아마도 예상했겠지만, 우리가 위협적이라고 여기는 상황은 생리적 반응을 증가시키고 심박수와 혈압을 높이며 부정적인 기분을 강화하고 인지적 수행을 저하시킨다는 사실이 연구를 통해 밝혀졌다.

스트레스가 그저 마음속에서 비롯한 것이라거나 단순한 인식의 문제라는 말은 아니다. 많은 사람이 지친 상태에 놓이며, 감당하기에 너무 큰 스트레스를 마주하고 있다고 느낀다. 건강(또는 보험)이 보장되지 않는 시대를 살고, 직장과 인간관계는 그 어느 때보다 불안정해 보이며, 폭력 사건, 빈곤, 불평등과 같은 비극으로 절망한다. 게다가 과거보다 훨씬 다양한 소통 방식들로 인해, 고요한 순간에 몰입하기도 어려워졌다. 결국 우리는 항상 '준비된 상태'를 유지하고 즉각적으로 반응해야 한다는 믿음에 사로잡히기 쉬운데, 이건 말 그대로 진이 빠지는 일이다. 무엇보다 중요한 것은, 우리가 휴식을 취하겠다고 선택하는 방법들이 재충전으로 이어지지 않는다는 점이다. 연구에 따르면 대부분의 사람들이 하루 평균 두 시간 반을 허비하는 소셜미디어는 우리를 신체적으로 매력적이어야 하고, 유행을 따라야 하며, 성공적이고 항상 즐거운 삶을 살아야 한다는 메시지에 사로잡히게 만든다. 이러한 메시지는 무언가를 놓치지 말아야 한다는 압박감과 완벽해야 한다는 압력을 만들어 내고, 결국… 스트레스를 유발한다.[1]

---

1 이 책의 목적은 단순히 좋은 아이디어를 제시하는 것이 아니라, 실제로 당신을 자유롭게 만드는 것이다. 당신이 만족감 높은 삶을 위해 적극적으로 뛰어들 준비가 된 상태라면, 소셜미디어 사용 조절이 도움이 되지 않을까? 자신의 스크린 타임 점검을 점검해보는 것은 어떨까? 스마트폰의 소셜미디어 앱을 삭제한다면 어떤 장점이 생길까?

하지만 스트레스는 삶을 집어삼키는 것이 아니다. 나의 경험상, 특별히 벅차게 느껴지는 상황에서도 문제를 악화하지 않는 법을 익히고 전략적으로 행동하여 삶을 더 나아지게 만들 수 있다.

스트레스를 인정하는 것, 그것이 임파워링의 시작

이 책의 목표는 스트레스를 완전히 제거하는 것이 아니다. 애당초 그건 불가능하다. 스트레스는 의미 있는 삶을 살기 위해 지불해야 하는 대가이기 때문이다. 호주 퀸즐랜드대학교의 저명한 사회심리학자 로이 바우마이스터^{Roy Baumeister} 박사가 설명한 대로, 유의미한 삶을 영위할수록 스트레스도 증가한다. 생각해보자. 스트레스가 전혀 없는 삶을 만들려면, 해야 할 일의 범위를 축소하고, 삶의 현실을 의도적으로 외면하며, 조금이라도 도전적인 것은 모조리 피해야 한다. 다시 말해 지루하고 무미건조하며 결국 우울해지는 삶을 살아야 한다는 뜻이다. 적당한 수준의 스트레스와 어려움을 경험하는 것이 실제로도 우리에게 유익하다. 회복탄력성을 증대하기 때문이다. 뉴욕 주립대학교 버펄로 캠퍼스의 마크 시어리^{Mark Seery} 박사는 광범위한 연구를 통해 "삶의 역경을 어느 정도 경험한 사람이 극심한 역경을 겪은 사람이나 역경을 전혀 모르는 사람보다 더 나은 결과를 보인다"[2]고 밝혔다.

---

[2] 고난과 역경을 찾아다니라는 의미가 아니라, 삶의 목표를 성취하는 과정에서 겪는 스트레스를 받아들이라는 뜻이다.

다시 말해서 스트레스는, 그 부정적 평판과 달리 우리 모두가 성장하고 발전하는 데 활용할 수 있는 요소다.[3] 이는 스트레스를, 목표를 향해 나아가는 과정에서 장애물을 예상하거나 직면할 때 나타나는 정상적이고 때로는 유익한 반응으로 바라보는 것에서 시작한다. 나는 로리에게도 이 점을 강조했다. 그녀 역시 스트레스 자체보다 '스트레스를 받는다는 사실'에 스트레스를 받는 경향이 있었고, 자신을 몰아세우며 '난 대체 뭐가 문제인 거야?', '어째서 좋은 걸 가지고도 문제를 만들어 내는 거지?', '만약 스트레스 때문에 집중력을 잃고 해고당하면 어쩌지?' 등의 질문을 해대고 있었다.

스트레스를 어떻게 받아들이는가에 따라 발목을 잡는 장애물이 아니라, 자신을 위한 도구로 활용할 수 있다는 점은 자못 희망적이다. 나는 로리와 함께 새로운 직장을 시작하면서, 특히 제대로 된 사무실이 아닌 재택으로 일하는 상황에서 스트레스를 느끼는 것이 당연하다는 이야기를 나눴다. 하지만 스트레스를 경험하는 것과 스트레스에 휘둘리는 것은 별개의 문제다. 부끄러워할 일도 아니다. 로리가 "전 좀 정신을 차려야 해요. 대체 내 문제는 뭘까요?"라고 할 때마다, 나는 그녀에게 자

> **스트레스는 그 부정적 평판과 달리, 우리 모두의 성장과 발전에 활용할 수 있는 요소다**

---

[3] 마찬가지로 내가 이 책에서 설명하는 스트레스는, 자신의 가치관에 맞춰 조정하는 삶의 문제에 직면하는 스트레스이지(예: 로리의 직장), 스스로 만들어내는 도움이 되지 않는 스트레스(예: 과도한 생각이나 완벽주의)가 아니다.

신이 느끼는 감정에 대해 사죄할 필요가 없음을 상기해주어야 했다.

로리에게 스트레스를 유용한 것으로 바라보는 마인드셋에 대한 임상심리학자 알리아 크럼Alia Crum의 선구적인 연구를 너무 알려 주고 싶었다. 스탠퍼드대학교 마인드앤바디랩mind & body lab의 수석 연구원인 크럼 박사는 '스트레스는 내게 해롭다'는 마인드셋이 오히려 역효과를 일으킬 수 있다는 점을 연구해왔다. 크럼 박사는 우리가 스트레스를 인식하는 방식에 새로운 시각으로 접근할 것을 권한다. 생각은 순간적으로 떠올랐다가 사라질 수 있지만, 마인드셋은 세상을 보다 넓게 인식하는 방법을 형성한다. 우리의 근본적인 태도를 재구성하면, 세상을 바라보는 관점을 바꾸는 강력한 도구가 될 수 있는 것이다.

크럼 박사는 동료들과 연구를 진행하면서 스트레스를 긍정적인 요소로 바라보도록 유도하는 3분짜리 영상을 제작했다. 경쾌한 음악과 메시지, 스트레스가 최상의 성과를 이끌어 내고 산소 공급을 증가시키며 집중력을 높이고 의사결정의 향상과 리더십 함양에 도움이 되는 방법을 다룬 내용이 담긴 영상이었다. 이 영상을 본 실험 참가자는 유연한 사고를 할 수 있었고, 모의 면접이나 짧은 연설처럼 스트레스를 유발하는 활동을 한 후에도 더 많은 긍정 정서를 경험했다.

크럼 박사와 그녀의 동료들은 스트레스를 평가하거나, 스트레스를 줄이거나 회피하려고 문제적 행동을 하거나(예: 주목받는 것이 부담스러워서 중요한 업무 기회를 포기하는 것), 파괴적인 행동에 의지하는(예: 지나친 과음) 대신, 자신에게 중요한 기회에 집중하고, 어떠한 감정이든 평가 없이 그대로 받아들이며, 스트레스가 자신에게 유익할 수 있음을 인정함으로써 스트레스를 최적화라고 권한다. 여기서 핵심은 자기 삶의 목표에 수반되는 도전적인 기회를 만날 때 뒷걸음치는 대신 스스로 힘을 내며 나아가는 것이다. 예를 들어 극도의 긴장감을 유발하는 순간을 자신의 가치를 드러내고 한 단계 성장할 기회로 여긴다면, 그 순간을 어떻게 대하겠는가? 이런 관점에서 생각하면 사랑하는 사람을 간호하는 일처럼 지속적인 스트레스를 유발하는 상황도 자신의 가치를 좀 더 정교하게 다듬고 연마하는 과정으로 여길 수 있다.

로리 역시 다른 여러 내담자와 마찬가지로 스트레스를 끌어안는 것이 가능하다는 내 말에 회의적이었다. "스트레스가 질병을 악화시키고 수명을 단축하는 거 아닌가요?" 그녀는 이렇게 물었다. 마르케트대학교 간호대학의 아비올라 켈러[Abiola Keller] 박사는 2만 8,000명 이상의 사람을 대상으로 스트레스와 건강의 관계를 조사하는 대규모 연구를 진행했다. 연구 결과 심한 스트레스를 경험하는 상황에서 스트레스가 건강에 영향을 미친다고 믿은 사람들은, 스트레스를 받고 있지만 건강과 큰 영향이 없다고 여기는 사람들보다 조기 사망 위험이 43% 더 높았다. 즉 스트레스가 건강을 해칠까 걱정하는 것이 오히려 해로운 결과를 불러오는 것이다. 스트레스로 건강을 해칠까 걱정하는 것은 건강 문제를 예방하는 것이 아니라 도리어 악화시킨다.

어느 날 오후 로리는, 이번 회차 상담에서는 중요한 회의 전에 마음을 가라앉히고 다른 사람들이 자신을 어떻게 보는지 신경을 덜 쓰는 법을 배우고 싶다고 말했다. 내가 '마음을 가라앉히다'라는 표현 대신 '신난다⁴'라는 표현을 써 보라고 제안하자, 그녀는 의아한 표정으로 나를 쳐다봤다. 하버드비즈니스스쿨의 부교수인 앨리슨 우드 브룩스^(Alison Wood Brooks) 박사가 진행한 연구에 따르면, 참가자의 90%가 불안감을 유발하는 상황에서 마음을 가라앉히는 것이 필수적이라고 믿는데, 실은 그 믿음이 오히려 스트레스를 가중시킨다고 한다. 자신을 통제하며 긴장을 풀어 보려던 노력을 돌이켜 생각해보면, 억지로 긴장을 풀려고 할수록 더 지치고 불가능하다는 걸 알게 되지 않던가? 이 문제를 해결하기 위해 브룩스 박사는 감정을 억지로 바꾸려는 충동을 내려놓고 강렬한 감정을 있는 그대로 받아들이되, 그것을 신이 나는 것으로 해석하는 **재해석하기** 기법을 사용할 것을 권한다. 감각을 억누르는 대신, 그 감정을 존중하는 동시에 그것이 미치는 정서적 영향을 보다 긍정적인 방향으로 전환하는 것이다.

브룩스 박사가 진행한 또 다른 연구에서, 노래방에서 '나는 신이 난다⁵'고 큰 소리로 말한 후에 록밴드 저니^(Journey)의 노래(〈Don't Stop Believing〉, 1981년에 발표된 곡으로, 지쳐서 포기하고 싶을 때 믿음을 멈추지 말자는 내용의 히트곡 - 옮긴이)를 부른 참가자들은 그렇게 하지 않은 참가자들보다 더 정확하고 자신감 있게 노래했다. 또 다른 실험에서는 2분짜리 연설을 앞두고 긴

---

4 스트레스를 받는 모든 상황을 신나는 기회로 받아들이라고 말하면서 당신의 감정을 무시하려는 것이 절대 아니다. 이 방법은 발표나 사회적 상황에서의 걱정을 다룰 때 특히 효과적임을 기억하자.
5 처음엔 나도 스트레스에 관한 책을 쓰면서 스트레스를 받고 있다고 가까운 친구들에게 농담을 했었다. 하지만 브룩스 박사의 이야기를 쓰면서 "나는 신이 난다!"고 말하는 것이 훨씬 더 정확한 표현이며, 기분까지 좋아지게 만든다는 걸 깨닫게 되었다.

장감을 신이 나는 감정으로 재해석한 참가자들이 더 많이 열정적이었으며, 심지어 연설 시간도 더 길었다! 또한 스트레스를 신남으로 바꿔 생각한 참가자들은 타인에게 더 자신감 있고 유능한 사람으로 보였다.

로리는 스트레스를 평가하는 것을 멈추자, 새 직장에 대한 열정이 다시 끓어오름을 알게 되었다. 게다가 폭주하던 자신을 자책하고 억지로 마음을 가라앉히려는 압박을 멈추면서 집중의 폭도 더 넓어졌다. 좋은 성과를 내려면 잠잠함보다 일정 수준의 에너지가 더 필요한 것이 사실이다. 로리는 직장 밖에서 문제를 일으키던 일에도 이러한 '신이 남'을 적용했다. "신나는 것으로 여겼더니 지적 능력과 에너지가 되돌아오더라고요. 독서 모임에도 다시 합류했고 가정 폭력 생존자들의 이력서 작성을 돕는 프로그램에서 자원봉사도 시작하게 되어 너무 기뻐요."

이제 당신 차례다. '얼른 마음을 가라앉혀!' 대신 '나는 신이 난다!'로 바꿔 보자. '좋아, 스트레스는 괜찮은 일, 심지어 신나는 일이라고 말할 수는 있다고 쳐. 하지만 내 몸이 따라 주지 않으면 어떡하지?' 이런 의문이 들 수도 있다. 로체스터대학교의 심리학 교수이자 스트레스 연구자인 제러미 제이미슨Jeremy Jamieson 박사와 그의 동료들은 「속에서 뒤엉킨 실타래를 의미 있는 매듭으로 바꾸기(Turning the knots in your stomach into bows)」라는, 제목부터 인상적인 논문을 발표했다.[6] 그들의 연구에서 대

---

6 제이미슨 박사에게 이 훌륭한 논문 제목을 조금 변형해서 이 챕터의 제목으로 써도 될지 묻자 흔쾌히 허락해 주면서, 겸손하게도 이 제목의 공은 전적으로 공동 저자인 웬디 베리 멘데스(Wendy Berry Mendes) 박사에게 돌아가야 한다고 말했다. 정말 고맙습니다, 제이미슨 박사님과 멘데스 박사님!

학원 입학의 필수 시험인 GRE를 준비하는 참가자들에게 스트레스 반응을 재해석하는 방법을 가르쳤다. 참가자들에게 심장이 두근거리거나 속이 울렁이는 등의 신체 반응이 문제의 신호가 아니라, 시험을 잘 보도록 돕는 요소일 수 있다고 기억하도록 요청했다. 그러자 이렇게 스트레스를 재해석한 학생들은 그렇지 않은 그룹보다 수학 영역에서 더 높은 성과를 나타냈다.

수학 과목을 듣는 지역 대학 학생들을 대상으로 진행한 또 다른 실험에서 제이미슨 박사와 그의 동료들은, 스트레스로 인한 각성을 재해석하는 법을 가르치는 것만으로도 수학 성적이 향상될 뿐만 아니라 수업을 끝까지 마칠 가능성이 높아지고 스트레스 호르몬인 코르티솔 수치까지 낮춘다는 것을 발견했다. 심리학자 미란다 벨처(Miranda Beltzer)와 하버드 연구진이 진행한 또 다른 실험은 공개 연설에 참여한 참가자들에게 '속이 울렁이는 건 산소가 몸에 공급되고 있다는 신호이며, 유익한 반응이다'라고 생각하도록 했다. 그 결과 참가자들은 수치심과 불안, 불필요한 몸짓이 줄어드는 것부터 인지적 측면과 심혈관계에도 유익한 반응이 나오는 등 발표 성과가 전반적으로 향상되었다. 우리가 자신에게 하는 말이 상황을 어떻게 받아들이고, 어떻게 느끼며, 최종적으로 얼마나 잘 해내는지에 중대한 영향을 미치는 것이다.

더 놀라운 사실은 스트레스에 대한 인식을 개선하면 주변 사람들의 스트레스도 줄어든다는 것이다. 캘리포니아대학교 샌디에이고 캠퍼스 라디경영대학원의 사회심리학자 크리스토퍼 오바이스(Christopher Oveis) 박사가 이끈 연구에 따르면, 제품 디자인 팀원들이 스트레스를 재해석하는 법을 배우자 주변 동료들의 스트레스까지 완화되는 효과를 보였다.

재해석하기의 어려움 중 하나는 다양한 상황에 적용하는 것이다. 연구 참가자들이 시험을 치르거나 발표를 하는 등 특정한 상황에서 스트레스 반응을 재해석하는 법을 적극적으로 실천할 수 있다 해도, 어려운 인간관계를 다루거나 건강 문제로 걱정할 때도 같은 기술을 적용하는 것은 쉬운 일이 아니다. 이에 대해 제이미슨 박사는 이렇게 말했다. "우리가 다루는 것은 이전, 즉 옮김의 문제다." 이처럼 적응적인 사고방식을 삶의 여러 영역에서 제대로 내면화하기 위해, 제이미슨 박사의 동료인 발달심리학자이자 텍사스대학교 오스틴 캠퍼스의 조교수인 데이비드 예거(David Yeager) 박사는 **성장 마인드셋**(신중하게 접근하고 도움을 구한다면 도전이 긍정적인 요소가 될 수 있다는 믿음)과 **스트레스 강화 마인드셋**(신체적 스트레스 반응이 우리를 활성화시킬 수 있다는 인식)을 결합하는 **시너지 마인드셋**을 취할 것을 권한다. 나는 성장할 수 있으며 내 몸은 나를 돕고 있다는 믿음을 가질 때, 우리는 다양한 스트레스 상황을 훨씬 더 유연하게 받아들일 수 있다. 예거 박사와 연구진이 중학교 2학년부터 대학생까지 4,000명 이상의 학생을 대상으로 진행했던 6개의 실험을 통해, 30분간의 온라인 교육으로 시너지 마인드셋을 학습한 학생들은 코르티솔 수치가 감소했고 정신건강 관련 증상이 줄어든 것을 확

> 우리는 스트레스를 자연스럽게 받아들이는 동시에 회복이 필요한 순간에는 빠르게 활용할 수 있는 전략을 갖출 필요가 있다

인했다. 이 교육을 받은 학생들은 1년 후에도 교과목을 이수할 확률이 더 높았으며, 학업 성취 격차도 줄어들었다.

당신도 삶에서 성장할 수 있는 능력을 다각도로 향상시키고 때때로 찾아오는 불편함(속이 뒤틀리는 느낌마저도!)을 받아들이는 법을 배우면, 자신에 대한 보다 큰 믿음을 가지고 새로운 목표에 도전하게 된다. 나는 로리가 해고될지 아닐지를 고민하며 옴짝달싹 못하는 대신, 자신을 계속 성장하는 사람으로 넓게 바라보고 자신의 스트레스 반응을 도움을 주는 요소로 받아들이는 방법을 함께 연습했다.

당연한 말이지만, 건강한 마인드셋을 키우려면 '나를 지지해주는' 환경 안에 있는 것이 중요하다. 제이미슨 박사가 말했듯이, 좋은 씨앗

여행 가방 바닥의 작은 바퀴가 무거운 짐의 부담을 덜어 주듯, 순간의 인식과 실천 가능한 전략이 있으면 당신이 느끼는 감정 상태가 크게 바뀔 수 있으며, 특히 수용하는 태도와 결합되면 그 효과는 더욱 커진다

만으로는 충분하지 않다. 적절한 토양도 있어야 한다. 모래에서는 아무것도 자라지 않을 테니까. 나는 로리가 애인에게 더 단호하게 말할 수 있는 방법을 함께 연습했다. 또한 로리에게 진정하라고 설득하거나 일을 그만두라고 부추기는 대신, 그녀를 응원해달라고 애인에게 요청하도록 했다. 당신 역시 주변 사람들에게 스트레스가 때로는 성장의 촉진제가 될 수 있다는 점을 이야기해주고, 필요한 상황에서는 당신의 스트레스를 평가하기보다 격려해달라고 요청하길 바란다.

로리는 힘겨운 순간을 대비해 구체적인 대처 계획을 세우는 법도 배웠다. 우리 둘은 그녀의 가치관을 명확히 하고 과도한 분석을 막을 전략을 찾았다. 특히 상사의 애매한 이메일을 받고 스트레스를 받았을 때가 그렇다. 로리는 예전처럼 머릿속에서 과도하게 되새김질하는 대신, 타이머를 설정한 다음 마당에 있는 간이 의자에 앉아 몇 분간 자신의 호흡과 주변의 자연에 집중하는 시간을 가졌다. 마음이 비교적 나아진 상태가 된 다음, 더 정확한 내용을 파악하기 위해 상사에게 추가 이메일을 보냈다.

• • •

우리는 스트레스를 받아들이는 동시에, 재충전이 필요한 순간에 신속하게 활용할 수 있는 전략까지 함께 갖춰야 한다. 너무나 복잡한 세상을 살고 있어서, 이 책에서 다루는 '스트레스 리셋'처럼 단순해 보이는 해결책을 무시하기가 쉽다. 하지만 여행 가방 바닥에 달린 작은 바퀴가 무거운 짐의 부담을 덜어 주듯, 순간의 인식과 실천 가능한 전략이 있으면 당신이 느끼는 감정 상태가 크게 변할 수 있다. 특히 수용하는 태도와 결합되면 그 효과는 더욱 커진다.

나는 극한의 상황에서도 스트레스를 현명하게 완화하는 것의 유용함을 직접 경험한 적이 있다. 몇 해 전, 나는 자살 예방 상담 전화 자원봉사를 했다. 가장 힘든 순간을 겪는 사람들을 상담하면서 깨닫게 된 흥미로운 사실 중 하나는 좋은 위기 상담이 ① 상대가 이해받고 있으며 혼자가 아니라는 느낌을 갖도록 돕기, ② 앞으로 몇 시간을 버틸 수 있는 대처 계획 세우기(예: 십자말 퍼즐하기, TV 보기, 친구에게 연락하기)라는 두 가지 핵심 기술에 달려 있다는 것이었다. 사소한 일처럼 보이는 이 작은 행동들이 그날 밤 그들을 무사히 넘기게 했다. 미국 가톨릭대학교의 교수이자 선두적인 자살 위기 방지를 위한 임상적 개입 기법인 '협력적 평가 및 관리(CAMS, Collaborative Assessment and Management of Suicidality)'를 개발한 데이비드 조브스 David Jobes 박사는, 사람이 위기에 처하면 변연계에 불이 나서 전두엽의 기능이 멈춰 버리지만 올바른 도구만 제공하면 아주 능숙하게 스스로 회복한다고 설명했다. 또한 문제가 되는 패턴을 이해하고, 비교적 단순한 대처 계획에 의지하는 것만으로도 다시 앞으로 나아갈 수 있는 정신적 여력을 되찾을 수 있다고 말했다. 내가 심리학자로서 변증법적 행동치료의 수련을 시작했을 때, 상담 전화 자원봉사자로 일하며 사용했던 것과 동일한 전략들이 사용되는 것이 흥미로웠다. 다만 이번에는 단기적인 위기 해결이 아니라, 지속적으로 감정을 조절하고 스스로를 안정시키는 능력을 키우는 데 초점을 둔다는 차이만 있을 뿐이었다. 이 책

의 목표는 자살에 대한 생각이 아니라 스트레스를 더 잘 다루는 방법을 배우는 것이지만, 이 두 가지가 겹친다는 점은 '스트레스 리셋'이 심지어 위기 상황에서도 그 힘을 발휘한다는 것을 말해준다.

로리의 경우 스트레스를 부끄러운 것이 아니라 동기 부여의 원천으로 바라보고, 도움이 되지 않을 때는 하던 일을 제쳐 놓기 위한 자주 쓰는 전략도 갖추기 시작하자, 더 많은 마음의 평안을 찾을 수 있음을 알게 되었다. 나는 당신이 스트레스와는 전혀 어울리지 않는 감정이라고 여겼던 '신이 남'을 경험하기 시작하고 있기를 바란다. 이 감정은 의미 있는 삶을 살아가면서 마주하는 스트레스와의 관계를 개선하는 데 반드시 필요한 것이며, 그것은 우리가 '이건 너무 버거워, 도저히 못 해'에서 '할 수 있다, 해낼 거야. 그리고 내 계획은…'으로 전환하도록 도와준다.

2

감정 조절의 힘

40대 내담자인 멜라니를 처음 만났을 때, 그녀는 자신을 '감정이 쉽게 격해지는 사람'이라고 설명했다. 기쁨이든 슬픔이든 짜증이든, 어떤 감정이 한 번 치솟으면 오래 지속된다는 것이었다. 그녀는 어떤 면으로는 감정을 깊이 느끼는 자신의 능력을 감사하게 여겼다. 자신의 정서적 예민함 덕분에 공감을 잘하는 존재가 되었다고 생각했기 때문이다. 하지만 그녀는 자신의 감정, 특히 슬픔과 분노, 두려움을 비판하기도 했다. "어릴 때부터 아버지는 늘 내가 과하게 반응한다고 했죠." 그녀는 그렇게 회상했다.

아이를 키우는 멜라니는 스트레스가 많은 기자라는 직업과 '미운 세 살'의 시기를 보내고 있는 아들 사이에서 줄타기를 하느라, 극심한 수면 부족 상태였다.[7] 그녀는 자신의 짜증스러움에 대해서도 걱정하고 있었

---

[7] 육아 예시에 공감이 되지 않는 사람은 자신이 하고 가장 부담이 크고 의미 있는 일을 생각해보면 된다.

다. "인스타그램 속 사람들은 다들 너무 행복해 보이는데, 난 시시때때로 스트레스를 받고 짜증이 나요. 왜 그런지 모르겠지만." 첫 상담을 앞두고 있던 어느 날, 그녀는 집에서 정신없이 돌아다니다가 맨발로 장난감 트럭을 밟고 말았다(얼마나 아팠을까!). 그 순간 그녀는 욕설과 함께 그 장난감 트럭을 방 안으로 집어 던졌다(다행히 아이는 듣지 못했다). "나 완전 미친 사람 같죠? 하지만 그런 순간엔 정말 내 인생이 불공평하다는 생각을 해요. 거기다 우리 남편 이야기나 미식축구 얘기는 시작하고 싶지도 않고요…." 멜라니는 가혹한 자기 평가를 내렸지만, 나는 그녀를 평가하지 않았다. 그녀는 따뜻한 사람 같았고, 나 또한 세 아이의 엄마이기 때문에 종종 예측할 수 없고 끝도 없다고 느끼는 그녀의 일상들에 깊이 공감할 수 있었다.

"전 그저 제 자신이 괜찮은 사람이라 느끼고 싶고, 좋은 엄마도 되고 싶고요, 남편을 미워하는 것도 아니에요." 멜라니는 그렇게 말했다. 나는 그녀에게 내가 이끄는 감정 조절 그룹에 참여해보라고 제안했다. 감정을 다루는 구체적인 기술을 배우는 데 집중하는 그룹이었다. 감정 조절의 목표는 감정을 완전히 끄고 켜는 스위치를 갖는 것이 아니라, 밝기 조절기처럼 다루는 것이다. 말하자면 감정을 완전히 없애는 것이 아니라, 그 해로운 강렬함만 없애는 것이다. 나는 멜라니에게 감정을 더 능숙하게 다룰 수 있게 된다면 삶이 어떻게 달라지게 될지 생각해보라고 했다. 그녀는 일과 육아를 병행하는 부담감이 급한 성미를 만들어 내고, 그 급한 성마름이 문제를 해결할 준비가 안 된 것처럼 느껴지기 때문에, 감정을 더 잘 조절할 수 있다면 스트레스나 돌발적인 혼란에도 덜 흔들릴 것 같다고 말했다.

멜라니는 제대로 파악하고 있었다. 스트레스와 감정은 서로 깊이 연결되어 있다. 스트레스가 극에 달할 때 일반적으로 나타나는 반응인 신체적 각성을 겪게 되면 감정적으로 반응하기 쉽다. 반대로 감정을 조절하는 능력을 키우면 스트레스를 다루는 능력도 함께 향상된다. 실제로 샌프란시스코 캘리포니아대학교에서 감정 조절과 스트레스를 함께 연구하는 웬디 베리 멘데스Wendy Berry Mendes 박사는 스트레스와 감정이 놀라울 정도로 비슷하다고 설명했다. 다만 감정은 분노가 치솟거나 혐오감이 밀려오는 것처럼 순간적으로 터질 수 있는 반면, 스트레스 관리는 시간을 두고 해야 하는 지속적인 숙달이 필요한 것이다. 멘데스 박사는 "흥미롭게도 우리가 스트레스나 감정을 조절하는 방식을 자세히 살펴보니, 두 처리 과정이 동일하다"고 말했다. 근본적으로는 감정 조절과 스트레스 다루기를 동의어로 생각해도 되는 것이다.

어디서부터 시작할까

스트레스와 건강한 관계를 형성하려면 그 경험 자체를 평가하지 않는 것이 중요하듯이, 감정을 조절하는 첫 단계에서도 자신이 느끼는 감정을 평가하고 있는지 인식하는 것이 무엇보다 중요하다. 멜라니는 남편 브랫이 자신이 기대했던 것만큼 아들의 육아에 참여하지 않는 것에 자주 화가 났다고 말했다. 하지만 그 감정을 그대로 받아들이는 대신에 화를 내는 자신을 비난하기 시작했고, 화가 나는 자신을 나쁜 사람이라고 생각하면서 기분이 더 나빠졌다. 어떤 상황이나 문제에 대해 화가 나는 감정에서 시작해서 화를 내는 행위 자체에 화가 나고 수치심에 매몰되어, 진짜 부정적인 감정의 덫을 만들어 내고 있었던 것이다. 부정적인 생각이 아니라 객관적인 사실에 기반할 때 감정은 우리에게 중요한 무언가를 알려 주고, 동기를 부여하며, 타인에게 메시지를 보내는 역할을 한다. 예를 들어 적절한 강도의 두려움과 불안은 신속하게 행동하도록 자극하고, 슬픔은 삶을 긍정적으로 변화시키도록 일깨워 주며, 질투는 야망을 이끌어 내고, 시기는 관계를 보호하고, 죄책감과 후회는 잘못을 바로잡고 더 나은 행동을 하도록 도와주며, 혐오감은 오염되지 않도록 우리를 지켜 줄 수 있다. 하지만 1차 감정 혹은 처음 느끼는 감정에서 그 첫 감정을 평가한 후에 생기는 감정인 2차 감정으로 넘어가면, 정작 처음에 무엇 때문에 불편함을 느꼈는지조차 망각하게 된다. 꼭 필요한 물건을 사러 가서는 충동구매를 하느라 정작 필요한 물건을 사지 못한 채로 나오는 것과 비슷하다고 보면 된다.

　나는 멜라니에게 자신의 화를 평가하지 않고 받아들이는 법을 배우면, 자신의 필요가 충족되지 않는 신호로 인식하면서 남편에게 더 많은 도움을 요청할 수 있을 것이라고 설명했다. 하지만 그녀는 2차 감정, 즉 화를 낸 사실에 대한 분노와 그것을 염려하는 감정에 휩싸이면서, 결국 남편을 비난하며 소리를 지르기에 이르고 말았다. 그리고 이런 반응은 브랫

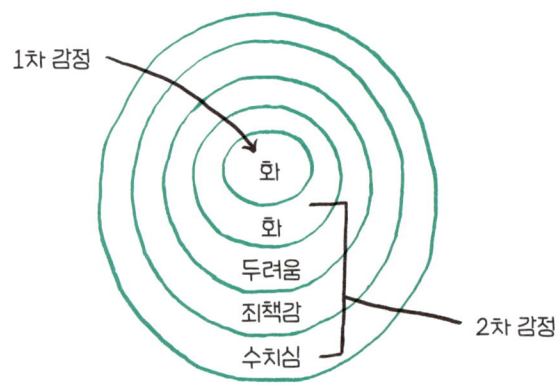

이 스스로 나서서 돕게 만드는 데도 전혀 도움이 되지 않았다.[8] 또한 그녀는 자신의 화에 대해 죄책감과 수치심을 느꼈고, 그러다 보니 감정을 억누르는 쪽으로 반응하기도 했는데, 이렇게 감정을 억제할수록 오히려 감정의 강도는 더 심해졌다. 그리고 누구나 경험으로 알겠지만, 감정을 억누르는 것 자체도 스트레스다. 감정을 숨기려 할수록 혈압이 상승한다는 사실은 문화권을 초월한 연구 결과로도 확인된다.

멜라니는 자신의 감정을 삶과 자신을 이해하는 지침으로 활용할 수 있음을 알고 안도했지만, 자신의 1차 감정인 '화'가 너무 강렬해서 효과적

---

[8] 감정에 대한 부정적 평가를 넘어서, 감정에 대한 긍정적인 믿음을 가지고 있는지 살펴보는 것도 중요하다. 예를 들어 멜라니는 '내가 화를 내야만 남편이 결국 내 말을 듣지!'라고 믿고 있었다. 그녀는 화를 내야만 남편과 이야기가 통하리라는 추측과, 자신이 영구적으로 비호감이 되어 가고 있다는 걱정 사이에서 갈팡질팡했다. 가끔씩 그녀가 격분했을 때 브랫이 오히려 말을 듣는 경우가 있었기 때문에 문제가 더 복잡해졌다. 즉 그녀의 분노가 보상받는 효과를 가져와서, 이 감정 패턴을 깨기가 더 어려웠다는 뜻이다.

으로 조절하고 소통하기 어려운 것은 아닐까 걱정했다. 나는 그녀에게 스트레스와 마찬가지로, 감정을 어떻게 바라보는가가 정말 중요하다고 말해주었다. 실제로 예루살렘의 히브리대학교 교수인 마야 타미르^{Maya Tamir} 박사가 주도한 연구에서, 연구진은 스트레스가 많은 대학 입학이라는 전환기를 보내고 있는 스탠퍼드대학교 학생들의 감정 변화를 추적했다. 감정을 일시적인 것으로 여기면서 스스로 감정을 잘 조절할 수 있다고 믿는 학생들은 감정을 조절하는 능력이 뛰어날 뿐만 아니라 사회적으로도 더 성공적이며, 전반적인 삶의 만족도가 높다는 사실이 밝혀졌다. 타미르 박사와 연구진은 "할 수 있다고 믿는 사람이 결국 해내는 법이다"라는 부처의 말을 인용하며 연구를 마무리했다.

그래서 스트레스를 다룰 때와 마찬가지로 감정 조절을 연습할 때도 성장 마인드셋을 가지는 것이 중요하다. 하지만 일상적인 습관 역시 간과해서는 안 된다. 피곤하거나 배고프거나 외롭거나 규칙적으로 운동을 하지 않을 때는 감정을 조절하는 것이 훨씬 더 어려울 수 있기 때문이다. 육아, 남편, 일을 제외한 그녀의 삶이 어떤 모습인지 이야기하면서, 멜라니는 최근 몇 달 동안 사회 활동을 거의 하지 않았다고 말했다. 그녀가 스트레스를 푸는 방식, 이를테면 밤늦도록 중독성 강한 게임을 하며 버티는 것은 도움이 되지 않을 뿐만 아니라 다음 날 더 큰 스트레스를 만드는 원인이 되고 있었다. 뻔한 이야기처럼 들릴 수도 있지만, 고속도로 한복판에서 차가 멈춰 버리는 위험을 감수하는 것보다 기름을 채우는 것이 나은 것처럼, 감정을 더 잘 조절하려면 충분한 수면을 취하고 해로운 물질

(substance, 알코올 및 약물을 모두 포함하는 개념 - 옮긴이)을 피하며 회복탄력성을 높이는 활동(예: 친구 관계를 유지하기, 영양이 풍부한 음식 섭취하기, 몸을 움직이는 방법 찾기)을 습관화하는 것이 정말 중요하다. 멜라니는 한 시간 일찍 잠자리에 들거나, 한 달에 한 번은 사회 활동을 계획하는 등 일정을 살짝 바꾸는 것만으로도 감정 조절이 훨씬 쉬워진다는 사실에 깜짝 놀랐다.

자신의 안녕감에 영향을 미칠 수 있는 건강 문제들 중에서 아직 진단받지 않은 문제가 있는지 확인하는 것도 중요하다. 내 제안을 듣고 주치의를 찾아간 멜라니는 자신의 짜증이 일부 호르몬 변화와 갱년기 장애에서 비롯된 것임을 알게 되어, 자기 자비(self-compassion)를 키우는 계기를 마련하게 되었다.

물론 잠을 많이 설친 날처럼, 더 크게 반응하는 순간은 언제든 생긴다. 피곤하면 '짜증' 같은 강한 감정에 취약해지기 쉬움을 인식하고 있으면 행동을 취하기 전에 침착해지려는 동기가 작동하여, 중요한 결정을 다른 날로 미룰 수 있게 된다.

감정의 ARC

감정적 경험의 구성 방식을 이해하면 감정과 스트레스의 인질로 얽매이는 대신 다양한 상황에서 감정을 느끼는 방식을 재정비하고 개선할 수 있게 된다. 우선 감정은 ARC라는 예측 가능한 흐름을 따른다는 것을 기억하자. ARC는 선행 요인(Antecedent, 감정을 유발하는 사건), 반응(Response, 사건에 대한 생각·신체적 반응·행동), 그리고 결과(Consequences, 단기적·장기적 영향)의 앞 글자를 조합한 것이다. 감정이 어떻게 전개되는지 추적하려면 우선 자신이 주로 경험하는 선행 사건이 무엇인지 파악하고 이 선행 요인이 외부 요인(예: 누군가에게 실망했거나, 마감 준비가 안 된 상황)에서 비롯된 것인지, 아니면 내부 요인(예: 신체적 통증, 불쾌한 생각)에서 비롯된 것인지에 알아야 한다. 때로는 법원 출석 명령서를 받는 것처럼 예상치 못한 사건이 갑자기 생기기도 한다. 이러한 초기 스트레스 요인을 파악할 때는 자신을 몰아세우는 대신, 앞으로 더 나은 대응 방법이 있을지 고민하는 태도를 갖추는 것이 중요하다. 감정 역시 스트레스와 마찬가지로 피할 수 없는 것이므로, 미리 준비할 수 없었던 상황에 놓이더라도 자신의 선행 요인을 파악한다면 스트레스의 소용돌이를 미리 막을 수 있다.

이번에는 자신의 반응에 집중해보자. 반응은 생각, 신체적 감각, 행동으로 이루어지며, 이 요소들이 결합하여 감정을 형성한다. 자신의 반응을 구성하는 다양한 요소들을 잠시 돌아보게 되면 각 감정 단계에서 빠져나갈 수 있는 출구가 형성되어, 감정의 흐름에 휩쓸리는 대신 감정의 강도를 완화시키게 된다.

자신의 반응이 초래하는 결과, 구체적으로는 감정에 의해 유발된 행동을 살펴보는 것도 중요하다. 멜라니가 아들의 장난감 트럭을 방 안에 던진 행동처럼 말이다. 자신의 행동으로 어떤 감정이 들었는가? 예를 들어 그 순간에는 트럭을 던지고 욕을 내뱉는 행동을 당연하게 느껴졌을 수 있지만, 멜라니는 그 장면을 아들이 봤다면 어땠을까 생각해보면서, 다음

선행 요인	반응			결과
	생각	신체적 감각	행동	(단기적·장기적)

에는 더 나은 평가를 하겠다는 동기를 갖게 되었다.

이제 당신 차례다. 최근에 경험했던 감정을 ARC로 분석해보자(54페이지 도표 참조).

ARC 개조하기

감정을 치솟게 만든 것이 무엇인지 명확하게 파악이 되었다면, 감정의 흐름을 개선할 수 있는 다음의 단계들을 따라가 보자.

1. 선행 요인 예측하기

스트레스를 만드는 상황이 문제 해결을 통해 다룰 수 있는 일이라면 미리 계획을 세움으로써 스트레스를 줄이고 기분을 개선할 수 있다. 예를 들어 기대할 일이 별로 없는 긴 연휴가 다가오는 것이 걱정이라면, 이미 우울해진 기분에서 벗어나려고 애쓰는 것보다, 미리 몇 명에게 연락해 기분 전환이 될 만한 일을 계획하는 것이 훨씬 낫다. 앞의 사례에 나온 멜라니의 경우 자신이 극도로 지친 상태에서 잠시도 쉬지 못하는 순간에 TV 앞에서 편히 쉬고 있는 남편의 모습을 보는 것이 반복적인 스트레스 유발 요인이었다. 이 문제에 대해 이야기한 후, 그녀는 폭발하기 전에 자신이 필요한 것을 표현하는 새로운 반응 방식을 시도해보기로 했다. 그녀는 남편에게 "여보, 당신이 스포츠 경기를 볼 예정이면, 나도 낮에 한 시간쯤 쉴 수 있을까?"라고 미리 제안하기를 연습했다. 물론 처음에는 '내가 요구하기 전에 남편이 먼저 배려해줘야 하는 거 아닌가?'라는 생각에, 애초에 고작 한 시간의 휴식을 부탁한다는 것을 탐탁지 않게 여겼지만, 기꺼이 도와주었던 남편을 보며 안도감을 느꼈다. 또한 자신에게 필요한 것을 명확히 알고 자신을 위한 휴식 시간을 확보하자, 애써 만든 음식을 아들이 일부러 흘리는 것처럼 스트레스 요인이 생겨도 더 많은 인내심으로 대처하게 되었다.

2. 유연하게 생각하기

생각은 마치 신기루처럼 순식간에 떠오르고 현실인 듯 보이므로, 자신의 생각을 객관적으로 관찰하는 연습이 필요하다. 이 과정에서 무언가를 불쾌하게 받아들이고 기하급수적으로 악화시키는 일반적인 오류인 **재앙화**에 빠지지 않는지 확인하는 것도 도움이 된다. 성급하게 결론을 내리거나 가능성이 적은 최악의 시나리오를 준비하는 경우도 있다. 예를 들어 친구가 당신의 생일을 잊었다고(선행 요인) 곧바로 극단적인 결론(나는 누구도 믿을 수가 없네)을 내린다면, 좀 더 이성적인 해석(그 앤 원래 잘 까먹어)과는 전혀 다른 감정적 반응이 나타나게 될 것이다.

자신의 사고 습관을 의식적으로 관찰하게 되면, 도움이 되지 않는 순간을 더 쉽게 깨닫게 된다. 단순히 '이 생각은 나에게 도움이 안 됨'이라는 꼬리표를 붙이는 것만으로도 감정에 압도당해 끓어오른 열기를 식히는 효과가 오래 지속된다. 또한 '나는 언제나 일이 잘 풀리지 않아. 그러니 애써봐야 소용없어' 같은 부정적인 생각을 마치 옥외 광고판에 쓰인 문구인 듯이 거리를 두고 바라보면, 그 생각의 영향력이 약화된다. 또 다른 방법으로는 팩트 체크를 해보는 것이다. 이 생각이 사실에 부합하는지, 가능한 다른 해석은 어떤 것이 있는지, 내 생각이 나의 강렬한 감정에 영향을 받은 것일 수도 있는지 등의 체계적인 질문을 자신에게 던지는 것이다.

지금까지 스트레스와 그로 인한 신체적 반응을 재해석하여 우리를 해치는 요소에서 동기 부여의 원천으로 바꿀 수 있는 방법을 알아보았다. 사건의 의미를 다시 생각하는 과정인 **인지적 재해석**도 이와 동일하다. 예를 들어 당신이 만나는 사람이 하품을 한다면, 당신은 자신이 너무 지루하다고 생각하거나 그 상대가 피곤한 상태일 것이라 단정할 것이다. 감정 조절의 권위자인 스탠퍼드대학교 교수 제임스 그로스 James Gross 박사는 수십 년간의 연구 끝에, 유연하고 적응적인 사고방식이 감정 조절의 핵심이라는 사실을 분명하게 밝혔다. 우리는 마음의 평화가 필요한 순간에도 너무 자주 비관적인 생각으로 직진해버리는데, 최악의 상황을 믿으면 고통스러운 감정도 물러나지 않는다. 뇌과학 측면에서 볼 때도 감정을 억누르는 것보다, 자동적인 사고를 재해석할 때 감정을 담당하는 뇌의 편도체 활동이 감소한다. 재해석하기는 노력과 의지가 필요한 과정이지만, 그만큼의 가치가 있다는 것을 곧 알게 될 것이다.

자신의 경험을 되돌아보면, 멜라니와 마찬가지로 우리 역시 문제에 대처하려고 준비하기보다 도리어 방해가 되는 생각을 하고 있었음을 발견할 수도 있다. 아들이 아파서 밤새 깨어 있는 상황처럼 힘든 순간에 유연하게 사고하기 힘들 때, 나는 멜라니에게 그동안 최악의 상황부터 떠올리는 연습을 넘치게 했으니, 생각을 개선하는 데도 시간이 걸릴 것임을 일러두었다. 결국 그녀는 '내 삶은 불공평해!' 같이 극단적으로 부정적인 사고가 자신의 현실도, 운명도 아니라는 사실을 깨닫게 되었다.

보다 건설적으로 사고한다고 해서 부정적인 감정이 생기지 않는 것은 아니다. 그러나 건강한 관점을 갖게 되면 악화시키는 감정의 힘을 적게 느낄 수 있다. 멜라니와 같은 기술을 배우고 있던 또 다른 내담자 루시는 데이트에서 실망스러운 경험을 한 후, '나는 절대 좋은 사람을 못 만날 거야'라는 생각에 종종 빠지곤 했다고 털어놓았다. 마음이 맞지 않는 누군가와 시간을 보내고 난 후에 슬픔, 분노, 불안 등의 감정을 느끼는 것은 지극히 정상이다. 하지만 나는 루시에게 좋지 않은 데이트 경험만으로도 충분히 힘든 상황에서, 외로운 미래를 예상하는 고통까지 가중시킬 필요는 없음을 상기시켰다. 또 다른 내담자인 에드가는 '나는 절대 집을 살 수 없을 거야'라는, 자신에게 절망을 유발할 것이 뻔한 생각을 한다고 말했다. 이런 사고는 그를 더욱 절망적으로 만든다. 그는 이제 막 커리어를 시작한 사회 초년생이고 벌써 저축도 하고 있었는데도 말이다.

수시로 등장하여 당신의 감정 조절을 어렵게 하는 생각은 무엇인가?[9] 이제 그 생각을 멀리서 바라보거나 사실을 확인하는 연습을 해보자.

3. 신체 감각 수용하기

이제 특정 상황에서 겪는 신체적 변화와 그로 인해 떠오르는 생각을 다루고 개선하는 것에 집중해볼 차례다. 멜라니는 화가 날 때면 근육이 긴장되고 심장이 빨리 뛰었으며, 이런 신체 반응은 성난 생각을 더 많이 일으킨다는 것을 알게 되었다. 사람들은 주먹을 꽉 쥐는 등의 신체적 감각을 먼저 경험하고 그 뒤로 부정적인 생각이 이어진다.

나는 멜라니에게 자신의 몸을 훑어보면서 긴장을 푸는 연습을 하도록 지도했다. 그런 다음 집으로 돌아가 몇 분 동안 정치 영상을 시청하며 긴장감을 유발하는 감정을 경험한 다음, 그 감정에 머무르면서 그녀가 느끼는 불편한 감각들을 수용하는 연습을 해보게 했다. "분노 문제가 있다고 말씀드렸는데, 내가 격분할 게 뻔한 걸 보라는 거예요?" 그녀가 놀란 듯 물었다. 나는 우리가 항상 기분 좋은 상태를 만들 수는 없지만, 반응하지 않고 감정을 경험하는 능력을 키울 수는 있다고 설명해주었다. 신체적 감각을 의도적으로 경험하고 그 순간에 머무르는 연습을 하면 오히려 해방감이 생기며, 우리의 몸이 극도의 긴장 상태로 지속되는 시간은 그

---

[9] 참고로 지금 이 순간, 내 머릿속에는 '이 챕터가 충분히 멋지지 않아', 그리고 '내가 이렇게 열심히 쓰고 있지만, 아무도 이 책을 읽지 않을 거야!' 같은 생각들이 떠오르는 중이다.

리 길지 않음을 깨닫게 된다.

"인내심을 가지고 신체적 각성 과민이 자연스럽게 가라앉으리라고 스스로 떠올릴 수 있게 되면, 그 순간에 곧바로 행동하는 것보다 훨씬 더 나은 결정을 내릴 수 있다"고 펜실베이니아대학교 인지치료센터 소장이자 정신의학과 교수인 코리 뉴먼 박사가 말했다. "어차피 우리는 다르게 느끼게 된다. 신체적으로 극도로 고조된 상태를 지속적으로 내내 유지할 수는 없으니까."

4. 정반대 행동하기

ARC 모델에서 '반응'의 마지막 요소는 우리의 행동으로, 우리의 목표는 느끼는 것과 다르게 행동하는 것이다. 화가 나면 누군가에게 날카롭게 반응하고, 불안할 때는 약속을 취소하며, 슬플 때는 대낮에도 침대 속에 웅크리고 있는 등, 감정이 이끄는 행동을 하는 것은 어찌 보면 자연스럽고 카타르시스를 느끼게 해줄 수도 있는 것처럼 보인다. 하지만 이런 행동이 오히려 자신의 감정을 증폭시킬 수 있다. 신체적 감각과 생각은 우리를 특정한 방식으로 행동하도록 유도하며, 이러한 행동은 감정을 굳어지게 만드는 경향이 있기 때문이다.

부정적인 감정에서 비롯된 파괴적인 행동을 바꾸기 위해 사용할 수 있는 전략 중 **정반대 행동하기**가 있다. 바꾸고 싶은 어떤 감정이 있다면, 그 감정이 이끄는 방향과 다르게 행동하는 것이 궁극적으로 기분을 개선하는 데 도움이 될 수 있다. 자신의 감정을 명확히 분류하고 그 감정이 끌고 가는 행동을 파악하는 것이 그 시작이다. 그다음에 그 감정에 따라 행동하는 것이 장기적으로 도움이 될지 고민해보고, 도움이 되지 않는다면 감정과 반대로 행동한다. 정반대 행동하기를 시도하는 동안, 자신의 사고 패턴을 점검하는 것 역시 중요하다. '나는 구제불능이야'라고 생각하면서 부담스러운 취미를 새로 시도하는 것은 기분 전환이 될 수 없기 때문이다.

내가 정말 좋아하는 이 기법은 꾸며 내기와 다른 것이다. 중요한 것은 기분이 최고인 척하는 것이 아니라, 감정을 있는 그대로 느끼면서 자신의 궁극적인 목표에 맞는 행동을 선택하는 것이다. 불편한 감정이 들더라도 과정의 모든 순간에 머무는 것이 중요하다. 언제쯤 기분이 나아질지 고민하거나 부정적인 생각에 빠져들면 이 기법의 효과를 제대로 체험하기 어려워질 것이기 때문이다.

어느 날 오전 집단 치료 중에 멜라니는 무시무시한 마감 시간이 다가오고 있다는 생각에 불안해져서, 퇴근 후에도 아들과 제대로 놀아 줄 수가 없었다고 털어놓았다. 예전처럼 불안이 이끄는 대로 휴대폰을 손에서 놓지도 못하고 아들도 건성으로 돌보는 대신, 멜라니는 한 걸음 물러서서 자신의 불안 수준이 실제 상황과 맞지 않음을 파악했다. 업무 시간 외에는 문자에 즉시 답을 할 필요가 없는 것은 물론이고, 그런 행동은 오히려 자신을 안달하게 만들 뿐이었다. 그래서 멜라니는 타이머를 15분으로 맞춘 다음, 휴대폰을 치워 두고, 아이와 노는 일에만 집중한 사람처럼 행동하기로 마음먹었다. 마음이 처음부터 준비된 상태가 아니라 해도 이상적으로 행동해보는 것만으로도 큰 변화가 생긴다는 사실을 알고, 그녀는 크게 놀랐다. 현재에 집중하고 일과 관련된 생각을 인식하며 정반대 행동하기를 반복해서 실천하자, 불안감이 줄어들고 아이와의 놀이 시간도 더 즐기게 되었다. 기억해야 할 점은 이러한 변화가 가져오는 감정적 혜택을 충분히 누리려면 반복적인 연습이 필요하다는 것이다. 정반대 행동하기의 목표는 기분이 나아지는 것이 아니다. 좀 더 나은 삶을 사는 것이다.

내게 정반대 행동하기는 최고의 정신 건강 관리 꿀팁이다. 나는 이 기법을 자주 활용하려고 노력한다. 특히 피곤하지만 운동을 하면 기분이 좋아질 것을 알 때 쓰고, 짜증이 나는 순간에 상대에게 유리한 해석을 하는 쪽을 택해서 부드럽게 소통하려 할 때 쓴다. 최근 어떤 사람이 내가 몇 분 늦었다는 이유로 나에게 날카롭게 대했을 때, 나는 방어적으로 행동하거나 긴장된 분위기를 이어 가는 대신, '이 사람은 시간이 촉박하고, 내게 존중 받지 못했다고 느끼는구나'라고 생각하면서 최선을 다해 사과했다. 그 사람이 공감을 받았다고 느낀 후, 비록 더 이상의 대화가 꺼려지긴 했지만, 앞으로는 소리를 지르지 않고도 기분을 표현해줄 수 있을지 물었다. 이렇게 정반대 행동하기란 하나의 특정 행동이 아니라, 순간적으로 제일 편한 선택 대신 장기적으로 도움이 되는 행동을 지속적으로 해 나가는 것이다.

흥미롭게도 우울증과 불안 장애를 위한 모든 행동 치료는 자신의 느낌과 다르게 행동하는 것에 달렸다. 느끼는 대로 행동하면 **기분 의존성**을 갖게 되거나, 더 높은 목표나 의도가 아닌 자신의 감정이 있는 곳에 머물게 되기 때문이다. 놀랍게도 우울감과 절망을 느끼는 사람들도 전문용어로 **행동활성화**라고 부르는 정반대 행동하기를 실천한다. 또는 좋아하는 활동과 성취감을 느낄 수 있는 기회를 만들어 자신에게 의미 있는 일정을 계획함으로써 증상 개선의 효과를 볼 수 있다. 콜로라도대학교 볼더 캠퍼스의 심리학자 소나 디미지안Sona Dimidjian 박사가 진행했던 획기적인 연구에 따르면, 행동활성화는 심각한 우울증을 겪는 사람들에게 항우울제 복용과 유사한 효과를 보였다. 느낌과 다르게 행동하는 것이 '상승 나선', 다시 말해 긍정적인 감정을 유도하는 경험을 만들어 내고 부정적인 사고 패턴을 서서히 허물어 가게 만들기 때문이다. 마음을 바꾸는 최고의 방법은 생활을 바꾸는 것이다.

5. 결과 고려하기

이제 ARC 모델의 마지막 요소인 C, 즉 '결과'에 대해 알아볼 차례다. 자신의 반응이 초래하는 결과를 추적하는 것은 다른 행동을 시도할 동기를 이끌어 내는 데 도움이 된다. 자신의 데이터를 수집하고, 어떤 패턴이 있는지 살펴보자. 내담자들과 나의 개인적인 경험을 바탕으로 한 가지 예측을 제시해보려 한다. 감정이 이끄는 대로 행동하면, 단기적으로는 기분이 나아지지만 장기적으로는 불쾌하고 난처한 기분이 들고, 잠재적으로는 스스로 감정을 증폭시켜 수치심과 죄책감까지 더해진다. 반면에 유

선행 요인	반응			결과
	생각	신체적 감각	행동	(단기적·장기적)
어떻게 준비할 수 있을까?	이 상황을 더 효과적으로 생각하는 방법은?	내 몸에서 무엇을 느꼈는가? 보다 많은 수용 방법은?	내가 할 수 있는 정반대 행동하기는?	내가 배운 것은?

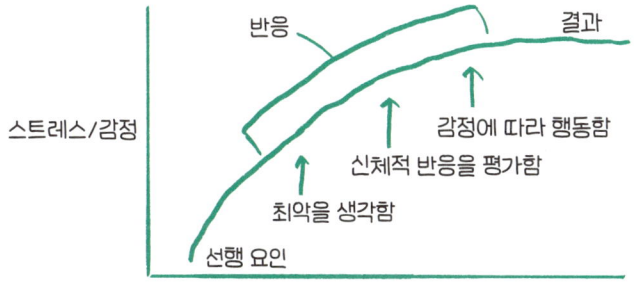

[사소한 스트레스 요인 + 악화 반응 = 강화된 결과]

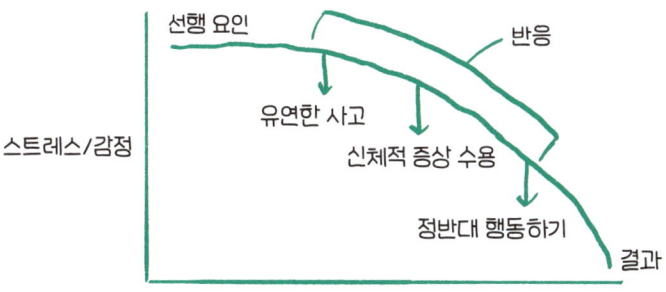

[심각한 스트레스 요인 + 전략적 반응 = 개선된 결과]

연하게 생각하거나 느낌과 다르게 행동하는 등의 방법을 사용하겠다고 결심하면, 처음에는 어렵게 느껴질 수 있더라도 더 오래 지속되는 보상을 약속 받게 된다. 브랫이 자신의 마음을 읽을 수 없음을 되새기면서, 의식적으로 얼굴의 긴장을 풀고 남편에게 도움을 청하기까지 노력이 필요할 것이다. 하지만 멜라니의 그러한 행동은 스스로에게 자부심과 안도감이라는 지속적 감정을 선사한다. 즉각적 만족감을 추구하는 것은 쉽지만, 결과를 기억하는 것은 스스로에게 도움이 되는 길이다.

경험만큼 훌륭한 스승은 없으므로, 63페이지의 차트를 가지고 자신의 ARC를 되돌아보고 재조정해보자.

어디서든 연습할 것

멜라니는 이미 많이 지친 상태로 세금 신고 업무를 처리해야 했을 때, '이건 감당할 수 없어'와 같은 생각을 하고 있음을 알아차렸다. 그리고 팩트 체크를 시작하며 '나는 30분 동안 이 일을 할 수 있어'를 확인했다. 그녀는 더 유연하게 사고하고, 몸의 긴장을 평가하지 않으며, 불가능해 보였던 일을 시작함으로써, 떠오르려던 불안의 파도를 더 빠르게 넘길 수 있었다. 또한 해당 업무도 예상보다 빠르게 마칠 수 있었다.

나 역시 대중 앞에서 말하는 것을 너무나도 두려워하던 사람이라, 고작 3분짜리 TV 촬영이라도 생기면 전날 밤을 꼬박 새우며 걱정하곤 했다. 가르치던 내용을 직접 실천할 필요를 느끼면서 공개 발표 수업에 등록한

적이 있다. 내가 가장 하고 싶지 않았던 일이었다. 그런 다음 추가 수업에 등록하고, 또 다음 수업도 등록했다. 결국 지금 나는 청중들 앞에서 말하는 기회를 즐기는 사람이 되어 있다(여전히 약간의 불안과 흥분을 느끼지만, 이 감정들이 나로 하여금 최상의 준비를 하도록 이끈다는 사실을 알고 있다).

하나의 기법을 완전히 익히고 강한 스트레스 상황에서도 능숙하게 활용하려면, 다양한 상황에서 여러 기술을 자주 연습해야 한다. 공개 발표 날, 내가 원하는 수준까지 숙달된 상태가 아님을 깨달았다. 날마다 인터뷰를 하는 것이 아니었기 때문이다. 한 강사가 내게 명상 지도자처럼 차분하고 일정한 톤으로 이야기하는 대신에 다양한 목소리 톤을 낼 필요가 있다고 조언했다. 그래서 하루에 적어도 한 회차의 치료, 친구나 낯선 사람, 혹은 가족들과 나누는 일상의 대화에서 다양한 목소리 톤을 사용해보기로 했다. 이 방법으로 나는 말을 해야 하는 정말 중요한 순간에 여러 목소리 톤을 자연스럽게 사용하게 되었다.

컬럼비아대학교 객원 연구원이자 감정 조절에 관한 수십 편의 논문을 발표한 아멜리아 알다오Amelia Aldao 박사는, 감정을 효과적으로 관리하는 지속적인 능력을 키우기 위해서는 여러 상황에서 다양한 감정 상태로 서로 다른 전략들을 시도해봐야 한다고 말한다. "다양한 도구를 활용할 수 있으면, 우리는 더 큰 자신감을 갖고 중심을 잡을 수 있다. 만약 내게 감정 조절 기술이 한두 개밖에 없다면, 특정 상황에만 맞는 기술일 것이다. 그러나 여러 가지 기술을 익히고 시행착오를 감수할 마음이 있다면, 큰 장애물도 다룰 수 있다!"

네바다대학교 리노 캠퍼스의 네바다 재단 교수이자 수용전념치료를 개발한 스티븐 헤이즈 Steven Hayes 박사는 50명 이상의 심리학자들과 함께 수백 편의 심리치료 결과 논문들을 분석하여, 더 나은 삶을 살도록 돕는 핵심 요소를 정확히 찾아내고자 했다. 그들은 결국 **심리적 유연성**에 집중하게 되었는데, 헤이즈 박사는 이를 '정신 건강에서 가장 중요한 기술 세트'로 여기면서, 인지하는 능력인 **알아차리기**, 어려운 생각과 감정을 처리하도록 자신을 허용하는 **개방성**, 자신에게 중요한 것이 무엇인지 파악하고 그 방향으로 나아가는 **가치 있는 실천**, 세 가지로 정의했다.

신체적 유연성은 우리의 몸을 자유롭게 움직이게 하고 부상의 위험을 줄이는 데 도움이 된다. 심리적 유연성도 마찬가지다. 자신의 감정 속 메시지를 발견하고, ARC를 관찰하고 발전시키는 연습을 통해 감정 및 스트레스와의 관계를 변화시켜, 감정의 응원을 받을 수 있게 되기를 바란다.

3

과도한 사고는 재고 대상

나의 내담자 중 한 사람인 맥스는 우연히 대학 룸메이트가 자신을 두고 '완전 노잼러'라고 말하는 것을 들었다. 그는 그 표현이 상처가 되긴 했지만 맞는 말이라고 느꼈다고 했다. 맥스는 그런 식으로 평가받는 것에 수치심을 느낀 것뿐만 아니라 스트레스 가득한 생각으로 이어지는 경우가 너무 잦아서, 일요일 오후에 느긋하게 빈둥거리는 것처럼 일상의 순간을 누리는 일이 힘들었다고 털어놓았다. 그는 회사 복지 혜택에 무료 상담 10회가 포함되어 있어서 해볼까 하던 차에, 룸메이트의 말이 결정적인 계기가 되어 나에게 오게 된 것이었다. 나는 그가 상담을 시작하게 되어 정말 기뻤다. 과잉 사고는 단순히 정신을 소모하는 습관일 뿐만 아니라, 우울증의 위험 요인이기도 하기 때문이다.

첫 번째 상담에서 맥스는 꼭 해야 할 일이 있거나(예: 시험 공부, 논문 작성) 중요한 상황이 불현듯 떠오르면(예: 지속적인 친구 문제, 중요한 결정 내리기), 그것이 머릿속에서 떠나지 않는다고 했다. TV를 보거나 잠자리에 드는 등 다른 일을 하려 해도 소용이 없었다. "늘 이런 식이었습니다. 항상 내 머릿속에 갇혀서, 답이 나올 수 없는 주제들을 분석하고 있어요. '삶의 의미는 무엇일까?' '왜 착한 사람들에게 나쁜 일이 생기지?' 이런 것들." 나는 그에게 현재에 집중하기 위해 어떤 노력을 해봤는지 물었고, 그는 고등학교 보건 수업 시간에 배운 마음챙김 연습에 대해 말해주었다. "그게 불가능하더라고요. 원래 쉬워야 하는 것일 텐데." 그의 목소리에는 희망이 없었다.

맥스는 자신의 배경을 이야기하면서, 부모님이 엄청나게 다정하고 세심한 분들이었으며, 남동생 조이는 자폐 진단을 받아 말을 하는 데 어려움을 겪고 있다고 말했다. 내가 그의 인생 목표에 대해 묻자 맥스는 이민 세대인 부모님이 모든 자원을 자신의 미래와 조이의 치료에 쏟아부었다고 말했다. 그러면서 자신의 꿈은 부모님이 은퇴하신 후에도 계속 편안하게 조이를 지원할 수 있도록 충분한 돈을 버는 것이라고 했을 때, 나는 무척 감동 받았다. 맥스는 중학교 때부터 자신이 최선을 다하고 있는지 고민했고, 좋은 연봉을 받으면서도 '영혼을 갈아 넣지 않는' 직업을 찾아야 한다는 스트레스를 받아 왔다. 이런 고민들은 충분히 이해할 만한 것이었지만, 문제는 맥스의 사고방식이 반복적이고 수동적이며, 유용한 전략을 세우는 수준을 넘어섰다는 것이다. 임상적으로 말하자면, 그는 **반추**를 하고 있었다. 반추는 심리학에서 어떤 걱정이나 감정을 반복적으로 곱씹는 사고 과정을 뜻한다('반추/rumination'라는 단어는 되새김질하다, 또는 부분적으로 소화된 음식을 천천히 씹는다는 뜻의 라틴어 ruminari에서 유래했다. 반추한다는 것은 소화하거나 에너지원으로 쓰지 않고 계속 씹기만 하는 것이다).

인간은 스트레스를 받는 경험을 반복해서 떠올리거나 예상하는 독특한 능력을 가지고 있다. 이렇게 하는 과정에서 만성 스트레스로 발전할 위험이 생긴다. 반추는 단순히 자신에게만 영향을 미치는 것이 아니라, 주변에도 영향을 준다. 귀가 시간이 두어 시간 늦어지면 반려견은 그저 사랑스럽게 얼굴을 핥겠지만, 저녁 식사를 준비하던 당신의 사려 깊은 배우자는 그냥 넘기기가 어려울 수 있는 것처럼 말이다. 어떤 사람이 당신을 보면서 눈썹을 살짝 치켜 올렸을 때, 그저 단순히 눈에 먼지가 들어가서 그런 것일 수 있는데도, 너무 과하게 분석하는 바람에 이전에는 없던 어색함이 생기기도 한다. 너무나 많은 가짜 경고를 만들어 내거나 그에 반응하며 사는 것은 고된 일이다.

나는 우선 맥스에게 중요하지만 해결되지 않은 목표에 대해 고민하면서 빠져나오지 못하는 것은 지극히 정상이라고 말했다. 과잉 사고는 뿌리 깊은 습관인 경우가 많다. 그렇기 때문에 왜 이런 사고를 하는지, 언제 그런 패턴이 나타나는지, 자신에게 어떤 영향을 미치는지를 이해해야 한다. 그리고 좀 더 수월하게 현재로 돌아올 수 있도록 다양한 대안을 가지고 반복적으로 시도해보는 것이 필요하다.

과잉 사고는 왜 저절로 생길까?

어떤 경우에는 과잉 사고를 책임감 있는 태도로 여기기도 한다. 지금 당장 해결할 수 없는 문제를 계속 머릿속에 떠올리고 있으면, 점점 이해하게 되고 스스로 동기부여가 되며 문제 해결을 준비해서 실수를 피할 수 있다고 단정하기 쉽다. 일부 내담자들은 일종의 '마법적 사고magical thinking'를 이야기하면서, 어떤 문제에 관해 충분히 걱정하면 결국 잘 해결될 것이라고 단정한다. 우리가 스트레스를 받는 일은 우연히 괜찮아지는 경우가 많기 때문이다. 그러나 과하게 집착하고 고민한다고 해서 미래가 마법처럼 바뀌는 것이 아니라 우리를 정신적 쳇바퀴에 가둬 둘 수도 있다.

아이러니하게도 이런 사고 패턴에서 벗어나는 첫 번째 단계는 바로 '자신의 생각'을 다시 생각해보는 것, 즉 **메타인지**를 활용하는 것이다. 일단 성찰하기 시작하면 자신에게, '과잉 사고 때문에 정신적으로 불안정해지고 있어. 난 이걸 통제할 수 없어!'나 '이 일이 일어난 이유를 캐 보면, 앞으로 창피한 상황을 피할 수 있을 거야' 등, 과잉 사고를 다양하게 믿고 있었음을 깨닫게 될 것이다. 또 다른 작전은 과잉 사고의 득과 실을 구분해보는 것이다. 타이머를 2분으로 맞춰 두고, 부정적인 영향(예: 내게 계속 스트레스를 줌)과 긍정적인 영향(예: 새로운 깨달음을 얻을 가능성?)을 적어 보기를 바란다. 자신의 경험을 종이에 직접 써 보면, 이 습관이 가져오는 영향이 더 명확하게 드러나면서 더 주의하려는 동기가 생기게 될 것이다.

맥스와 함께 이 연습을 시작했을 때, 그가 작성한 목록은 두서가 없었다. 자신의 과잉 사고가 스트레스를 유발하고 짜증스러우며 자신의 행복을 빼앗아 간다고 확신하면서도, 그는 여전히 목표를 유지하는 데는 도움이 된다고 생각하고 있었다. 이런 그의 생각을 정확히 평가하기 위해 우리는 일주일간 실험을 진행했다. 맥스의 구체적 일정표를 만들어 일과와 여가 시간을 정해두면서, 정해진 시간 외에는 그 생각을 내려놓도록 하는 것이 목표였다. 예상했던 대로 맥스는 자신의 장기적인 목표에 계속 집착하며 고민할 때보다, 눈앞의 일에 집중할 때 생산성이 훨씬 더 높아졌다고 보고했다. 비용과 이익이 명확해지고, 자신의 메타인지(과잉 사고가 자신을 목표로 나아가게 해 준다는 믿음)를 체계적으로 검증하며, 소란스러운 룸메이트가 있는 집 대신 도서관에서 일을 하는 등의 문제 해결 계획을 세우자, 맥스는 자신에게 동기부여를 위한 과잉 사고가 필요하지 않음을 깨닫게 되었다. 반추는 그저 불안을 부추기고, 그 불안은 미루기로 이어지는 악순환을 만들었던 것이다. 물론 마감이 다가올 때 더 집중하게 되는 것처럼, 일정한 수준의 스트레스는 동기를 부여할 수 있다. 하지만 지속적인 스트레스는 우리를 고갈시키며, 고민에 매몰되는 것은 실제로 실용적인 사고와 건설적인 행동을 방해한다.

과잉 사고는 고립으로 이어질 수도 있다. 아무리 너그러운 친구라도 반복적으로 반추하는 이야기를 들으면 좌절감을 느낄 수 있기 때문이다. 친구 관계에서는 **공동 반추**에 빠지는 위험도 주의해야 한다. 공동 반추는 다른 사람과 함께 반복적으로 부정적인 주제에 집중하는 것으로, 이런 패턴은 사회적 지지라는 이익마저 놓치게 만든다. 게다가 끊임없이 다른 사람에게 하소연하는 것은 혼자서 같은 생각을 계속 곱씹는 것과 별반 다르지 않다. 이와 관련해 이탈리아 로마대학교의 조교수인 크리스티나 오타비아니Cristina Ottaviani 박사의 주도로 이루어진 연구에 따르면, 사람들이 어떤 불쾌한 사건에 관해 자세히 이야기할 때 나타나는 심혈관 반응은, 혼자서 그 일을 계속 반추할 때와 동일한 강도를 보였다.[10]

불안, 우울, 불면증, 폭식, 약물 남용, 대인관계 문제 등 셀 수 없이 많은 심리적 어려움의 중심에 종종 과잉 사고가 있는 것은 어쩌면 당연한 일이다. 곧 살펴보겠지만, 과잉 사고는 우리가 스트레스 때문이라고 생각하는 여러 신체 증상의 주범이기도 하다.

내 이야기를 해보자면, 나는 내가 할 수 있는 최선을 다하면서도 대학원에 합격할 수 있을지, 심리학자로 성공할 수 있을지 고민하느라 수많은 시간을 허비했다. 연애에 있어서도 가볍게 데이트하던 남자들이 보낸 애매한 메시지를 계속 곱씹고 분석하곤 했다. 그것은 평온함도, 주도권도 가져다 주지 않는 습관이었다. 그러던 중 2013년 안타깝게 세상을 떠난 예일대학교 심리학 교수 수잔 놀런-혹세마Susan Nolen-Hoeksema 박사가 반추에 관하여 작성한 연구 논문을 접하게 되었다. 놀런-혹세마 박사는 암울한 사람들의 고통을 단순히 뇌의 화학적 불균형이나 불운한 환경 탓으

---

[10] 자신이 겪고 있는 일을 절대 상담사나 친구에게 이야기하지 말아야 한다는 것일까? 절대 그런 뜻이 아니다! 자신을 꼼짝 못하게 만드는 것이 아니라 자신에게 도움이 되는 것을 나누는 것이 중요하다는 의미다.

로 돌리는 대신, 우리의 정신적 습관이 고통의 원인이 될 수 있음을 명확히 밝혔다. 그 논문을 읽으면서 내가 반추하는 사람이며, 그것이 내게 전혀 도움이 되지 않는다는 통찰을 얻었다.

그저 이 사고 과정에 이름을 붙이고 그것의 부정적인 영향을 이해하는 것만으로도, 훨씬 더 선명한 시선과 선택권이 생겼다. 나 역시 맥스처럼 늘 머릿속에 걱정을 하고 있어야 성실함을 유지할 수 있다는 생각이 있었던 것이다. 내가 반추했던(그리고 너무나 많은 내담자들도 고통받는) 또 다른 중요한 이유는 내면적 경험을 측은한 마음으로 정당화하는 **자기 타당화**와 과잉 사고를 혼동하고 있었다는 점이다. 누구나 자신의 감정이 정당한 것이라 느끼고 싶어하며, 그래서 누군가 진심으로 귀 기울여 들어주는 것을 중요하게 여긴다. 만성적인 신체 고통, 슬픔, 트라우마, 불의 등의 겉으로 드러나지 않은 상처들로 고통받는 내담자들 다수가, 자신의 고통이 제대로 인정받지 못할 때 반추에서 벗어나기가 더욱 어렵다고 이야기한다. 그러나 결국에는 반추가 그저 그 시간을 연장할 뿐이며, 고통스러운 경험을 마주하는 더 주체적인 방법이 있음을 깨닫게 된다.

몸과 마음에 스트레스를 가두는 과잉 사고

삶의 요구와 스트레스가 너무나 무거운 상태에서 과잉 사고가 문제의 주범임을 깨닫는 방법을 무엇일까? 맥스 역시 자신의 경험과 책임으로 인해 힘겨워진 삶에 자신의 사고 습관이 영향을 준 것인지 의문을 가졌다.

이 질문에 답하기 위해 나는 맥스에게 놀런-혹세마 박사의 연구 중 하나를 소개했다. 1989년 리히터 규모 6.9로 발생했던 로마 프리에터 지진을 경험한 학생들의 안녕감을 측정한 연구였는데, 걸핏하면 반추를 하고 그 재난을 과잉 사고하며 반응한 학생들이 심리적 문제를 겪을 가능성이 더 높았다. 심지어 PTSD의 위험도 증가했다는 결과가 나왔다.

실제로 스트레스 연구자들이 반추와 걱정을 설명하기 위해 사용하는 용어인 **보속성 인지**(perseverative cognition)는 급성 스트레스를 장기 스트레스로 바꾸는 원인이 된다. 캘리포니아대학교 로스앤젤레스 캠퍼스의 스트레스 평가 및 연구 시험소 소장인 조지 슬라비치[George Slavich] 박사는 이렇게 설명했다. "만성적 스트레스 요인이 평생 아무런 영향을 미치지 않을 수도 있고, 단기적인 스트레스 요인이 평생 영향을 줄 수도 있다. 이러한 스트레스 경로의 특징은 실제로 발생한 스트레스인지 상상에 의한 스트레스인지 크게 상관이 없다는 점이며, 이는 스트레스 반응을 활성화하거나 유지하는 힘이 우리에게 있음을 의미한다." 이는 지금 우리 주변에 스트레스 요인이 없는 경우에도 마찬가지다. "우리는 언제든 그 급성 스트레스 요인을 다시 경험할 수 있다." 이 이야기를 듣고 나는 유명한 마음챙김 강사이자 작가인 샤론 샐즈버그[Sharon Salzberg]가 들려준 일화가 떠올랐다. 그녀의 친구 중 한 명이 네팔 트레킹 중 발에 물집이 생겼다. 그는 걸음을 뗄 때마다 아픔을 호소했고, 고통을 예상하며 발을 내디뎠다. 그 모습을 본 그의 현지 가이드가 이렇게 말했다. "당신은 한 걸음 내디딜 때마다 한 번만 아플 수도 있고, 세 번 아플 수도 있어요."

물집만이 아니라, 이런 식으로 스트레스를 받는 것은 당연히 신체 건강에도 영향을 미친다. 낮 동안 걱정이 많으면, 우리의 신경은 우리를 계속 'ON' 상태를 유지하도록 만들어 편안한 수면을 방해하고, 건강한 숙면으로 얻을 수 있는 뇌 기능과 에너지를 약화시킨다. 반추와 그로 인한 스트레스는 심장 건강에도 영향을 준다. 펜실베이니아 주립대학교 교수로 재직하다 은퇴한 심리학자 윌리엄 게린^{William Gerin} 박사는 한 연구에서, 참가자들에게 과거에 자신을 극도로 화나게 했던 사건을 떠올리도록 요청한 상태에서 그들의 심혈관 반응을 기록했다. 참가자들의 혈압은 수십 년 전에 일어난 사건을 생각하는 것만으로도 치솟았다. 게린 박사는 이렇게 설명했다. "상징적인 위협도 실제 위협이 된다. 누군가에게 '당신이 겪은 가장 끔찍한 일은 무엇인가?'라고 물어보면, 단순한 기억만 떠오르는 것이 아니라 모든 것이 함께 온다. 그 사건의 영향 전체를 다시 경험하는 것이다."

이 사실을 뒷받침하는 수십 건의 연구 결과를 반대로 생각해보면, 스트레스를 받는 순간을 반복하지 않는 법을 알게 되면 만성적 스트레스를 순간적 경험으로 전환시킬 수 있다는 뜻이 된다. 자주 인용되는 논문 중에 펜실베이니아대학교의 심리학자이자 선임 연구원인 매트 킬링스워스^{Matt Killingsworth} 박사의 연구가 있다. 그는 참가자들에게 그 순간 자신이 무엇을 하는지, 무슨 생각을 하는지 기록한 다음 자신의 행복 정도를 평가하도록 했다. 참가자들은 거의 절반의 시간 동안, 자신이 하던 일과 무관한 생각을 하고 있었음이 드러났다. 그러나 현재 순간에 집중하자 행복하다고 보고하는 가능성이 높아졌다. 해변가에 앉아 있던 사람도, 우체국에서 줄을 서 있던 사람도 말이다. 킬링스워스 박사가 내린 결론처럼, "인간의 마음은 방황하는 마음이며, 방황하는 마음은 곧 불행한 마음"이다.

파괴적 상황을 마주하고 있는 사람도 지금 이 순간에 집중함으로써 마음의 평온함을 높일 수 있다고 게린 박사는 말한다. 상황이 나아지길 기다리는 상태에서 접근할 수 있는 고요함이 있다는 사실을 깨닫게 되면 일종의 해방감이 생긴다. 샤론 샐즈버그가 들려준 또 다른 이야기가 있다. 처음 듣고 난 후부터 내내 내가 전하는 이야기다. 그녀가 저명한 명상 전문가 조지프 골드스타인Joseph Goldstein과 함께 텍사스를 방문했을 때이다. 한 남성이 그들에게 더 넓은 곳을 찾아 와이오밍으로 떠나고 싶어서 몸이 근질거린다고 말했다. 골드스타인은 명상 지도자다운 방식으로 이렇게 반응했다. "당신 안에도 와이오밍이 있다는 걸 아십니까?" 지금 이 순간에 더 큰 만족감을 누리기 위해 인생이 원하는 방향으로 흘러갈 때까지 기다릴 필요가 없다.

내 내담자 중 한 명인 카라는 오랫동안 암과 싸워 온 어머니가 호스피스 치료를 받게 된 상황에서 나를 찾아왔다. 그녀는 전화가 울리는 소리만 들어도 극심한 스트레스를 받았고, 나쁜 소식을 듣게 될까 봐 패닉 상태에 빠진다고 말했다. 사랑하는 어머니를 만나는 일 역시 극도의 슬픔을 느끼게 했다. 하지만 하루 대부분의 시간을 자신의 삶을 위해 쓰고, 흥미롭게 느끼는 작업에 집중하며, 달리기를 하거나 친구들을 만났다. 그러면서 어머니가 임종을 맞이하는 순간을 상상하는 머릿속 영상을 멈출 수 있게 되었다. 현실에 집중하려는 그녀의 의도적인 노력은 자신의 감정을 분명하게 느끼고 있었으므로 회피가 아니었으며, 자신을 재충전할 수 있는 다른 경험들을 스스로에게 허용하면서 번아웃 없이 위기에 대응할 수 있었다.

과잉 사고와 결별하는 초간단 가이드

과잉 사고를 줄여 지금 눈앞에 놓인 일에 더 집중하기를 원한다면, 맥스에게 효과적이었던 기법을 한번 시도해보자. 여러 내담자들은 물론, 나 역시도 활용하는 기법들이다. 덧붙여 말하자면, 앞으로 소개할 모든 '스트레스 리셋 전략과 스트레스 버퍼'는 반추에서 벗어나는 데도 도움이 되도록 만든 것이다.

1. 목표를 명확하게 세운다

과잉 사고와의 관계를 바꾸기 위해서는 목표를 더 작은 단계들로 쪼개는 것이 도움이 될 수 있다. 사교모임에서 자신이 했던 말이나 행동을 곱씹지 않기부터 연습해보는 건 어떨까? 그런 다음에 머릿속에서 떠나지 않는 더 큰 고민들, 이를테면 '나를 영원히 사랑해줄 사람을 만나게 될까?' 혹은 '내가 원하는 라이프 스타일을 누릴 충분한 돈을 벌 수는 있을까?' 등을 멈춰 보는 것이다. 과잉 사고를 멈추는 시도가 부담스럽게 느껴질 수 있으므로, 구체적이고 실현 가능한 계획을 가지고 반추를 줄이는 것부터 시작해보자.

2. 위험 요인만 정확히 조준한다

내가 좋아하는 전략인 **기능적 분석**은 영국 엑서터대학교 심리학 교수인 에드워드 왓킨스Edward Watkins 박사가 개발한 반추-중심 인지행동치료 (Rumination-Focused Cognitive-Behavioral Therapy)에서 과잉 사고를 다루는 기법이다. 우선 자신을 과잉 사고로 밀어 넣는 요소를 파악하는 데 주력해 보자. 예를 들어 아침 기상 직후 혹은 밤잠을 이루지 못할 때와 같이, 걱정으로 어찌할 바를 모르는 특정 시간대가 있는가?[11] 또한 얼굴을 찌푸리는 등의 신체적 신호가 있거나 외부를 차단하는 등의 정신적 신호가 있는가? 반복적으로 떠오르는 특정 주제나 행동을 불러 일으키는 사람이 있는가? 이러한 패턴을 파악한 뒤, 뭔가 어려운 상황을 겪은 후에도 과잉 사고에 덜 빠졌던 순간들을 떠올려 보자. 예를 들어 운동을 하거나 귀갓길에 재미난 팟캐스트를 듣는 등, 퇴근 후 긴장을 푸는 일을 하는 순간에는 과잉 사고가 줄었는가?

왓킨스 박사가 말한 것처럼 과잉 사고를 해결하는 만능 꿀팁은 존재하지 않지만, 자신의 생활에서 작은 항목들을 모아 두면 자신에게 맞는 몇

---

[11] 내 큰 문제 중 하나는 재미있는 활동을 하려고 할 때도 자꾸 스마트폰을 확인한다는 것이다. 특히 바로 답장할 수 없는 속상한 이메일을 받거나, 우연히 불편한 뉴스를 보게 될 때는 더 그렇다. 정반대 행동하기로, 스마트폰을 비행기 모드로 설정해두면 외출이 더 즐거울 것이다.

가지 전략을 설계할 수 있다. 왓킨스 박사는 '이프덴 플랜(if-then plan)'을 자유롭게 세워 보기를 추천한다. 예를 들어 '만약 내가 자기 비판적인 생각에 빠진다면, 그때는 잠시 진정하고, 어깨의 긴장을 풀고, 15분간 소설을 읽는 등의 몰입할 수 있는 활동을 해야 한다'와 같이 말이다.

3. 언어의 힘을 인식하고, 그 힘을 무시한다

정신적 늪을 피하는 또 다른 방법은 언어가 유발하는 고통을 성찰해보는 것이다. 언어는 단 몇 초 만에 실제 감정을 불러일으킬 수 있다. 도넛 가게에서 '바퀴벌레'라는 단어를 떠올리는 순간 입맛이 확 떨어지지 않던가? 바로 이런 식으로 자신의 생각과 거리를 두고서 그저 있는 그대로 바라보는 연습을 해보는 것이다. 생각은 그저 생각일 뿐이다. 너무 추상적인 방법으로 느껴진다면, 알록달록한 공을 여러 개 던지며 저글링하는 모습을 상상해보자(여기서 공이 당신의 생각이다). 어떤 특정한 공에 집착하지 않고, 공이나 그 곡예사 자체를 평가하지도 않으면서 그 이미지를 떠올려 보는 것이다. 다시 말해 각각의 생각 자체가 아닌, 생각의 과정에 집중하는 것이다. 이렇게 하기까지 연습이 필요하지만, 결국에는 익숙하면서도 동기-유발적이지 않은 생각은 예측이 아닌 패턴임을 깨닫기가 점점 더 수월해진다.

4. 자기-거리두기를 시작한다

미시간대학교 심리학과 교수인 이선 크로스Ethan Kross 박사는 마음이 상한 상태에서 과잉 사고를 하는 것이 역효과를 가져오는 가장 큰 이유는, 우리가 그 생각에 깊이 몰입하게 되기 때문이라고 설명한다. 언어를 뛰어넘는 것과 비슷하게, 한 걸음 뒤로 물러나 더 큰 그림을 보는 자기-거리두기 전략을 시도해보자. **자기-거리두기**는 실수를 돌아보고 사과를 해야 하는 순간을 위한 것이 아니라, 과잉 사고에 빠졌을 때 최고의 효과를 발휘하는 전략이다. 자신이 반추하고 있는 어려운 상황에 직접 개입하는 대신에, 자신을 마치 벽에 딱 붙어 있는 파리인 듯 가만히 다시 떠올리고 관찰하는 방법이다.

자기 대화에서 '나'를 '너'로 바꿔 생각할 수도 있다. 예를 들어 '나는 큰 실수를 저질렀어' 대신 '너는 큰 실수를 저질렀다고 생각하는구나'로 바꾸는 것이다. 사람은 자기 자신의 문제보다는 타인이 겪는 문제를 객관적으로 파악하기가 쉽다. 내가 자주 사용하는 방법은 정신의 시간 여행으로, 현재의 스트레스 요인이 앞으로 일주일 후, 혹은 몇 년 후에 어떻게 느껴질지를 생각해보는 것이다(아마 기억조차 못 하는 상태일 것이다!).

5. '왜'를 '어떻게'로 바꾼다

부정적인 생각을 보다 건설적인 사고로 바꾸는 가장 간단한 방법은, '왜' 질문(예: 왜 내게?)을 '어떻게' 질문(예: 어떻게 하면 앞으로 나갈 수 있지?)으로 전환하는 것이며, 여기에는 항상 자기 자비의 요소가 함께 동반되어야 한다. 본질적으로 비생산적인 반추를 능동적인 계획 수립으로, 그 사고 처리 방식을 바꾸는 것이다. 예를 들어 어떤 사람과 데이트를 한 후 분명 괜찮을 시간을 보낸 것 같은데도 상대방에게 연락이 오지 않은 경우라면, '아니 왜?' 대신에 편안한 밤을 보낼 수 있는 방법에 집중하는 것이다. 두 방식의 차이를 파악해야 한다. '왜'는 막다른 골목이지만, '어떻게'는 행동으로 이어진다.

6. 통제할 수 있는 문제를 해결한다

당연한 이야기지만, 머릿속을 가득 채우는 고민이라면 중요한 삶의 영역이 담긴 문제라는 뜻이다. 그러나 원인과 결과에 대해 끝없이 반추하고 파고들수록 앞으로 나아가기 위한 실질적인 행동을 시작할 가능성은 낮아진다. 내가 내담자들에게 농담처럼 말하듯, 분석 마비(생각과 분석에 지나치게 에너지를 쏟느라 결정 및 행동으로 나아가지 못하는 상태 - 옮긴이)로 얻을 수 있는 것은 없다. 그러니 자신이 실행할 수 있는 중요한 일이 있다면 불편함과 불확실성을 받아들이는 동시에, 순환적 사고 대신 해답을 찾는 행동을 하자. 예를 들어 건강이 걱정된다면, 걸음 수를 기록하고 콜레스테롤 수치를 개선하는 등의 행동을 취하자. 그러는 것이 갑작스럽게 큰 병이 생길까봐 걱정하는 것보다 훨씬 도움이 될 것이다.

7. 글로 쓴다

감정이나 어떤 경험을 처리해야 할 때 과잉 사고에 빠지는 대신, **표현적 글쓰기**를 해보자. 이 기법은 텍사스대학교 오스틴 캠퍼스의 심리학 교수 제임스 페니베이커 James Pennebaker 박사가 개발한 방법이다. 데니스 슬론

Denise Sloan 박사는 이 표현적 글쓰기 효과에 영감을 받아 연구를 진행했는데, 연구팀은 먼저 대학생들을 대상으로 반추와 우울함에 관한 설문조사를 실시했다. 그다음 표현적 글쓰기를 해보도록 요청했다. 첫째 날, 한 그룹의 학생들은 가장 스트레스를 받았던 경험이나 트라우마로 남은 일에 대해 최대한 감정을 담아 20분 동안 종이에 적도록 요청을 받았다(당신에게 지금 가장 트라우마로 남은 경험을 쓰라고 하진 않을 테니, 걱정하지 않아도 된다). 두 번째 시간에는 같은 학생들에게 그 경험이 자신의 삶의 다른 부분에 어떻게 연결이 되었는지 적어 보도록 했다. 그리고 마지막 날에는 그 경험이 현재와 미래의 삶에 어떤 영향을 미치는지 기술하며 글쓰기를 정리하도록 했다. 자신의 일상을 어떻게 보냈는지 감정 없이 기록했던 통제집단과 비교하여, 설문지에 반추 성향을 표시했던 그룹의 학생들은 5주 후에 진행된 후속 조사에서 우울 증상이 현저히 감소된 것으로 보고되었다. 놀랍게도 20분씩 단 3회 진행했던 이 글쓰기 시간의 효과는, 심지어 6개월 후에도 동일한 반추 성향 학생들의 우울 개선으로 이어졌다!

당신을 지속적으로 괴롭히는 무언가가 있다면 사나흘 연속으로, 하루 최소 15분씩 손으로 직접 써 보는 시간을 가져 보자. 글로 적음으로써 자연스럽게 종결점을 만들고 심리적 거리감을 형성할 수 있다. 구체적인 단계를 안내해줄 글쓰기 질문들은 '2부의 마음 리셋 01'에서 확인할 수 있다.

8. 감정을 느낄 공간을 마련한다

놀랍게도 반추와 감정 경험은 동일하지 않다. 많은 경우 반추는 실제로 느끼는 것이 아니라 머릿속에 갇혀 있는 것일 수 있다. 반추-중심 인지행동치료를 개발한 왓킨스 박사가 들려준 사례를 보자. 한 여성이 복잡한 이혼 과정을 겪은 후에도 좀처럼 기분이 나아지지 않는다고 불평하며 그의 치료 연구에 참여했다. 그녀의 반추 사고 척도 점수가 크게 감소한 상태였는데도 말이다. 어떻게 된 일일까? 알고 보니 그녀는 난생 처음으로 자신의 감정을 온전히 경험한 것이었다. 반추 대신 현재 순간에 머무른다는 것은 감정을 회피한다는 의미가 아니라, 떠오르는 감정이 무엇이든 그대로 느끼는 것을 의미한다. 이것이 유용한 이유는 타당한 걱정을 인정하고 느낄 시간과 공간을 허용하지 않으면, 반추가 언제든지 슬금슬금 모습을 드러낼 수 있기 때문이다. 모든 감정은 순간적인 것이며, 특히 과잉 사고가 동반되지 않으면 쉽게 사라지는 것이므로, 이 과정을 크게 걱정하지 않아도 된다.

> **모든 감정은 순간적인 것이며, 과잉 사고가 동반되지 않으면 쉽게 사라지는 것임을 기억하자**

9. 반추 일정을 재조정한다

과잉 사고의 강박성을 줄이고(그로 인해 더 주도적인 느낌을 얻고 싶다면!) 걱정이나 과잉 사고가 시작되는 순간을 알아차리고, 이를 나중으로 미루는 연습을 해보자. 예를 들면 걱정은 오후 7시에 10분간만 하고, 그다음엔 다른 일로 넘어가는 것이다. 이 전략은 펜실베이니아 주립대학교 명예 교수이자 오랫동안 불안을 연구해온 심리학자 토마스 보르코벡[Thomas Borkovec]이 개발했다(이 기법은 '3부 마음 버퍼 03'에서 더 자세하게 다룬다). 이 방법의 목표는 과잉 사고를 하루 종일 웅웅대는 백색소음처럼 머릿속에 두는 대신, 좀 더 자족적이며 일시적인 무언가로 바꾸는 것이다. 늘 똑같이 골치 아픈 생각이 떠오를 때 무조건 붙잡고 늘어져야 할 것 같은 감정을 나중에 다시 다룰 수도 있음을 알게 해주는 방법이다. 종일 내내 혹은 저녁까지 너무 바빠서 그 걱정거리로 다시 되돌아가는 걸 깜빡 잊을 가능성이 크다는 점도 있다. 혹 그렇지 않다고 해도, 걱정거리를 자각하게 되면 자신의 생각을 더욱 넓은 시각으로 바라볼 수 있게 된다.

10. 다른 일에 몰입한다

다른 일에 참여하는 것만으로도 현재 순간에 집중할 수 있다. 완전히 몰입할 수 있는 활동을 선택하면 더욱 효과적이다. 로마대학교의 오타비아니 박사가 주도한 연구에서, 참가자들에게 자신을 화나게 하고 그 이후로도 내내 속상했던 사건을 떠올리면서 그때 감정을 곱씹어 보도록 요청했다. 이후 한 그룹은 10분간 조용히 앉아 있도록 하고, 다른 그룹은 살짝 열린 방문 너머로 실험자의 이야기를 엿듣는 데 집중함으로써 주의를 전환하게 만들었다. 주의를 전환한 그룹의 90% 이상이 타인을 대화를 듣는 동안 반추를 멈춘 반면, 주의 전환을 하지 않은 참가자 전원은 감정 기억 이후에 반추를 하고 있었다고 말했다. 이 결과의 핵심은 무언가로, 특히 흥미로운 활동으로 주의를 전환하면 집중의 대상이 빠르게 이동한다는 것이다.

게린 박사가 진행한 유사한 연구에서도 독립형 스크린에 띄운 밝은 색상의 카드와 포스터처럼 단순한 시각적 자극만으로도 반추를 줄이고 혈압이 개선됨을 보여 주었다. 짧은 주의 전환도 그 효과가 오래 지속됨을 기억하자. 영원히 도망치자는 것이 아니다. 짧은 휴식을 취함으로써 보다 건강한 마음 상태로 중요한 문제를 다시 다루는 것이 목표인 것이다.

・・・

맥스는 이러한 기법들을 활용하여 머릿속에서 빠져나올 수 있는 능력을 얻었고, 그 덕분에 자유로워졌다. 그는 마침내 친구들과 편하게 어울릴 수 있고 즐길 수 있다는 사실에 안도감도 느꼈다. 맥스와 마찬가지로 너무 많은 사람들이 끊임없이 자신을 몰아세우면서 더 노력해야 한다고, 문제를 해결해야 한다고 자신을 질책한다. 자기 자신에게 정신적 휴식을 주는 것이 필수인 이유가 여기에 있다. 새로운 사건이 끊임없이 우리를 과잉 사고의 늪으로 끌어당길 테니 말이다. 더 많은 행복과 더 적은 스트레스로 채워진 삶을 원한다면, 끝없는 순환적 사고 대신 대처하는 방식으로 사고하고, 분석하는 것과 실제 삶에 참여하는 것 사이에서 균형을 찾는 것이 무엇보다 중요하다.

물질 없이 이겨 내는 삶

"의욕이 없고 너무나 피곤해요." 내담자인 카메론이 내게 말했다. 어릴 때 주의력 결핍 과잉 행동 장애(ADHD) 진단을 받았던 그는 30대가 된 지금, 늘 지루함을 느낀다고 털어놓았다. 그리고 일과 인간관계에서 무료함을 덜 느끼고 무기력함을 끝내는 방법을 찾고 싶다고 했다.[12] 또 다른 목표는 좀 더 일관성을 가지고 행동하는 것이었다. "내가 항상 늦고 약속을 잘 깨는 사람이라는 게 끔찍해요." 그는 아침에 잠자리에서 벌떡 일어나 운동하는 사람이 되고 싶었다고 했다. "일주일 내내 오전 7시에 일어나는 건 절대 못 할 것 같지만, 일주일에 몇 번은 8시에 일어날 수는 있을 것 같아요."

카메론은 영업직으로 일하면서 늘 초조함을 느끼며 스트레스를 받았다. 비행기에서 공황 발작을 겪은 후부터, 항상 저용량의 클로노핀(불안감

---

[12] 무기력(languishing)은 심리학자이자 펜실베이니아대학교의 교수인 애덤 그랜트 박사가 2021년 〈뉴욕타임스〉 기사에 소개하며 대중화된 단어로, 기쁨도 목적도 없는 감정을 설명할 때 사용된다.

을 즉각 완화하는 벤조디아제핀 계열의 약물)을 가지고 다녔다. 그는 가방 안에 약병이 있다는 사실만으로도 안심이 된다는 것을 알게 되었고, 특히 준비가 부족한 상태에서 회의를 앞두고 있을 때나, 심장이 두근거리기 시작할 때면 더욱 그렇게 느꼈다. 그는 이 약이 스트레스를 녹여 버리는 느낌을 설명하면서, 클로노핀을 복용하면 마치 그물 침대에 누운 것처럼 몸이 공중에 떠 있는 느낌이라고 말했다. 카메론의 정신과 주치의는 공황 발작을 미리 막는 용도로 클로노핀을 처방했고, 일주일에 두세 번 정도만 복용하라고 조언했다. 하지만 카메론은 이 약이 주는 평온함이 너무 좋아서 복용 횟수를 점점 늘리다가 결국 매일 먹기 시작했다. 카메론은 일이 너무 힘들어서 퇴근 후 대마초(이 책에는 대마초 사용이 합법인 미국의 사례들이 제시되어 있다 - 옮긴이) 한 대 피우는 시간을 기다리며 하루를 버틴다고 털어놓았다. 클로노핀의 효과가 사라질 즈음이면 술의 힘에 기대어 아이스크림 한 통을 통째로 들고 코미디 프로그램을 몇 시간씩 몰아보며 다른 세상으로 빠져들었다. 카메론은 스스로 꽤 괜찮은 자기 치료와 대처 방법을 찾았다고 생각했지만, 특별한 충족감을 느끼는 것은 아니었다. 그러던 어느 날 상담사가 되기 위해 수련 중이던 그의 연인이 카메론에게 약속을 깨는 행동, 기억력, 집중력 모두 어느 때보다 더 나빠진 것 같다며 도움을 받아야 한다고 말해주었다.

내담자와 친구를 포함해서, 내가 만나는 수많은 사람들은 대마초 한 대로 긴장을 풀거나 클로노핀이나 자낙스 등의 벤조디아제핀 계열의 약물을 처방받아 즉각적인 신체적 안정감을 얻는 것에 대해 크게 고민하지 않는다.[13] 자신에게 도움이 되는 것 같은 무언가를 끊어야 한다는 말을 듣는 것이, 특히 이미 시도했던 다른 방법들이 도움이 되지 않는 사람이라면 얼마나 짜증 나는 일인지 충분히 이해한다. 다른 여러 내담자와 마찬가지로, 내가 그의 물질 사용(substance use)이 오히려 방해가 되지 않는지 물었을 때, 카메론 역시 불편한 기색을 보였다. 그는 대마초가 ADHD에 도움이 된다는 몇 가지 이론을 알고 있었기 때문이다. 그는 물질 사용에 대한 이야기에는 관심이 없었고, 보다 생산적이고 체계적이며 인내심 있는 사람이 되는 법에 집중하기를 원했다. 그러나 평가 없이 따뜻한 자세를 유지하면서 근본적으로 진솔한 상담자가 되는 것이 나의 역할이었다. 그래서 나는 카메론에게 스스로가 자랑스럽게 느낄 수 있는 삶을 이루도록 도울 수 있기를 바라지만, 내 경험상 그가 사용하는 물질은 그의 목표 달성에 오히려 방해가 될 것이라고 말해주었다. 그의 집중력과 동기를 높이도록 내가 도울 수 있다고 생각했기 때문에, 그의 시간을 낭비하고 싶지 않았다. 카메론은 몇 주 동안 생산성과 성과를 높이는 방법을 먼저 시도해보기로 했다. 그리고 만약 그 방법들이 충분한 효과를 내지 못한다면, 물질이 그의 삶에 미치는 영향을 다시 살펴보기로 나와 합의했다. 물질을 사용하는 동시에 발전할 수 있도록 도와줄 다른 치료사를

---

[13] 대부분의 사람들이 알코올이 신체 기능을 억제하며 판단력을 흐리게 하고, 감정에 휘둘린 과도한 폭식이 건강과 자존감에 악영향을 주고, 담배와 불법 약물이 심각한 결과를 초래한다는 데 동의할 것이므로, 이러한 종류의 '도피'에 대해서는 여기서 따로 다루지 않는다. 만약 앞에서 언급한 물질(substance)들 중 어느 하나라도 사용하면서 어려움을 겪고 있다면, 도움을 받을 수 있는 기관이나 전문가에게 찾아가기를 권한다.

찾는 길도 있었다. 내가 카메론에게 이런 선택권을 제시하자, 카메론은 생기가 돌면서 내가 벤조디아제핀을 좋아하지 않는 이유와 왜 그의 표현대로 왜 '대마초 반대파'인지에 관심을 보였다.

・・・

먼저 나는 일부 내담자, 특히 양극성 장애와 같이 약물 처방의 효과가 있는 특정한 경우에는 정신과 약물 복용을 고려하도록 권하고 있음을 분명히 밝힌다. 치료 초기에는 약물이 도움이 될 수도 있으며, 특히 치료에 참여할 수 있는 능력에 영향을 주는 수준으로 고통받고 있는 경우에도 마찬가지다. 이러한 상황에서는 약물이 분명 치료를 도울 수 있다. 일부 연구에서는 약물과 심리 치료를 병행하는 것이 가장 이상적이라고 주장하고, 어떤 연구는 각각의 치료 방식이 독립적으로도 충분히 효과적일 수 있다고 본다. 또 약물 없이 진행되는 심리 치료가 더 지속적인 효과를 낼 수 있다고 주장하는 연구들도 있다. 결국 가장 중요한 것은 내담자와 그가 겪는 상황이므로, 나는 언제나 내담자와 의료진이 함께 결정한 계획을 존중한다. 그러나 한 가지 덧붙이고 싶은 점은 대처 기술을 강화하면 종종 약물 의존도를 줄이는 데 도움이 될 수 있으며, 정신 건강에 부정적인 영향을 미치는 쓸모없는 습관으로 되돌아가는 것을 예방할 수도 있다는 것이다.

나는 항불안제, 구체적으로 벤조디아제핀 계열의 약물을 다른 범주로 분류한다. 벤조디아제핀은 자동차의 브레이크처럼 신경 활동을 억제하는 GABA라는 신경전달물질에 영향을 준다. 벤조디아제핀이 GABA 수용체와 결합하면 브레이크 기능이 강화되면서 중추신경계 활동이 억제되어 진정 효과가 나타난다. 벤조디아제핀을 복용하기 시작하면, 뇌는 자연스럽게 GABA 분비량을 줄이기 시작한다. 그러다 약물 사용을 점점 줄여서 끊으려 하면, 이제는 GABA 시스템이 제대로 작동하지 않기 때문에 극심한 불안과 금단 증상에 이르게 된다. 나는 수많은 내담자가 벤조디아제핀에 의존하게 되어 해독해야 하는 상황에 이르는 것을 봤다. 이 해독 과정은 발한과 예민함, 메스꺼움을 유발하며, 처음에 겪었던 불안과 비교할 수 없을 정도로 더 고통스러운 경험이 된다.

벤조디아제핀은 개발 초기부터 문제가 있었다. 이에 관한 이야기는 기자이자 하버드의과대학 출판국의 전 디렉터였던 로버트 휘태커 Robert Whitaker로부터 더 자세히 들을 수 있었다. 그는 우연히 정신과 약물에 대한 충격적인 연구들을 접하게 되면서 자칫 정신의학계의 '지뢰밭'에 들어선 사람이었다. 그 후로 항불안제에 의존하게 된 수많은 사람들을 상담하고 현재 정신과학, 정신의학, 사회 정의를 다루는 웹진인 〈매드 인 아메리카(Mad in America)〉를 운영하고 있는데, 내 기준에서는 정신과 약물계의 에린 브로코비치 Eryn Brockovich(미국의 환경운동가이자 법무 보조원으로, 1993년에 법적 지식이 없는 상태에서 캘리포니아 힝클리 지역의 수질 오염 사건을 폭로하여 거대 기업인 PG&E를 상대로 역사적인 집단 소송을 이끌어 낸 인물이다. 그녀의 이야기는 2000년 영화로 제작되어 큰 화제를 모았다 - 옮긴이)와 같은 사람이 되었다. 휘태커에 따르면 미국에서 약 3,000만 명의 성인이 벤조디아제핀을 처방받고 있는 현실은, 한 제약회사가 그람 양성균 치료용 약물을 개발하면서 시작되었다. 실험용 쥐에게 이 약물을 투여하자, 전기 충격을 받기 전부터 수동적으로 행동하는 것이 포착되었다. 심지어 소량을 투여했을 때도 쥐들은 전기 충격 장치 앞에서 차분한 상태를 유지했다. 1960년대에 들어서 정신과 의사이자 제약 마케터였고, 현재 오피오이드(모르핀 또는 아편과 유사한 화학물질로, 통증 감소와 통증 내성 증가에 효과가 있으나 심한 이상 황홀감을 나타내는 부작용과 중독성이 있어 반드시 의사와 약사의 지도에 따라 복용해야 한다 - 옮긴이) 문제와 관련되어 거론되는 인물이기도 한 아서 색클러$^{Arthur\ Sackler}$는 가정주부로 집안에서 무력한 나날을 보내며 지친 여성들에게 '어머니의 꼬마 도우미'라는 별칭으로 이 약을 홍보하기 시작했다. 그러나 그 시절의 발륨도, 현재의 벤조디아제핀도, 약물은 불만족스러운 삶을 해결해주지 못한다. 안타깝게도 휘태커가 경고했던 것처럼, 벤조디아제핀에 의존하면서 정상적인 기능을 하지 못하는 사람들이 있으며[14] 내 내담자 중에도 비슷한 고통을 겪는 경우가 있다.

또 다른 문제를 보자. 불안을 다루는 방식에 있어서, 비합리적인 두려움을 도망치거나 약물로 굴복시키는 대신 정면으로 마주하는 것이, 우리가 자유를 되찾는 데 무엇보다 중요하다. 불편한 감정과 신체적 감각이 생기는 것은 정상이다. 우리가 받아들이는 것을 배워야 할 순간에 진정

---

[14] 이 주제에 관심이 있다면, 벤조디아제핀 의존으로 한 사람의 삶이 뒤집히는 내용을 다룬 두 편의 다큐멘터리, 〈As Prescribed〉(2022)와 〈테이크 유어 필스: 자낙스의 경고(Take Your Pills: Xanax)〉(2022)를 추천한다.

제를 복용하는 것은, 그러한 신체적 감각과 감정으로부터의 도피 문제가 된다.

이 모든 내용을 설명한 후, 나는 카메론에게 에너지를 떨어뜨리는 알약을 삼키는 것이 '지루함'을 느끼게 하지 않는지 물었다. 그러자 카메론은 걱정스럽게 되물었다. "하지만 비행기에서 공황 발작이 오면 어떡합니까?" 나는 그에게 클로노핀은 단기적으로 도움이 될 수 있지만, 난기류처럼 신경이 곤두서는 상황에서 진정하겠다고 약 한 알을 삼키는 행동을 계속 하는 것은 불안을 다루는 법을 배우기보다 스스로를 약에 의존하는 사람으로 만들고 있는 것이라고 말해주었다. 스스로를 강하게 만드는 마인드셋이 아니라고.

하버드의과대학 강사이자 중독 전문 정신과 의사인 톨라 차루미[Tola T'Sarumi] 박사에게 벤조디아제핀이 정말로 도움이 되는 상황이 존재하는지 물었을 때, 그녀는 급성 정신과적 문제로 입원한 환자에게 한정적으로 소량을 처방하는 경우가 있으며, 반드시 복용량을 줄여 나가다가 완전히 끊은 후에 퇴원하게 한다고 말했다. 그러므로 일상적인 스트레스를 마주하면서 긴장 완화를 위해 이 약을 지속적으로 사용하게 되면, 복잡한 문제와 위험을 초래할 수 있다. 차루미 박사의 설명에 따르면 벤조디아제핀은 복용 초기에는 6개월에서 8개월 정도 효과가 있을 수 있으나, 시간이 지나면 복용자는 처음과 같은 효과가 나타나지 않음을 느끼게 된다. 그러면 복용량을 늘리게 되고, 그렇게 계속해서 늘리다가 마침내 이 약이 없이는 생활할 수 없음을 깨닫기 시작한다는 것이다. 이러한 이유로,

차루미 박사는 자신의 외래 환자에게 이 계열의 약물을 처방하는 경우가 거의 없다고 했다.

중독 전문 정신과 의사이자 연구 과학자이며 컬럼비아대학교 물질 사용 장애 부서의 조교수인 아서 로빈 윌리엄스 Arthur Robin Williams 박사는 "어떤 물질이든 감정을 느끼는 방식을 즉각적으로 변화시키는 효과가 있다면, 오용될 경향이 있는 것"이라고 말했다. 불안이나 외로움을 단 몇 분 만에 완화해주는 물질의 유혹이 강력하게 느껴질 수 있다. 그러나 윌리엄스 박사는 '증상의 즉각적 완화'를 의존성 위험에 대한 강력한 경고로 본다. "물질 사용에 익숙해지면 안 된다. 그건 지속 가능한 해결책이 아니기 때문이다. 장기적으로 볼 때, 이는 가장 빠른 내성의 형성과 최악의 금단 현상으로 이어지게 된다."

많은 사람이 벤조디아제핀이나 이 계열의 약물을 유도하는 물질을 사용하는 이유가 그저 자신이 원하기 때문이라고 착각한다. 자신이 이 물질을 사용하는 것을 **정적 강화**, 혹은 자신이 원하는 것을 자신에게 주는 것으로 생각한다고 윌리엄스 박사는 내게 말했다. 그러나 실제로 사람들은 **부정적 강화**를 하고 있는 것, 다시 말해서 스트레스나 공황, 혹은 자신이 단약을 시도할 때 나타나는 금단 현상 등, 불쾌한 무언가를 제거하고 있는 것이다. 이러한 패턴은 자신의 삶을 윤택하게 만드는 대처 기술을 익히는 대신, 부정적 감정을 회피하는 사이클로 이어진다.

이러한 약물의 또 다른 치명적인 문제점은 사람들이 이 약물의 사용을 대처 전략으로 과잉 학습한다는 점이다. 다시 말해서 카메론이 그랬

> **불안을 다루는 방식에 있어서, 비합리적인 두려움에서 도망치거나 약물에 굴복하는 대신에 정면으로 마주하는 것이 자유를 되찾는 데 무엇보다 중요하다**

던 것처럼, 벤조디아제핀에 의존하게 되면 직장에서의 불안이나 비행 공포를 다루기 위해 다른 방법들을 시도하지 않는다. 카메론이 클로노핀 복용 습관을 멈추려고 한다면, 초기 금단 기간 중의 스트레스 반응은 몸이 재정비되는 동안 훨씬 더 강력할 것이고, 그 어떤 방법도 도움이 되지 않는 것처럼 보인다는 문제도 생긴다.

단약의 노력은 그만한 가치가 있다. 처음에는 어려울 수 있지만, 결국 내담자들은 불안과 우울이 줄어드는 경험을 하게 된다. 벤조디아제핀을 주기적으로 사용하면 불안과 우울이 증가할 수 있기 때문이다. 벤조디아제핀의 과도한 복용은 공격성 유발과 평가력 저하, 장기적으로는 치매 위험 증가도 일으킬 수 있다. 로버트 휘태커가 설명한 대로, 벤조디아제핀 계열 약물의 장기적 사용은 '의인성 뇌손상'을 유발할 수 있는데, 의인성이란 의학적 치료가 의학적 문제를 초래한다는 뜻이다(내가 정신 약리학을 공부하면서 가장 기억에 남는 증상 중 하나이기도 하다).

삶에 유연하게 반응하고, 깨어 있는 상태로 세상의 모든 변화들을 경험하는 것이 더 낫지 않겠는가? 클로노핀을 복용하는 습관이 초래하는 실제 위험을 알게 된 후, 카메론은 자신의 감정을 그대로 받아들이는 법을 연습했고, 감정을 동력으로 삼는 법도 배우기 시작했다. 우리는 오히려 일을 마무리하도록 돕는 불안도 있다는 것, 특히 자신의 스트레스를 평가하지 않을 때 도움이 될 수 있다는 것을 확인했다. 또한 많은 사람들이 벤조디아제핀 계열을 중단할 때처럼, 점진적으로 약물 사용을 중단하기 위해 주치의와 함께 노력했다.

한편 카메론은 대마초를 끊는 것에는 다소 부정적이었다. 그는 대마초가 그저 식물에 불과하며 게다가 합법이지 않느냐고 주장했다. 미국에서 대마초가 고급 매장에서 판매되는 시대에 사는 이상, 이 물질을 해가 없는 오락용 또는 의료용 약물 이상의 무언가로 보기가 어려울 수도 있다. 연구에 따르면 대마초는 만성 통증, 발작, 다발성 경화증과 관련된 근육 경련, 암환자의 식욕 감소 등의 특정 상황에 도움이 될 수 있다. 하지만 불안에도 효과적이라는 과학적 근거는 없다. 윌리엄스 박사는 이렇게 정리했다. "불안, 우울, 불면증, 외상 후 스트레스 장애(PTSD)를 앓는 많은 사람이 대마초 사용으로 단기적인 완화를 경험한다. 그러나 벤조디아제핀, 알코올, 대마초를 사용하는 사람들을 몇 년 후에 보면 나아진 것이 아니라 악화된 것을 확인할 수 있다. 불안과 우울 증상이 더 심해지고, 정기적으로 물질을 사용하지 않는 사람들보다 오피오이드 계열의 약물로 넘어갈 가능성도 높다."

대마초에 취하면 일부 불안과 스트레스가 완화되어 이완, 불안 감소, 심지어 행복감까지 느낄 수 있지만, 장기적으로는 인지 둔화, 동기 감소, 기억력 손실, 드물게는 정신병을 경험할 수 있다고 차루미 박사는 경고했다. 그녀는 대마초 사용 환자들 중 일부에서 확인한 **무동기 증후근**을 설명하면서, "일어나려고 하지도 않고, 학교나 직장에 가지도 않는 사람들을 많이 봤다"고 말했다. 나는 그녀의 말을 들으며, 콜로라도 스프링스의 콜로라도대학교 심리학과 조교수인 앤드루 락$^{Andrew\ Lac}$ 박사가 500명 이상의 대학생을 대상으로 주도했던 연구가 떠올랐다. 그는 이 연구를 통해서 대마초를 소비하는 학생은 주도적으로 행동할 가능성이 낮고, 목표를 달성하는 본인의 능력을 의심한다는 결과를 얻었다.

또 다른 문제는 지정 매장에서 판매되는 대마초는 물론이고 의료용 대마초조차 실제로 무엇이 들어 있는지, 또 어떤 반응을 보일지 알기 어렵다는 점이다. 대마초 시장은 그야말로 '무법지대'라고 윌리엄스 박사는 말했다. 제품 라벨에 대마초의 주요 성분인 THC 함량이 10mg이라고 표시되어 있더라도, 실제 함량은 0mg일 수도, 100mg일 수도 있다. 그는 특히 대마초 성분이 든 간식의 경우 이 문제가 더욱 심각하다고 설명했다. 매일 최소량의 대마초만 사용한다고 생각하는 사람도 실제로는 복용량이 일정하지 않아, 자신도 모르게 훨씬 더 많은 양의 대마초 성분을 섭취하고 있을 수 있다며 우려를 표했다.

이 부분을 읽으며 의아하게 생각하는 사람도 있을 것이다. 물론 대마초를 간헐적으로 사용하면서도[15] 심각한 문제를 겪지 않는 사람도 있다. 마치 가끔 술을 마셔도 큰 문제가 생기지 않는 사람들처럼 말이다. 하지

---

15 자신이 정말 좋아하는 것을 '가끔' 사용하는 것은 쉬운 일이 아니다. 내 내담자들 중 대부분이 대마초를 너무 좋아하면, 일주일에 몇 번 하는 것보다 차라리 완전히 끊는 것이 더 쉽다고 말한다. 사용하지 않는 날엔 박탈감을 느끼게 되기 때문이다.

만 대마초에 사로잡히고, 점점 더 이른 시간부터 찾다가 결국에는 자주 사용하게 되는 것 모두가 대마초 사용 장애를 만드는 위험 요소들이라고 윌리엄스 박사는 설명한다. 대마초 사용자의 30% 이상이 이 기준에 해당된다. 이는 지난 10년간 2배로 높아진 수치이며, 자신의 의도보다 많은 양을 사용하는 것, 간절함을 경험하는 것, 친구들과 외출하는 등의 활동을 포기하고 집에서 대마초를 사용하는 것과 취하기 위한 양이 점점 더 많아지는 것도 이러한 기준에 포함된다.

만약 대마초나 벤조디아제핀이 아닌 지속적이고 효과적인 스트레스 관리 방법을 찾고 싶다면, 전문적인 치료를 받을 것을 권한다. 많은 이들이 물질의존성에는 효과적인 치료법이 있는 것이 아니라, 의지와 개인의 선택에 달렸다고 크게 오해하고 있다. 그러나 전문가의 도움을, 특히 초기에 받는 것이 사용량을 줄이거나 중단하는 가장 효과적인 방법이다. 윌리엄스 박사는 "바닥을 칠 때까지 기다리는 건 영화에나 나오는 이야기"라고 말하면서, 중독을 전문으로 다루는 의료진의 도움을 받아 점진적으로 약물을 줄여 나갈 것을 제안했다. 의사는 금단 증상 완화를 위한 약물 치료의 필요 여부도 결정하게 될 것이다. 행동 전략을 중심으로 한 심리 치료 역시 조절 능력 향상에 중요한 역할을 하며, 이를 지지하는 주위의 관계망도 큰 몫을 한다.

있는 그대로 이야기해보자면, 카메론은 벤조디아제핀과 대마초를 모두 끊기까지 고된 시간을 보냈다. 그리고 4개월 동안 클로노핀부터 한 번에 하나씩 끊어 가며 결국 모두 끊기에 성공했다. 카메론은 나와 상담을 진행하는 동시에 정신과 전문의도 만났고 대마초 관련 익명 모임에도 참여했다. 그 과정에서 불안, 메스꺼움, 예민함, 불면증 등의 여러 가지 불편한 증상들을 겪었다. 그러나 몇 주, 몇 개월에 걸쳐 점진적으로 약물을 줄여 가면서 그는 자부심과 희망까지 갖게 되었으며, 자신의 기억력이 생각보다 훨씬 더 좋아졌음을 알고 크게 기뻐했다. 클로노핀과 대마초를 끊은 지 6주 정도 후에 그는 "머리가 더 또렷해진 것 같고, 약간의 불안은 제가 움직이는 데 필요하다는 걸 알았어요"라고 내게 말했다. 이보다 더 정확한 표현은 없을 것이다.

・・・

벤조디아제핀이라는 임시 반창고와 대마초의 연기를 걷어 낸 후에야, 비로소 카메론이 처음 나를 찾아왔던 문제에 착수할 수 있었다. 바로 카메론의 개인 생활에 영향을 미치고 직장 스트레스에도 일조하며 만성화된 불만족감에 기여했던 형편없는 시간 관리 문제였다. 주의력과 집중력에 문제가 있는 카메론에 맞춰, 우리는 업무 시간을 휴식 시간과 함께 블록 단위로 나누면서 그의 하루를 체계적으로 계획하여, 그가 압도당하는 느낌을 덜 받도록 만들었다. 또한 가장 힘든 업무를 시작한 후에 동료와 아이스커피를 마시는 등의 보상 전략을 쓰면서, 생산적이고자 하는 그의 욕구를 강화했다. 그다음 퇴근 후에 더 많은 몰입감을 느낄 수 있는 직장을 알아보는 시간도 따로 빼 두었다.

카메론은 가벼운 마음이라는 것이 '모 아니면 도'의 개념이나 외부에서 찾아야 하는 것이 아니라, 자신의 사고방식 문제임을 깨닫게 되었다. 스탠퍼드대학교 교수 제니퍼 에이커Jennifer Aaker와 강사 나오미 백도나스 Naomi Bagdonas가 함께 저술한 『유머의 마법』과 많은 인기를 얻었던 TED 강연에서 조언했던 것처럼, 카메론은 "입가에 미소를 머금고 세상을 헤쳐 나감"으로써 현재 누릴 수 있는 기쁨을 더 많이 찾을 수 있음을 배웠다. 과일 가게에서 사과를 사면서 미소를 짓거나 좋은 노래가 흘러나올 때 살짝 리듬을 타는 등의 사소한 변화가 그날 내내 자신의 기분을 조금씩 변화시키기 시작했음도 알게 되었다. 당신 역시 더 많은 삶의 기쁨을 찾고 전파하는 방법을 고민하기 시작하는 중이기를 바란다.

카메론의 비행 공포를 극복하는 문제는 체계적인 방법으로 다루는 것이 최선이라고 평가했다. 카메론은 난기류의 원리에 대해 더 공부했고, 안전한 비행이 실행되는 세부 계획에 대해 조사한 다음, 단거리 비행부터 시작했다. 마침내 카메론은 장거리 여행도 하게 되었다. "비행 내내 잠들지도 않고 하와이까지 갈 수 있을 거라고 생각이나 했겠습니까? 보고 싶었던 영화들까지 봤다니까요!" 벤조디아제핀을 복용했다면 신체 감각을 받아들이며 비행기 여행을 즐길 수 있음을 절대 깨닫지 못했을 것이다.

카메론은 비효율적인 사고 패턴을 바꾸는 작업도 진행했다. 어느 날 유난히 '짜증스러운' 프로젝트를 하는 게 얼마나 힘든 일인지 말하는 카메론에게 나는 "틱톡(TikTok)은 아실 거고, 혹시 TIC-TOC도 아느냐"고 물었다. TIC는 Task-Interfereing Cognition(과제 방해 인지)의 앞 글자로, '너무 과해, 못하겠어' 혹은 '이미 너무 많은 시간을 허비했어' 등의 생각을 말한다. 우리는 이런 과제 방해 인지를 인식하고 '감 잡았어. 이제 시작할 수 있어'와 같은 TOC(Task-Orienting Cognition, 과제 지향 인지)로 전환하는 방법에 대해 논의했다. 이러한 인식의 전환은 정신과 의사인 데이비드 번스 David Burns가 미루는 시간을 줄이는 기법으로 소개한 개념으로, 카메론의 시간 엄수를 개선하고 더 규칙적으로 운동을 하도록 도왔다(SNS인 틱톡을 멈추고 정해진 취침 시간을 지키는 것도 도움이 되었다). 그는 '한 가지만 더 하고 출발해야지'와 '난 너무 피곤해'와 같은 TIC를 인식하고 '계획대로 실천하는 것이 가장 자유로운 선택이야'나 '나중에 훨씬 기분이 좋을 거야'와 같은 TOC로 전환했다. 결국 카메론은 규칙적인 운동이 자기인식을 확장하고, 집중력을 높이는 데 도움이 되었음을 알게 되었다. 이는 ADHD를 가진 사람들에게 운동이 신경 기능을 향상시킨다는 연구 결과와도 일치한다. 자신의 역량이 증대된다는 느낌이 기분과 동기를 개선시키는 이유는, 자신이 목표를 향해 전진할 수 있다고 믿을 때 의욕이 생기기 때문이다.

　물질 사용에 관한 방법을 포함해서 자신을 주저앉게 만들고 앞으로 나아가지 못하도록 붙잡는 TIC들과, 자신을 앞으로 나아가게 만드는 TOC를 떠올려 보자. 긴 목록을 만들기보다는 반복적으로 떠오르는 한 가지 생각부터 개선하는 것에 집중하자. 이 과정이 자리를 잡으면 다른 부정적인 사고도 계속 바로잡을 수 있다. 우리의 머릿속에는 셀 수 없이 많은 생각들이 있고 이들을 개선하는 일은 지난한 과정일 수 있다. 하지만 자신의 마인드셋을 전환하고 감정을 조절하는 방식을 익히며 내면의 장애물을 제거하면서 지속적으로 보다 건강한 방식으로 사고하다 보면, 내면의 구조가 달라진다.

5

더 중요한 것에 집중을

60대 후반의 은퇴한 컨설턴트인 게리는 손녀가 자신을 '투덜이 할배'라고 부른다고 내게 말했다. 그는 "딱 들어맞는 별명일지도 모르겠습니다"라며 쓸쓸한 미소를 지었다. 그는 수년 전에 교통사고를 당한 후 만성 통증[16]을 앓게 되어서, 기업에서 승승장구하며 수십 년을 보내다가 여행이나 다니고 골프나 즐기려던 은퇴 후의 꿈이 날아가 버렸다. 게다가 그에게는 극심한 건강 염려증도 있어서, 귀에서 소리가 울리는 이명과 같은 성가시지만 비교적 무해한 증상조차 괴로워하는 상태였다. 의사가 권장하는 횟수보다 더 자주 혈압을 측정했고, 가족력이 있다는 핑계로 그저 괜찮은 상태인지 확인하고 싶다며 심장 전문의를 자주 찾아가 검사를 요청했다. 그는 자신의 신체적 통증과 건강이 위태롭다는 지속적 느낌에서 벗어나기를 바랐다. "뭔가 수상한 증상이 나타나지 않는지 끝없이 망을

---

[16] 만약 만성 통증이 직접적으로 와닿지 않는다면, 지금 자신의 삶에서 벗어날 수 없는 고통스럽고 어려운 무언가를 이 통증으로 바꿔 생각해보자.

보고 있는 것 같은 느낌입니다."

그의 인생에 대해 조금 더 이야기를 나누면서, 게리는 인생에서 가장 중요한 것은 돈을 벌고, 많은 것을 소유하며, 인생이 제공해야 하는 것을 즐기고 노는 것이라고 믿으며 자랐다고 했다. "카르페 디엠과 자본주의가 우리 가족의 종교였지요." 가정을 꾸리는 과정에서도, 그는 아내와 딸들에게 괜찮은 삶을 살게 하기 위해 일하는 것 외에 중요한 것이 무엇인지 크게 생각해본 적이 없다고 말했다. "모두 함께 모여 노을을 바라보고 모닥불 앞에서 간식을 먹는 순간에는 나 자신이 좋은 아버지이자 남편이라고 생각했습니다. 만족스러웠다고 할까." 그러나 지금은 부부가 10년 정도 빈 둥지 생활을 해오고 있고, 그의 만성적인 신체 통증과 그에 대한 집착으로, 한때는 행복했던 결혼 생활에도 균열이 생겨 버렸다. "온 신경이 내 몸에 가 있으니, 그것 말고는 나눌 이야기가 별로 없죠. 아내가 나의 건강에 대한 푸념과 부정적인 태도에 지쳐 있다는 걸 나도 압니다. 아내를 원망하지는 않아요."

게리는 더 이상 자신을 이상적인 아버지나 남편이라고 생각하지 않았다. 그는 이제 일도 하지 않는 데다가 자신을 가장이자 배우자라기보다는 만성 환자로 인식하면서, 존재의 기반마저 뒤흔들리는 상태였다. 이런 생각은 자신의 능력에 의문을 품게 만드는 것과 마찬가지로 그의 스트레스에 일조했다. 자신의 건강이 위기 직전에 있다고 말했지만, 통증과 불안을 늘어놓지 않는 순간에는 생기가 느껴졌다. 게리의 얼굴 표정과 이야기에서, 나는 그가 겪는 고통 너머에 굉장한 유머 감각과 '투덜이 할

배' 이상의 어떤 것이 있다는 확신이 들었다. 우리는 그저 그가 자신의 통제권 밖의 문제로 스트레스를 받는 대신, 자기에게 중요한 것을 인식하도록 인도하기만 하면 되는 것이었다.

• • •

스트레스와 일상의 번거로움은 종종 우리의 시야를 좁혀서 눈앞의 문제를 우선순위에 두게 만든다. 충만한 삶을 누리려면 더 넓은 사고와 함께 의미와 목적이 있는 일에 시간을 할애해야 한다. 게리는 자신의 건강에 몰두하느라 희망과 꿈에 대해서는 깊이 생각해본 적이 거의 없었기 때문에, 나는 그에게 어느 날 아침 눈을 떴을 때 기적이 일어나서 나를 찾아오게 만든 모든 이유, 즉 그의 모든 고통이 사라진다면 어떨지 상상해보라고 했다. 그런 다음 이 질문들에 어떤 답을 할지 생각해보라고 말했다. 그리고 당신도 해보기 바란다.

▶ 기적이 일어났다는 건 무엇으로 알게 될까요?
▶ 주변 사람들은 무엇을 눈치챌까요?
▶ 당신은 어떻게 행동할까요? 당신의 생각은 어떻게 달라질까요?
▶ 이전과 이후의 모습을 비교한다면 어떤 차이점이 보일까요?

'기적 질문'은 사회복지사 스티브 드 세이저[Steve de Shazer]와 김인수[Insoo Kim Berg]가 밀워키 단기 가족 치료 센터에서 팀원들과 함께 개발한 해결 중심 접근법의 한 기법이다. 두 사람은 수천 시간의 상담을 분석한 끝에, 이러한 기적 질문이 내담자를 긍정적인 변화로 이끄는 데 가장 효과적이라는 결론을 내렸다. 기적 질문의 핵심 전제는 복잡한 문제의 수렁에서 헤매는 것보다 문제 해결에 집중하는 것이 쉽고, 내담자에게 힘을 실어 준다는 데 있다.

몇 분 동안 "모르겠습니다"와 "나는 아주 이성적인 사람이란 말이오!"를 반복하던 게리가 마지못해 대답하기를, 기적이 일어난다면 당연히 병원 예약을 그만둘 것이고, 통증에 사로잡혀 있지 않을 것이며, 감사의 말이 입에서 줄줄 나올 것이고, 인간관계, 특히 아내와의 관계에 더 관심을 기울일 것이고, 자신의 시간을 보다 의미 있게 보내는 방법을 찾을 것이라고 말했다. 나는 감사한 마음으로 고개를 끄덕인 다음, "당신은 그 '기적'과도 같은 하루에 얼마나 가까이에 있습니까? 지금 당장 그 날에 한 걸음이라도 가까워질 수 있는 방법이 있을까요?"라고 물었다. 게리는 자신이 그런 날로부터 아주 멀리 떨어져 있음을 인정했다. "선생님이 제게 몇 가지 목표를 설정하게 만들려는 건 알겠는데, 내가 해낼 능력이 있다고 느껴야 이상적인 삶도 꿈꿀 수 있는 것 아닙니까?"

내가 게리에게 설명했던 것처럼, 자신이 원하는 삶을 상상해보는 것만으로도 놀랍도록 큰 해방감을 느끼게 된다. 물론 심각한 걱정을 목전에 둔 상황에서 희망에 집중하는 것은 직관에 반하거나 비논리적이거나 무익하게 느껴질 수 있다. 하지만 아주 많은 사람들이 기적 질문에 답을 해 보는 것만으로도 효과를 경험한다. 스트레스를 받는 순간, 대처 능력을 향상시키는 전략으로 기적 질문을 활용해보자. 스토니브룩대학교 임상 심리학 박사 과정 중인 제나 성Jenna Sung이 주도한 연구에서, 외래 진료에서 대기자 명단에 오른 내담자들에게 기적 질문에 집중하는 상담사와의 상담을 1회 제공했다. 기적과도 같은 하루 상상하기, 그 하루를 현실로 만들기 위한 구체적 실천 방법 세 가지 만들기, 관련된 해결법에 동반되는 잠재적 장애물 예상하기, 그리고 앞으로 나아갈 내담자의 능력에 대한 믿음이 담긴 상담사의 응원 쪽지 작성하기[17]를 한 데 묶어서 진행했다. 그러자 참가자들이 가지고 있던 절망감과 불안 증상들이 유의미하게 개선되었다. 당신은 기적 같은 하루를 생각하면 무엇이 떠오르는가? 어떤 종류의 장애물이 당신을 붙잡고 있으며, 어떻게 하면 기적 같은 하루를 향해 앞으로 나아가기 시작할 수 있을까?

 기적 질문에 이어, 나는 게리에게 시간을 어떻게 보내고 싶은지와 피할 수 없는 장애물에 부딪혔을 때도 지키고 싶은 가치가 무엇인지 물었다. 이런 질문을 연이어 던진 이유는 자신이 원하는 기적 같은 하루를 그려 보는 것뿐만 아니라, 자신의 가치를 성찰하는 것 역시 반드시 필요하기 때문이다. 또한 이러한 가치가 자신이 원하는 삶으로 나아가도록 인도해줄 수 있기 때문이다. 고통을 만드는 가장 큰 원인은 의미를 느끼지

---

[17] 당신에게 누군가가 직접 쓴 메모를 건네며 "당신은 해낼 수 있어요!"라고 전하는 아이디어가 정말 마음에 든다. 당신도 이런 식의 응원 방법을 떠올려 볼 수 있다. 친구와 함께 짝을 이뤄 희망에 대해 이야기하거나, 서로에게 응원의 메시지를 보내는 등으로 말이다. 이런 일들이 부담스럽다면, 목표를 끝까지 이뤄 낼 자신의 능력을 진심으로 믿는 사람처럼 행동해보자.

못하는 인생을 사는 것이다. 나는 신체적인 문제가 있더라도 자신의 가치에 따라 살아갈 수 있음을 게리에게 상기시켰다. 솔직히 게리의 신체적 통증을 획기적으로 완화할 수 있을지 장담할 수는 없었다. 다만 내가 확신했던 것은 우리가 그의 초점을 자신의 신체 너머로 넓히고 인간관계와 같은 다른 삶의 측면들을 바로잡아서, 한두 가지 어려움이 그의 삶의 질을 저하시키지 않게 만들 수 있다는 점이었다.

게리는 더 열정적으로 삶을 살고 싶다는 점에는 동의했지만, 계속되는 통증과 건강 염려를 가지고도 가능한 일인지 의심했다. 그럼에도 그는 한번 노력해보겠다고 했다. 우선 우리는 그의 목표와 가치를 구분하는 일에 집중했다. 통증 완화나 직장에서의 성공 등과 같이 자신이 이루기를 원하는 것이 '목표'라면, 자신의 삶에서 어떻게 행동하는가에 관한 것은 '가치'이다. 가치는 해야 할 일이 적힌 목록을 지우듯 끝을 내는 일이 아니라, 자신이 가장 중요하게 여기는 것을 반영하는 삶을 가꾸겠다는 의지인 것이다. 뉴욕 주립대학교 올버니 캠퍼스의 박사 후보인 에릭 티프트$^{Eric\ Tifft}$의 연구는 바로 이 점을 다루면서, 사람들이 명상을 시작하는 이유가 명상으로 얻는 것에 미치는 영향을 보여 주었다. 단순히 스트레스를 줄이기 위해 명상을 한 사람들은, 더 많은 마음챙김과 수용을 원하는 사람들에 반해서 그다지 많은 효과를 보지 못했다.

그의 여러 고군분투에도 불구하고, 게리에게는 스스로 늘 인정하지 못했던 강한 가치가 있었다. 그는 좋은 아버지였고 여전히 그러했으며, 딸들이 어려운 결정을 해야 할 때 늘 코치가 되어 주고 있었다. 그러나 그는 그런 순간들을 제대로 인식하지 못했다. '그저 부모가 해야 하는 일'이라며 무심하게 말했다. "자기 자식을 돕는 일은 자신을 위하는 일이나 마찬가지죠." 어쩌면 그는 자신이 이룬 것들을 자랑스러워할 기회를 놓치고 있는 것 같았다.

그다음 상담에서 나는 게리에게 또 다른 질문을 했다. "70세 생일에 어떤 축하를 받고 싶나요?" 게리는 '투덜이 할배' 이야기는 듣고 싶지 않다는 걸 깨달았다. 가까이 지내는 사람들이, 그의 표현대로라면 '가식적인 친절'을 억지로 보이는 것도 원치 않았다. 몇 차례의 대화 끝에 그가 바라는 것은 사려 깊은 배우자, 부모, 할아버지로 불리는 것임을 알게 되었다. 나는 게리가 통증 완화와 관계없이 자신의 가치에 다시 집중할 마음이 생긴 것에 힘을 얻었다. 게리가 자신의 불편함을 받아들이면서도, 자신이 원하는 사람이 되기 위해 계속 노력하도록 돕는 것이 앞으로의 도전 과제였다.

경제적 압박, 어려운 가족 관계, 만족스러운 관계에 대한 갈망, 만성 통증 등 우리가 직면한 모든 스트레스 요인에 같은 원리가 적용된다. 스트레스 요인을 늘 통제할 수는 없지만, 자신의 가치에 관심을 갖도록 집중의 범위를 넓힐 수는 있다. 몇 달 전 나는 서른여덟의 나이에 암으로 세상을 떠난 나의 친구, 앨리슨의 장례식에 다녀왔다. 가슴 아픈 추모사를 나누는 중 한 친구가 앨리슨과의 추억을 회상했다. 고등학교 시절 그 친구가 다른 남자 선배들과 함께 어린 학생들을 놀리고 있을 때, 나이가 어렸던 앨리슨이 다가와서는 그들이 별로 멋지지 않은 행동을 하고 있다고 말했다. 또래들 사이에서 생길 수 있는 일을 걱정하고 타인의 시선을 신경 쓰는 대신 앨리슨은 친절의 가치를 지켰고, 그로 인해 자신감도 물씬 풍기고 있었다. 어떤 순간이라도 우리는 타인에게 영감을 주고 자신의 삶을 정의하는 방식으로 자신의 가치를 구현하는 길을 선택할 수 있다.

매일(혹은 매주) 몇 분이라도 할 일 목록과 문제에서 벗어나 더 넓은 시각으로 목표 의식에 대해 고심하는 것은, 스트레스의 덫에서 벗어나는 데 도움이 될 수 있다. 나는 자신의 삶을 원하는 것으로 채운 것을 '인생 파이'라고 부르는데, 이러한 인생 파이를 다양하게 구성함으로써 덜 만족스러운 삶의 부분을 줄일 가능성이 높아진다(이 방법을 직접 시도해보고 싶다면, '2부의 마음 리셋 10'을 실천해보자).

삶의 목표를 고민하고 이를 주기적으로 되새기는 일은 시간이 필요하지만, 건강과 회복탄력성을 향상시킬 수 있다. 플로리다 주립대학교의 심리학자인 지나 박^{Jina Park} 박사가 주도한 연구는 사람이 삶의 의미를 갖게 되면, 그 의미가 스트레스 상황에서 더 빨리 회복하도록 돕는다는 사실을 확인했다. 또한 위스콘신대학교 매디슨 캠퍼스의 스테이시 셰이퍼^{Stacey Schaefer} 박사가 진행한 연구에서는 학생들에게 충격적인 사진(예: 고통 속에서 우는 아기)을 보여 주었다. 자신에게 중요한 것에 대한 명확한 인지가 없는 사람들에 비해서 삶의 목표가 있다고 느끼는 참가자들이 불편한 감정에서 더 빠르게 회복되었다.

나는 사람들이 인생에서 가장 힘든 시기에 스트레스를 극복하는 방식에 굉장한 매력을 느낀다. 그래서 뉴욕 벨뷰 병원의 고문 생존자 지원 프로그램을 총괄하는 임상심리학자, 호손 스미스Hawthorne Smith 박사가 내담자들을 돕는 방법이 너무나도 궁금했다. 세계 곳곳에서 찾아온 그의 치료 그룹 참가자들은 심각한 트라우마를 겪은 것은 물론, 적극적 망명 신청 대기 명단에 묶인 상태로 수년 동안 가족과 떨어져 지내고 있는 사람들이다. 스미스 박사는 고문 생존자가 사회 기여한다는 관점에서 자신의 희생을 보게 되면, 희망의 감정이 생기기 시작한다고 말해주었다. "자신이 가족과 미래 세대를 위해 살아남아 있음을 알게 되면 엄청난 변화가 생기죠." 스미스 박사는 자신이 상담하는 많은 생존자가 종종 그가 알려준 깊은 호흡과 근육 이완 등의 기술을, 에너지를 되찾고 순간을 견디는 수단으로 여긴다고도 말했다. 개인적인 스트레스 관리 방법을 묻자, 스미스 박사는 색소폰 연주뿐만 아니라 의미 찾기 역시 자신에게 꼭 필요하다고 말했다. 노예의 후손으로서 그는 자신의 직업을 조상들이 견뎠던 희생에 보답하는 방식이라 여기는 것이, 너무 심한 고통을 목격하는 순간에도 자신을 움직이게 해주는 원동력이라고 말했다.

자신의 가치를 명확히 하는 시간을 통해 건강한 자아감을 유지하게 되고, 불쾌한 개인적 실망감을 털어 내 자신의 잠재력에 믿음을 더해준다. 스탠퍼드대학교의 J. 파커 고이어J. Parker Goyer 박사와 동료들은 경제적으로 취약한 가정에서 성장한 아프리카계 미국인과 라틴계 청소년을 대상으로 연구를 진행했다. 이를 통해 15분 동안 자신의 가치와 그것이 의미 있는 이유에 대한 일련의 작문 활동을 반복적으로 수행한 청소년이 학업 성취도가 향상했으며, 10년 후의 성공에도 연관이 있음을 밝혀냈다. 이 연구의 공동 연구자이자 수십 년간 단기 개입 연구를 진행해온 스탠퍼드 대학교 교수 제프리 코헨Geoffrey Cohen 박사는 "자신에게 가장 중요한 가치를 스스로 확언하는 행동이 우리를 단단하게 만들어 주며, 스트레스로부터 자신을 보호하는 데 도움이 된다"고 설명했다. 가치를 명확히 하는 것이 끈기를 기르는 데 중요한 역할을 하고, 그 끈기가 결국 성과를 만들어내면서 긍정적인 순환이 일어나는 것이다.

몇 주 동안 나는 게리가 자신의 가치에 대한 믿음을 잃지 않는 방법을 함께 고민했다. 치료사로서 긍정적 변화를 유지하는 핵심은, 그 과정을 계속 확인하는 것에 있다고 생각했다. 다행히도 그러한 가치를 지키고 지속하는 데 도움을 주는 다양한 도구들이 있다. 내가 가장 좋아하는 훈련 방법 중 하나인 '핵심 가치 명료화 연습(bull's-eye values clarification exercise)'은 수용전념치료 전문가인 심리학자 토비아스 룬드그렌Tobias Lundgren 박사가 개발한 것으로, 어려운 생각과 감정이 떠오르는 순간에도 자신의 가치에 집중하는 기법이다. 나는 게리에게 둥근 표적을 그린 다음 건강, 인간관계, 일, 여가, 네 개의 주요 영역으로 나누게 했다. 그다음에 영역별로 그가 유지하고 싶은 가치는 무엇인지, 어느 목표와 관련되어 있는지, 앞으로 어떻게 나아갈 것인지에 관해 이야기했다. 놀랍게도 이 과정에서 게리는 건강에 관해서는 확신을 찾는 태도에서 불확실성과 불편함을 받아들일 수 있는 방향으로 변화해야 한다는 사실을 스스로 깨달았다. 일의 영역에서는 단순히 생활비에 집중하는 것을 넘어, 봉사와 배움을 더 실천해보겠다고 결정했고, 인간관계의 경우에는 가족과 주변 사람들에게 더

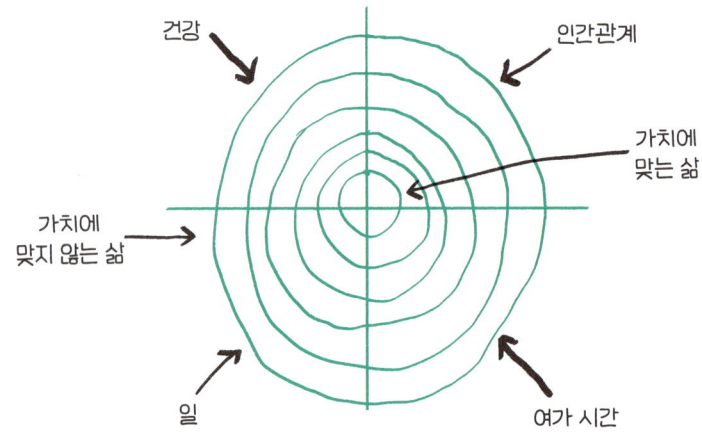

많은 관심을 기울이고 싶다고 했으며, 여가에서는 할 수 없는 것에 대한 불평 대신에 더 모험적이 되어 멀지 않은 도시들을 방문하는 것부터 시작하겠다고 했다.

    게리에게 생긴 모멘텀을 유지하기 위해, 우리는 매트리스라는 다른 기법도 사용했다. 이 기법은 심리학자 케빈 폴크$^{\text{Kevin Polk}}$ 박사가 개발한 것으로, 종이에 '멀어지는' 화살표와 '다가오는' 화살표가 서로 반대 방향을 향하도록 그린다. 게리는 자신이 멀리 피하고 싶은 것(예: 건강 문제에 대한 반추, 불필요한 병원 예약, 인상 쓰기)과 가까이하고 싶은 것(예: 하루에 5분씩 아내의 희망에 대해 아내와 이야기하기, 손녀의 숙제 도와주기)을 목록으로 작성했다. 해야 할 일과 하지 않아야 할 일의 목록을 작성하고 나니, 여느 사람들과 마찬가지로 발끈해서 되돌아가는 행동을 합리화하기가 더 어려워졌다. 게리는 머릿속에 게임을 하나 만들었는데, '멀어지는' 목록의 행동을 하면 점수가 깎이고 '다가오는' 목록의 행동을 하면 '땡그랑!' 소리와 함께 보상을 받는 게임이라며 농담을 하기도 했다.[18]

* * *

지금까지 나눈 사례들은 자신과 타인에게 어떤 모습으로 드러나고자 하는지와 함께, 자신이 원하는 삶의 의미를 보다 의식적으로 만드는 방법의 일부에 불과하다. 내게 이런 방식으로 영감을 준 사람은 완화 의료 및 호스피스 전문의인 BJ 밀러(BJ Miller) 박사다. 그 역시 삼중 절단 수술을 받은 사람이다. 프린스턴대학교 학부생 시절에 끔찍한 사고로 팔과 다리를 잃었고, 수련 과정 중에 여동생을 자살로 잃는 슬픔 속에서도 의대 졸업까지 멈추지 않았다. 나는 그가 자신의 가치에 따라 살면서 다른 사람들도 그렇게 살아가도록 도울 수 있는 방법이 정말 궁금했다. 놀랍게도 그의 TED 강연 '삶의 끝자락에서 정말로 중요한 것(What Really Matters at the End of Life)'은 현재까지 1,300만 회 이상의 조회수를 기록했으며, 지금도 계속 올라가는 중이다.

그는 사고 이후에 자신의 계획표가 백지 상태로 되돌아간 느낌을 받았다고 말했다. 한편으로는 비극이었지만 그에게는 사회가 기대하는 바에서 벗어나 속도를 늦추고, 자신이 진정으로 되기를 원했던 사람이 되는 데 집중할 수 있는 기회이기도 했다. 자신의 삶의 목표에 도달하는 일은

---

18 지금까지 여러 연습법을 다뤘다. 이제 원하는 방향으로 나아갈 수 있도록 당신도 몇 가지를 골라서 실천해보길 바란다. 해낼 수 있다고 믿는다!

분석적 사고나 어떤 거창한 계획 수립으로 이루어지는 것이 아니었다고 그는 설명했다. 그보다는 자신의 행동이 현명한지를 고민하며 스스로 점검하고, 그 과정에서 발생하는 모든 일에 열린 태도를 유지하는 습관을 갖게 되었다고 했다. 그는 사고 후 화상 센터에 입원해 있을 때 한 간호사가 눈덩이를 들고 와서 자신의 손에 쥐어 주었던 밤을 회상했다. 화상을 입은 손에 느껴지던 차가운 눈의 촉감은 그의 생각과 집중을 타인에 대한 배려로 옮겨지게 해주었다. 며칠, 몇 주, 몇 개월이 그렇게 흐르면서, 그는 이런 작은 기적들을 온전히 누리는 것이야말로 육체의 고통과 상실 속에서도 앞으로 나아가게 하는 힘이라는 것을 알게 되었다. 결국 그는 심각한 상황에 처한 타인에게 위로와 희망을 전하는 법을 고민할 수 있게 되었고, 그렇게 완화 치료 분야로 오게 되었다. 임종 환자들을 상담하면서 그가 반복해서 듣게 되는 한 가지 공통된 후회는, 바로 사람들이 진정으로 자기 자신으로 살지 못한 것과 더 많은 사람들을 더 깊이 사랑하지 않은 것이었다. 이 사실을 마음에 새기면서, 그는 자신의 삶에 경이로움과 놀이를 추가할 것을 다짐했고, 동시에 자기 성찰과 자기 자비도 지속적으로 실천하기로 했다.

  물론 이런 다짐을 하기 위해 심각한 상실이나 끔찍한 사고를 겪어야 할 필요는 없다. 그저 자신에게 친절하고 어려운 감정을 직시하며 타인의 인정을 구하지 않으면, 자신에게 진정으로 중요한 것이 무엇인지 선명하게 볼 수 있다. 밀러 박사는 "나 자신에게 '아직 살아 있어. 무엇을 해볼까?'라고 묻는다"고 말했다.

∙ ∙ ∙

더 큰 목표 의식을 가지고 살아가려면 장기적으로 자신에게 도움이 되는 방식으로 행동을 관리하는 **자기 조절**이 필요하다. 게리에게 필요한 자기 조절은 매주 자신의 가치 차트를 점검하고, 무엇이 중요한지 지속적으로 인식하여, 스스로 그것을 향해 나아가고 있으며, 자기 자신을 믿을 수 있다는 기운을 북돋는 느낌을 갖는 일이었다. 이 과정이 과제처럼 보일 수도 있지만 그만한 가치가 있는 이유는, 자기 조절이 자신의 안녕감을 높이기 때문이다. 아일랜드 메이누스대학교 심리학과 조교수인 마이클 데일리Michael Daly 박사는 연구를 통해 자기 통제력이 높은 사람들이 스트레스 수준을 더 잘 관리할 줄 알고, 심박수와 코르티솔 수치가 더 낮음을 확인했다.

게리는 긍정적이고 배려가 있는 시간을 만들기 위해 아내와의 모닝 커피 타임을 만들어, 자신의 가치에 부합하는 행동 변화를 시도했다. 매주 다섯 명의 손주들과 개별적으로 영상통화를 했고, 딸들에게도 격려의 문자나 짧은 영상을 보냈다. 노인 봉사 활동도 시작하여 기술적 지식이 필요한 문제를 해결하도록 도왔다. 식사 시간에는 부족함 없이 온전히 기능하는 수많은 신체 기관에 감사하는 연습도 잊지 않았다. 물론 그의 통증은 사라지지 않았고, 가끔씩 통증이 방해가 되는 때도 있었다. 그러나 즉각적으로 불평하거나 눕거나 당장의 해결을 찾는 대신, 그 통증을 인식함으로써 수용하는 연습을 했다. 또한 완벽하게 정상적인 모든 검사

결과들을 보면서, 자신이 느끼는 모든 심장 증상들은 대부분 불안으로 인한 것일 뿐 위급한 상태가 아니라고 되뇌었다. 상담에서 나와 함께 그의 가치-기반 행동이 어떻게 긍정적 순환을 일으켰는지 돌아보면서 그가 말했다. "커피를 끓이려고 아침 일찍 일어나고 관심을 외부로 돌리는 행동을 했더니 내가 건강한 사람, 좋은 남편인 것처럼 느껴집니다. 최근 몇 년간 나 자신에게만 몰두했던 습관이 나를 죄책감으로 짓누르고 있었다는 걸 몰랐어요." 그는 자신이 도망치려던 것(통증) 대신 원하던 것(더 의미 있는 삶과 인간관계)에 집중하는 것이 근본적으로 보람된 것임을 알게 되었다.

가치가 이끄는 삶을 받아들이면 한없이 위태롭게 느껴지는 삶에 확신 한 조각이 덤으로 생긴다

나는 게리에게 우정에 대한 가치도 고민해볼 것을 권했다. 좋은 친구가 되기로 반복해서 선택하는 행동이 우리가 느끼는 방식에 긍정적인 영향을 미친다는 연구 결과들이 있기 때문이다. 카네기멜론대학의 교수이자 스트레스 연구의 권위자인 심리학자 셸던 코헨[Sheldon Cohen] 박사는, 1장에서 다뤘던 스트레스 자각 척도(PSS)를 개발한 인물이다. 그는 교우관계의 폭이 넓을수록 감기에 걸리는 확률이 낮아지는 것을 발견했다. 사회적인 지지는 강력한 스트레스 버퍼(완충 장치)이며, 면역력과 함께 회복탄력성도 높이는 것이다.

게리의 반응은 회의적이었다. 새로운 친구를 사귀기엔 나이가 너무 많다고 했고, 그래도 페이스북에서 예전 지인들에게 연락을 해보겠다고 했다. 하지만 곧 순식간에 많은 사람들에게서 답장을 받아 깜짝 놀랐다가, 기억을 나누고 사진을 공유하며 즐겨 듣는 팟캐스트를 서로 소개하는 대화로 이어졌다. 그는 "나만 어려운 시간을 보내고 있고 다들 각자의 시간을 즐기고 있는 줄 알았는데, 모두가 험난한 터널을 통과하고 있던 것 같더라고요. 다들 다시 연락이 닿은 걸로 이상하리만치 흥분하고 행복해하는 것 같습니다"라고 말했다.

가치가 이끄는 삶을 받아들이면 한없이 위태롭게 느껴지는 삶에 확신한 조각이 덤으로 생긴다. 게리가 배운 것처럼 자기 자신도 주변도 온통 불완전하게 보이는 순간에도, 믿을 수 있는 내면의 나침반이 있음을 아는 데서 오는 평온함이 있는 것이다. 앞으로 스트레스를 리셋하고 버퍼를 사용할 때 이 점을 마음에 새기기를 바란다.

PART

2

위기의 순간을
위한
스트레스 리셋

Stress Resets for Intense Times

지금부터는 스트레스에 대처하기 위한 실증적 기법들을 살펴보기로 한다. 각각의 기법은 자신의 현재 상태에서 보다 건강한 정신 상태로 나아가기 위해 설계된 것이다. 다시 말하지만 이 책은 당신의 정서적 안녕감에 대한 갈망을 충족하는 내용으로 구성되어 있는, 일종의 개인 관리 지침서로 생각하면 된다. 일부러 여러 선택지를 제시해두었다. 숨이 막히는 기분일 때는 짧게 쓸 수 있는 기분 개선 방법이 많으면 좋기 때문이다. 자신에게 불편한 스트레스나 증상을 억지로 없애는 것이 목표가 아니다. 우리의 목표는 어려운 상황에서 더 많은 자기 자비와 유연성을 기르는 것이다.

어디서부터 시작해야 할지 모를 때는 아무 페이지나 펼쳐도 무방하다. 그 페이지에 제시된 리셋 기술을 시도해보면서 현재의 집중력과 마음의 평온함을 높여 보면 된다. 역설적으로 들리겠지만, 스트레스 대처에 가장 효과적인 방법에 많은 노력이 필요한 것처럼 느껴질 수 있다. 처음엔 어느 것도 기존에 자신이 쓰던 방법만큼 즉각적인 만족감을 주지 않는 것

같기도 할 것이다. 그렇게 느낄 만하다. 스트레스를 키운다는 걸 알면서도 건강하지 않은 습관에 매달리기가 쉬울 것이다. 그러나 사람마다 효과적이고 적정하다고 느껴지는 방법이 다르기 때문에, 자신이 겪고 있는 문제에 따라 가장 유용한 리셋이 무엇인지 곧 찾게 될 것이다. 리셋을 시험해보는 동안 도움이 제대로 되지 않는 대처 방식은 중단하고, 사소한 변화 하나가 다른 변화로 이어진다는 사실을 받아들여 보자. 이 리셋 기술은 자기효능감까지 높여, 더 많은 임파워링 습관을 유지하고 부정적인 악순환을 긍정적인 연쇄 반응으로 대치하기 쉽게 만들어 줄 것이다. 또한 스스로를 잘 돌보고 더 나은 삶을 사는 능력이 자신에게 있음을 깨달음으로써, 변화를 주도하는 데 필요한 노력을 더 쉽게 받아들이게 될 것이다.

이러한 지식은 우리를 괴롭히는 것에서 벗어나려 할 때 도움을 주지만, 그에 대한 반동으로 힘든 상황이 발생하기도 한다. 당신이 나와 혹은 내 내담자들과 비슷하다면, '절대 싫어!' 반응인 **고집부리기**를 일으킬 수 있는 큰 고통의 감정과 극심한 스트레스를 마주하고 있는 것이다. 고집부리기는 우리를 옴짝달싹 못하게 붙잡아 두지만, 그와 반대로 **기꺼이 하기**는 자신의 삶에 '너무 좋지!'라고 말하는 것과 같은 것이다.

힘든 시간을 겪고 있을 때는 이런 방법들이 너무 시시하다고 무시해버리거나 시도할 에너지가 없다며 회피하고 싶은 유혹을 느끼게 된다. 망설여진다면 앞으로 소개할 전략에 소요되는 시간이 단 몇 분 밖에 되지 않으며, 연구를 통해 그 효과가 검증된 것임을 기억하자. 어떤 것이 효과

상황	생각, 감정, 충동	감정과 강도	시도했던 것	단기 효과	장기 이익

가 있을 것인지 혹은 얼마나 빠르게 기분이 나아질지에 대한 기대나 선입견도 지우기 바란다. 어떤 새로운 취미를 권유 받고서 '내 스타일 아니야'라고 미리 단정하면서 즐거움과 성장의 기회를 놓치는 것과 마찬가지로, 당신의 성공을 방해할 수도 있기 때문이다. 위에 나오는 표를 사용해서 자신이 시도했던 것을 기록해두는 것도 좋다(자신의 생각과 감정에 이름을 붙이는 것만으로도 대처 능력이 향상될 수 있다!).

앞으로 소개할 비결은 **생각(마음)**에 영향을 미치는 기법, **신체적 감각**에 효과가 있는 기법, 그리고 **행동**을 바꾸는 기법으로 나뉘어 있다. 이렇게 분류한 이유는 특정 상황에서 자신에게 맞는 전략을 찾기 쉽게 하기 위한 것이므로, 그 효과들이 서로 겹치기도 한다. 생각을 개선하기 위한 기법이 스트레스로 인한 신체적 감각을 진정시키는 데도 도움이 되는 식이다. 125페이지부터 소개되는 '마음 리셋'에서는, 직면한 문제를 걷잡을 수 없이 악화시킬 뿐인 생각에서 벗어나는 법을 익히게 될 것이다. 161페이지부터 제시하는 '신체 리셋'에서는 스트레스로 인한 신체적 반응에 대한 걱정을 자신의 몸과 그 능력에 대한 신뢰로 전환하는 법을 알아볼

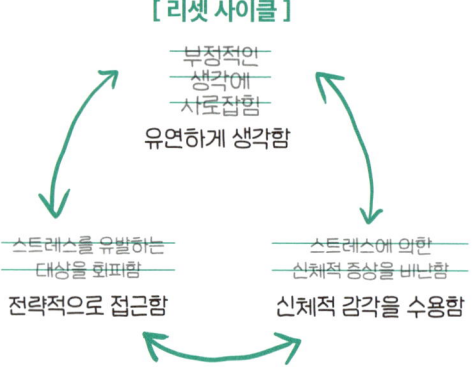

것이다. 마지막으로 186페이지의 '행동 리셋'에서는 자신의 목표를 다루고, 그를 향해 나아가는 행동에 집중하는 법을 배우게 될 것이다.

   이번 주 혹은 이번 달에 실행할 몇 가지 방법을 먼저 정해두고 추후에 필요할 때마다 추가해가면서, 습관이 될 때까지 반복해보자. 방이 어질러진 상태에서는 눈앞에 있는 물건도 찾기 어려운 것처럼, 괴로운 순간에는 특정 기법을 기억해내기가 어려울 수도 있다. 나는 종종 내담자에게 이를 자동차 타이어에 공기 채우기나 정신적 잡동사니 처리하기와 비슷하다고 이야기한다. 각각의 리셋이 목표로 하는 것은 당신이 충전되도록 돕는 것이다. 약간의 자양분이 생기면, 처음에 자신을 괴롭히던 스트레스가 무엇이든, 더 또렷한 사고와 문제 해결 능력을 가지고 앞으로 나아갈 수 있다. 마음의 평온이란 인생이 쉽게 느껴지는 것이 아니라, 어떤 일이 생기든지 관리할 수 있음을 아는 것이다.

마음 리셋

No. 01

그 자리에 버티고 서서 닻을 내려라

상황 생각이 온 사방으로 흩어져 자신을 위기로 몰아넣을 때.

방법 잠시 멈추고 닻 내리기 기법을 사용하여 지금 이 순간 일어나고 있는 일로 돌아간다. 먼저 발뒤꿈치를 바닥에 단단히 고정하여 그 감각을 느끼면서 땅에 맞닿아 있음을 인식한다. 그런 다음 자신에게 묻는다.

▶ 나는 지금 무슨 생각을 하고 있지?
▶ 내 몸은 지금 무엇을 느끼고 있지?
▶ 나는 지금 무엇을 하고 있지?

이제 깊이 생각해본다.

▶ 내 반응은 유용한 것인가?
▶ 내 반응은 나의 장기 목표에 부합하는가?
▶ 내 반응은 미래에 대한 걱정인가 아니면 이전의 고통에 관한 것인가?

앞의 여섯 가지 질문 또는 'TFD(Thinking: 생각, Feeling: 감정, Doing: 행동의 앞 글자)'를 메모지에 적어 컴퓨터에 붙여 두자. 그러면 스트레스로 인해 부정적인 방향으로 마음이 흘러갈 때마다 스스로를 점검하고 중심을 잡는 것을 확인할 수 있다.

근거 잠시 자신의 마음과 몸과 행동을 점검하는 것만으로도 더 나은 선택을 통해 다음 단계로 나아갈 여유가 생긴다. 특히 같은 생각으로 제자리를 맴돌고 있을 때 효과적이다. 우리는 언제든 발이 있는 곳에 마음을 가져다 두고 현재의 순간에 닻을 내릴 수 있다. 이 리셋은 긍정적인 경험을 음미하는 데도 도움이 된다.

마음 리셋

No. 02

자신의 마음 상태를 인정하라

상황 자신의 마음 상태가 현재 업무 혹은 상황과 맞지 않을 때.

우리는 이성적으로 문제를 해결해야 하는 순간에 자신의 감정 때문에 문제를 명확하게 보지 못할 때가 너무나 많다. 절망감에 사로잡혀 시도할 의미가 없다고 생각하는 식이다. 물론 좋은 기억을 떠올리게 하는 영화를 보는 중이거나 친구를 축하하는 순간처럼, 자신의 감정이 이끄는 대로 두어야 하는 순간도 있다. 그러나 내년 예산을 세우는 순간처럼 이성이 필요한 순간도, 직업이나 배우자를 선택하는 것처럼 머리와 가슴이 동시에 필요한 평가도 있음을 기억하자.

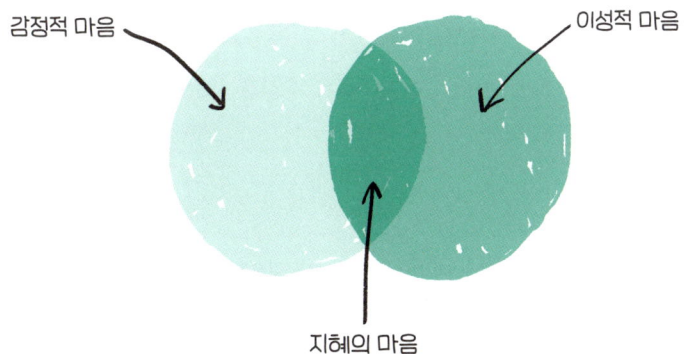

감정적 마음 / 이성적 마음 / 지혜의 마음

방법　마음 상태를 파악하기 위해, 우선 다음 세 가지 질문을 떠올린다.

- ▶ 나의 감정이 현재 내 생각과 행동을 통제하고 있는가? 만약 그렇다면, 나는 지금 '감정적 마음'에 있는 것이다.
- ▶ 지금 나는 사실과 논리에 근거하고 있는가? 만약 그렇다면, 나는 '이성적 마음'에 있는 것이다.
- ▶ 지금 나는 감정과 이성, 직관을 동시에 사용하고 있는가? 만약 그렇다면, 나는 '지혜의 마음'에 있는 것이다.

다음으로 자신의 마음 상태가 현재 마주하고 있는 일에 가장 적절한 것인지 생각해본다. 수면 부족, 과로, 외로움 등의 상태에서는 감정적 마음에 빠지기가 매우 쉽다. 그러나 잠시 멈춰 서서 자신이 감정적 마음에 있다는 것을 인식하는 것만으로도, 비효율적 습관으로 되돌아가기 전에 다시 중심을 잡을 수 있게 된다. 자신의 안녕감에 영향을 줄 정도로 과도한 이성적 태도를 갖고 있다면(예: 가족이기 때문에 그래야 한다는 생각으로 자신에게 비판적인 친척과 지속적으로 얽히고 있음), 한 걸음 물러서서 자신이 이성적 마음에 머물고 있음을 알아차리고, 자기 자신을 돌보면서 감정적 필요에 귀를 기울여 본다.

근거　자신의 마음 상태가 어디에 있는지 파악하고 상황에 도움이 되고 있는지 알게 되면 즉시 명료해진다. 감정적 마음에 있음을 인식함으로써,

자신이 느끼는 것이 진실일 거라 단정하는 경향인 감정적 추리를 멈출 수 있게 된다. 감정적 추리를 하는 중에는 '난 제대로 할 수 있는 일이 하나도 없어' 혹은 '아무도 날 신경 쓰지 않아' 등의 생각이 마치 타당한 것처럼 느껴진다. 자신의 삶의 정확한 표상이 아니라 그저 슬프고 외로운 감정의 결과일 뿐인데도 말이다. 지금 하고 있는 일에 최적이 아닌 감정 상태에 머물고 있음을 인지하는 것만으로도 스스로 해결할 수 있으며, 현재의 스트레스가 지속되지 않을 것임을 알게 된다.

마음 리셋 No. 03

지혜의 마음을 찾아라

상황 평가를 내리기 어렵고, 자기 자신을 의심하며, 불필요한 확신을 구하려고 타인에게 물어보려는 유혹이 생길 때.

방법 지혜의 마음을 사용하면 자신의 지식과 감정, 직관을 통합하여 내면의 통찰력을 찾게 된다. 다음의 연습을 모두 시도해보고 가장 효과적인 것을 찾아보자. 그리고 필요할 때마다 자신의 최애 방법을 연습한다.

▶ 들숨에 지혜를, 날숨에 마음을 생각하면서 호흡한다.
▶ 자연스럽게 숨을 쉬면서 자신의 호흡에 집중한다. 복부의 움직임에 신경 쓰고 호흡을 유지하면서 자신의 복부에 계속 집중한다.
▶ 들숨과 날숨 중간에 자연스럽게 호흡을 멈춘다. 들이쉬었다가 들숨의 끝에서 날숨 직전의 짧게 멈추고 느낀다. 숨을 내쉰 후, 들숨 직전의 짬을 느껴 본다.
▶ 확신이 없는 일을 하려는 상황에서(예: 약속을 취소하려는 상황), '이것은 지혜의 마음인가' 자문해본다.
▶ 시각적 정보를 선호하는 사람인 경우 자신이 내면의 지혜로 깊숙이 내려앉는 듯

이, 작은 돌이 맑고 아름다운 호수 아래로 천천히 가라앉는 모습을 상상하면서 지혜의 마음을 찾는다.

근거 내면의 지혜를 붙잡으면 자신의 최종 목표를 이루는 데 집중하고 기대할 수 있다. 찾고 있는 해답은 자신에게 있는 경우가 많으므로, 그저 주파수를 맞춰 자신의 내면에 귀를 기울이면 된다. 나의 내담자들 역시 치료 훈련 중 반복적인 노력을 통해 자신이 가지고 있던 지혜의 마음을 찾고 신뢰하는 능력을 키울 수 있었다. 내담자가 나의 생각을 물을 때마다 본인의 지혜의 마음에 그 질문을 넘기는 이유가 여기에 있다. 자신이 알고 있는 것, 자신이 느끼는 방식, 본능적 직관을 활용함으로써 우리가 지닌 놀라운 통찰력을 알아보고 자신에 대한 믿음을 단단하게 만들 수 있다.

마음 리셋

No. 04

생각을 노래하라

상황   자신을 고갈시키고 의욕을 빼앗는 생각에서 벗어나기 어려울 때.

방법   자신의 생각을 즐거운 노래로 불러 본다. 이렇게 하면 힘든 생각과의 관계가 바뀌면서 덜 심각하게 받아들이게 된다. 방법은 다음과 같다.

▶ 신나는 곡조를 고른 다음 머릿속에서 끝없이 재생되고 있는 부정적인 생각들을 그 곡의 가사로 개사해 불러 본다. '난 형편없는 사기꾼이야'라는 생각을 미국 포크 록 밴드 러빙 스푼풀 The Loving Spoonful의 <Do You Believe in Magic>의 곡조에, '난 부족해'라는 생각은 리한나의 <We Found Love>에 맞춰 불러 보는 것이다(유사한 내용과 곡조로는 각각 YB의 <나는 나비>, 싸이의 <챔피언>으로 대체할 수 있다 - 옮긴이).

▶ 일반적인 생각에 관한 내용을 노래로 불러 본다. '그깟 생각이 뭐라고. 생각은 나를 망칠 수 없지, 망칠 수 없어, 더 이상은' 등의 내용을 독일 가수 헤더웨이 Haddaway의 <What Is Love>에 맞춰 부른다(유사한 국내 가요로는 빅뱅의 <거짓말>이 있다 - 옮긴이).

▶ 노래 만들기 앱(예: Songify)을 사용해서 자신의 생각을 우스꽝스러운 노래로 만들어 본다.

근거 외모, 직업, 처리 능력에 관계없이 약 80~90%의 사람들이 도움이 되지 않는 부정적인 생각을 반복해서 하고 있다고 고백한다. 생각을 있는 그대로 받아들이거나 심각하게 여기지 않는 인지적 탈융합을 연습하자. 그러면 생각을 있는 그대로 받아들이거나 덜 심각하게 여기고 그런 생각의 빈도와 신뢰성을 낮춰, 자신만의 농담으로 바뀌게 된다.

마음 리셋

No. 05

철저하게 받아들여라

상황 심각한 일이든 사소한 일이든, 불확실성이든 불만이든, 무언가와 싸우고 있을 때.

방법 철저한 수용이란 감정적 혹은 신체적 고통을 인지하고 그 순간을 온전하게 있는 그대로, 지금 즉시 받아들이는 것이다. 철저한 수용이 중요한 이유는 고통만으로도 힘든데, 그 고통이 거부와 묶이면 고난으로 이어지기 때문이다. 철저한 수용에는 연습이 필요하며, 그 연습은 좀 더 개방적이 되는 것에서 시작된다. 많은 사람들이 내게 수용하는 것만으로도 충분히 힘든데, 왜 철저하기까지 해야 하느냐고 묻는다. 좋은 질문이다. 친절한 행동을 하면서 속으로는 억울한 생각을 하는 등의 반쪽짜리 수용은 온전한 수용만큼 효과적이 않기 때문이다. 그래서 수용은 전적으로 해야 한다는 것이다. 다음과 같이 연습해본다.

1. 자신이 마주하고 있는 것의 수용 정도를 0-10점으로 평가한다. 10점이 온전히 수용한 상태다.

2. '왜 하필 나야?' 혹은 '이건 못 참지!'와 같은 마음 속의 평가적 생각을 점검한다. 실제로 일어나고 있는 일을 묘사하면서 보다 사실에 비춰 생각하도록 노력한다.
3. 자신의 몸에서 일어나는 반응을 인식하고, 이마, 입술, 치아, 어깨, 손의 긴장을 푼다.
4. 지금 이 순간 느끼고 있는 것을 직접 보고 정상으로 되돌리면서 자신의 감정과 감각을 인식한다. 자신의 감정이 영원히 지속될 것이라고 상상하거나 정상이 아니라고 생각하면서(예: '절대 나아질 기분이 아니야!' 혹은 '대체 왜 이렇게 반응하는 거지?') 억누르고 과장하다 보면 현재의 감정이 훨씬 더 무거워질 뿐이다.
5. 어려운 작업을 시작하는 일이든 만만치 않은 사람의 행동을 과도하게 분석하는 일이든, 만약 그 일을 수용했다면 어떤 행동을 했을까 자문해본다. 그런 다음 그 행동을 실제로 연습한다.
6. 앞의 단계들을 연습한 후, 자신의 수용 정도를 0-10점으로 다시 확인한다.

힘겨운 상태로 되돌아갔다면, 마음을 여는 단계로 돌아간다. 내가 내담자에게도 늘 말하듯, 수용은 비행기 탑승이 아니라 회전문과 같다. 언제든 다시 돌아올 수 있다.

근거 내담자들에게 치료에서 가장 도움이 된 것이 무엇인지 물어보면,

처음에 소개했을 땐 반신반의했던 철저한 수용이라고 대답한다. 나의 내담자만이 아니라, 철저한 수용을 장려하는 치료사들 역시 스트레스와 물질 사용, 불안, 만성 통증이 감소하고 인간관계와 안녕감이 개선되었다고 보고한다. 믿기 어렵다면, 스트레스를 일으키는 상황을 떠올린 다음 얼굴과 몸에 힘을 주면서 당신이 붙잡고 있는 일이 불공평하다고 평가해보자. 수용하지 않음은 더 큰 고통으로 이어질 수 있다는 것을 바로 알게 될 것이다(내 경우에는 두통이 몰려온다). 이번에는 같은 스트레스 상황을 떠올리면서 몸의 긴장을 풀어 보자. 조금 더 편하지 않은가?

당신이 하고 있는 일과 상관없이, 지금 이 순간과 거기서 따라오는 감정을 수용하는 법을 배우면 대처하고 성장하는 데 도움이 된다. 심리학자이자 마음챙김 전문가이며 『받아들임』의 저자인 타라 브랙Tara Brach은 내게 이렇게 말해주었다. "인생에는 감정적 스트레스, 분노, 건강에 대한 두려움, 실패한 인간관계에서 생기는 수치심이 정기적으로 불가피하게 생기죠. 그런데 우리가 경험하는 것을 온전히 수용하지 않으면 내내 그 감정에 붙잡혀 있게 됩니다."

조금 더 수용하는 것이 자신의 성격을 완전히 뒤바꾸는 것처럼 느껴진다면, 2부에 소개된 단계들을 연습함으로써 마음의 평안이 커지고 자신의 에너지를 아껴서 앞으로 나아갈 수 있게 된다는 연구 결과를 기억하자. 중요한 것은 무언가를 수용한다는 것이 현실에 안주함을 의미하는 것이 아니라, 실제 변화를 촉진한다는 점이다.

마음 리셋 No. 06 감정에 이름을 붙여라

상황 부정적인 감정을 느낄 때.

방법 먼저 다음의 감정 바퀴를 살펴본다.

이번에는 마음을 가라앉히고, 자신이 느끼는 감정을 인식한 다음 이름을 붙여 보자. 감정을 소리 내어 말해도 되고 감정 추적 앱이나 수첩에 적어도 좋다. 단, 그냥 '나쁜 감정'이라고 쓰는 것이 아니라 자신이 느끼는 감

정을 정확하게 표현하는 것이 중요하다.

  마지막으로 앞에서 표현한 감정에 0-10점으로 점수를 매긴다. 10점 가장 강한 정도다. 감정이 감당하기 어렵고 불쾌해질 때까지 기다리는 대신, 규칙적으로 이 리셋을 연습하는 습관을 들인다. 이러한 연습은 긍정적인 감정을 인식하여 자신에게 기쁨을 가져다주는 것이 무엇인지 알아차리는 데 도움이 된다.

근거 잠시 열린 마음으로 감정을 관찰하는 것보다, 그 감정에 휩싸이기가 쉽고 또 그게 일반적이다. 그러나 잠시 멈춰서 감정에 구체적인 이름을 붙이면, 그 감정이 붙잡고 있던 뇌와 신체의 힘이 약화된다. '감정 명명'이라 불리는 이 기법은 뇌에서 감정을 담당하는 변연계의 활동을 방해하고, 논리적 사고를 담당하는 우측 복측부 전전두엽 피질을 활성화하여 감정의 강도를 낮춘다. 불쾌한 이미지를 보고 자신의 감정에 이름을 붙였던 사람들은 확실히 더 적은 스트레스를 경험했다는 연구 결과들이 있으며, 분노의 감정에 이름을 붙이는 행동이 실제로 심박수와 심장박출량을 낮췄다는 연구 결과도 있다. 감정 명명의 효과는 여기에서 멈추지 않는다. 한 연구에서는 거미공포증이 있는 사람들이 타란툴라 거미 우리에 다가가면서 느낀 감정에 이름을 붙이자, 다른 곳으로 주위를 돌리려 하거나 자신의 공포심을 합리화하려던(예: 거미를 보는 건 위험하지 않아) 사람들에 비해 거미를 보고 느끼는 부정적인 감정이 감소했다.

마음 리셋

No. **07**

자신을 인정하라

상황 스트레스를 받는 것 자체가 스트레스가 되거나 무시당한 느낌을 받아 누군가의 지지가 간절할 때. 자신을 깎아내리거나, 자신의 업적을 최대한 축소하거나, 어떤 성취 후에 바로 다음 일을 고민할 때.

방법 주변 사람들의 이해를 받지 못하는 때도 자기 타당화를 통해 편안한 순간을 더 많이 누릴 수 있다. 먼저 현재 처한 상황은 물론, 자신의 생각, 감정, 행동까지 주의를 기울이는 연습부터 시작한다. 그런 다음 자신이 경험하는 것의 타당성을 인정한다. 예를 들면 '난 제대로 할 수 있는 게 없어, 난 정상이 아니야'가 아니라, '나는 성실한 사람인데 저렇게 요구가 많은 사람과 일하는 건 힘든 일이야' 혹은 '내가 스트레스를 받는 게 당연하지'라고 생각하는 것이다. 예를 더 들어 보자면, '그저 운이 좋았던 거야' 대신 '난 정말 열심히 일했어'라고 생각한다. 앞으로도 '자기-비타당화'로 빠지거나 자신의 정상적인 감정을 사소한 것으로 폄하할 때마다 자기 타당화로 전환한다.

근거 타인이 나의 존재와 경험을 무시하는 순간은 쉽게 알아차려도, 스스로 깎아내리는 행동은 간과하기 쉽다. 그저 잠시 멈추고 '내가 예상했던 건 이게 아니었으니, 내가 이렇게 느끼는 게 당연해…'처럼, 자신을 아주 조금 이해해주기만 해도 겪고 있는 고

통이 완화될 수 있다. 일례로 내담자 중 한 명이 우울감이 심해지는 것이 걱정이라고 내게 말했다. 하지만 지난 6개월 동안 그에게는 연인과의 결별, 친구의 자살, 이직, 이사라는 일들이 있었다. 인간관계를 중시하는 사람이었고, 그의 삶에 있어서 큰 부분이 불안정하게 느껴졌기에, 그가 힘든 감정을 겪는 것이 당연했다. 그가 느끼는 감정이 당연함을 깨닫고 자신에게 그 감정을 느껴도 된다고 허락하자, 우울감과 스트레스에서 벗어났고 자신의 인간성을 감사하면서 더 많은 자기 자비를 갖게 되었다.

내면에 있는 위로의 목소리를 발전시키는 법이 낯설다면 가까운 친구, 뛰어난 상담사, 혹은 미스터 로저스(Mr. Rogers, 미국의 목사이자 방송인으로 아동 프로그램인 〈미스터 로저스의 이웃〉을 만들어 30년 이상 출연하며, 친근하고 따뜻한 이미지로 모든 사람들에게 사랑과 위로를 전했다. 그의 일대기는 톰 행크스 주연의 영화 〈뷰티풀 데이 인 더 네이버후드〉로 만들어졌다 - 옮긴이)가 곁에서 귀에 대고 속삭인다고 생각하면 된다. 자기 타당화로 인해서 자신에게 관대해질까 걱정

을 하는 사람도 있는데, 실제로 그렇게 되지는 않는다. 자기 타당화는 자기 자비를 키워 성장하도록 만들기 때문이다. 긍정적 경험의 경우, 승리를 눈앞에 두고 있다 순식간에 곤두박질치는 것을 상상하는 대신에 자신의 성취를 인정하고 음미하는 것이 더 큰 동기가 된다는 것을 증명하게 될 것이다.

마음 리셋
No.
08 득과 실을 따져 보라

상황 내면의 줄다리기, 결정에 대한 집착, 혹은 어떤 일을 하려는 충동과 싸울 때.

방법 자신을 고갈시키거나 도움이 되지 않을 무언가에 빠지는 대신, 주체적인 선택을 하기 위한 옵션을 나열한다. 한 장의 종이 위에 다음 페이지와 같이 '장점, 단점, 충동, 대안'을 그린다. 그런 다음 단기적, 장기적으로 어떻게 느낄지 고려하면서, 충동이나 곤란함을 겪고 있는 결정을 채워 넣는다(예: 오늘 이 충동에 넘어가면 내일 후회하게 될 거야). 장기적인 장점과 단점에는 별표로 표시해둔다.

  옵션을 최대한 명확하게 구체화할수록(예: 미루려는 충동에 굴복하는 것과 그 결정으로 인한 장단점, 스트레스를 감수하고 그로 인한 장단점까지 비교한다) 즉각적인 만족을 선택하려 할 때 더 제대로 준비할 수 있게 된다. 나중의 경우를 대비해서 참고용으로 이 목록을 보관해둔다.

  다음의 예시를 참고해서 시작해보자.

	장점	단점
충동 공격적인 문자를 보냄	▶ 주도권을 갖고 있다고 느낌 ▶ 상대방도 나와 같은 감정을 느끼게 함 ▶ 내 감정을 곱씹을 필요가 없음	▶ 순식간에 문제에 일조한 사람이 되어 버림 ▶ 적대적인 문자를 보내면 더 화가 남 ▶ 원하는 반응을 절대 얻지 못함 ▶ 내가 과하다고 믿게 됨*
대안 내가 화가 났음을 알아차리고 좋아하는 라디오를 몇 분간 들음	▶ 좋은 방향으로 주의를 분산시킴 ▶ 감정이 격하지 않은 상태에서 이 방법을 쓰면 더 나은 대화와 결과를 얻을 수 있음을 알게 됨* ▶ 나의 하루를 더 쉽게 이어 가게 됨* ▶ 나의 감정/삶을 다룰 수 있다고 느낌*	▶ 처음에는 어색하게 느껴짐 ▶ 버럭하려는 충동을 계속 전환시켜야 함 ▶ 평상시만큼 라디오를 즐기지 못함

* 장기적인 장점 및 단점

근거 장단점을 목록으로 정리하면 더 나은 평가를 내리기 쉬워지면서 위험한 습관 혹은 스트레스로 인해 만들어진 습관으로 이어지는 것을 예방하는 데 도움이 된다. 우리는 스트레스를 받으면 모든 선택지를 균형 있게 고려하는 것을 잊어버리게 된다. 게다가 스트레스는 우리의 인식을 왜곡시켜, 빠른 해결책의 유혹을 거부하기 어렵게 만든다. 강박적인 행동과 씨름하는 내담자들은 너무나 자주 내게 와서 "바꾸고 싶은 행동의 장점이 지속되는 시간은 고작 5분이지만, 죄책감과 수치 같은 단점은 며칠씩 지속된다"고 말한다. 근본적으로 자기 자신에게 벌을 주는 행동을 하지 않는다면, 스트레스가 주는 스트레스를 줄일 수 있다.

마음 리셋 No. **09**

사랑을 보내라
: 오글거린다면 더욱더!

상황 실수를 했을 때, 번아웃이 왔거나 사회적 불안감을 느낄 때, 어려운 상황이나 유혹이 다가올 때, 혹은 '난 정말 멍청이야!' 등의 자기 비하를 습관처럼 쓰고 있을 때. 반추하고 있을 때도 언제든지 사용할 수 있다.

방법 우리는 자신에게 엄격해지기 쉬우며, 특히 그 엄격함이 자신을 단련시킨다고 생각하는 경우라면 더욱 그렇다. 그러나 자기 비판을 자기 자비로 바꾸는 기술을 연마하면 자기 자신과 관계를 맺는 데에 훨씬 도움이 된다는 것이 증명되었다. 마음챙김 강사이자 저자인 샤론 샐즈버그의 훈련법인 자애명상(LKM, loving-kindness meditation)을 통해 가장 필요한 순간에 자신에게 친절한 사람이 되어 보자.

눈을 감고 앉거나 원한다면 눈을 뜬 상태로 시선을 한 곳에 고정한다. 몇 분 동안 다음의 경우에 해당되는 사람에 대해 생각한 다음, 각각의 경우에 한 사람씩 정해서 집중한다.

- ▶ 자연스럽게 사랑의 감정을 불러 일으키는 사람
- ▶ 자기 자신
- ▶ 힘든 시간을 보내고 있는 지인
- ▶ 안면은 있지만 잘 모르는 사람 (예: 동네 가게에서 늘 도와주는 점원)
- ▶ 전반적으로 불편한 사람
- ▶ 모든 존재

선택한 사람을 마음에 떠올린 다음, 다음의 자애 문구를 전한다.

- ▶ 행복하세요.
- ▶ 건강하세요.
- ▶ 안전을 빕니다.
- ▶ 평안하세요.
- ▶ 명상의 대상이 자신일 경우에는, '내가 안전하기를. 내가 행복하기를' 등으로 말한다.

각 사람당 적어도 1분씩 유지한다. 호의의 말을 자신을 포함한 모두에게 선물로 주고 있다고 상상하면 최대의 효과를 얻을 수 있다. 최소 몇 주 동안 같은 사람들을 두고 모닝 커피 직후 혹은 잠자리에 들기 전과 같이 시간을 정해두고 이 자애명상을 연습하면, 긍정적인 감정을 키우는 데 온전히 몰입하게 될 것이다. 비난을 받을까 두려워하는 상황으로 걸어 들어가는 중이든 힘든 하루를 마치고 집으로 돌아오는 중이든 상관없이, 일상 중 언제라도 이 명상을 훈련해본다.

근거 자애명상이 자기 비판적인 사람이나 단순히 더 행복하기를 원하는 사람에게 긍정적 감정을 만들어 낸다는 사실이 수많은 연구 결과를 통해 드러났다. 또한 자애명상으로 타인과의 유대감이 증대된다는 증거도 있다. 가치 있는 무언가를 했다고 느낄 때까지 기다리는 대신, 이 훈련을 통해 지금 이대로의 모습으로도 자신에게 더 친절하게 대할 수 있게 될 것이다. 또한 자기 비판으로 자기의 노력을 깎아내리지 않고 자기 발전을 지속할 동기를 북돋게 될 것이다.

마음 리셋 No. 10

인생을 원그래프로 시각화하라

상황 화가 나는 상황에 마음을 쏠려서 최소한의 시야 확보가 필요할 때.

방법 자신의 인생을 전체적인 시각으로 바라보는 능력을 키우기 위해, 우선 자신에게 가장 중요한 삶의 영역(예: 건강, 우정, 가족, 개인적 성장, 직업, 경제적 안정, 영성, 취미, 나눔 등)을 되돌아보고 목록으로 작성한다. 그런 다음, 각 영역에 채우고 싶은 구체적인 가치를 적어 넣는다(예: 인간관계 영역에서는 노력과 용서를 실천하고 매주 한 명의 친구에게 연락하기). 이렇게 하면 자신의 목표가 단순한 염원이 아닌, 실행 가능한 일이 된다.

자신에게 중요한 영역으로 구성된 파이 조각들을 가지고 하나의 원을 채운다고 상상한다. 삶의 각 영역에 상대적 가중치를 어떻게 배분할 것인가? 예를 들어 건강 영역은 몇 퍼센트로 정할 것인가? 일의 영역에는 얼마를 할애할 것인가?

마지막으로 자신의 우선순위를 정해 각기 다른 크기의 조각으로 원을 나눈다. 이 원그래프를 사진으로 남겨, 균형을 유지하고 포트폴리오로 정리된 인생의 다양한 가치를 기억하는 하나의 방법으로 사용해도 좋다.

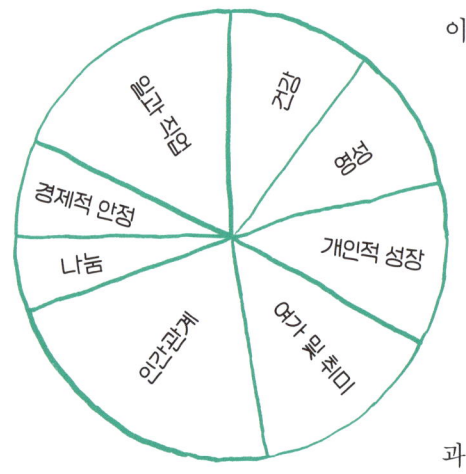

이 우선순위는 현재 진행 중인 일에 따라 바뀔 수 있다. 가끔씩 자신의 다양한 가치를 다시 살펴보고 그 중요도를 점검한다.

근거 자신에게 중요한 것과 각 영역의 비중을 분석하고 구체화하면, 기대 이하였던 첫 데이트처럼 짜증스럽지만 비교적 일시적인 사건을 무대 밖으로 밀어내기가 쉬워진다. 또한 회사에서 받은 볼품없는 평가처럼 조금 더 중대한 고통의 원인이 가져오는 여파에도 약간의 거리를 둘 수 있게 된다. 큰 그림을 줌인해서 결점을 확대하는 대신 줌아웃해서 본다고 생각하자. 이러한 시각화는 자신이 집중해야 하는 것이 무엇인지도 상기시킨다. 또 다른 장점은 인내심을 기르고 친절하게 소통하기와 같이 자신의 통제 하에 있는 것을 세분화하면, 좌절감을 가져오는 거창한 목표(예: 영혼의 단짝 만나기)에 집중하는 것에 비해 희망적인 감정을 더 많이 느끼게 된다는 것이다.

마음 리셋

No. 11

극단적으로 생각하는 순간을 포착하라

상황 최악의 시나리오를 떠올리는 사고방식에 갇혀 있을 때. 고통을 생각하는 방식이 되려 그 고통을 악화시키는 경우가 많기 때문에, 강렬한 감정에 휘말려 있을 때도 이 연습이 도움이 된다. 거절당한 후에 '난 사랑받을 자격이 없는 존재고 일도 절대 잘 풀리지 않을 거야!'라고 생각하는 것처럼, 어떤 사건을 해석하는 방식은 자신의 마음을 악화시키고 고통을 연장하면서 그 사건 자체보다 더 큰 영향을 준다.

방법 자신의 부정적 생각을 절대적 현실로 받아들이는 대신, 잠시 다음의 전략들을 사용해 그 생각이 사실인지 확인해본다.

▶ '이 생각이 내게 도움이 되고 있나?' 하고 자문한다. 특정한 생각이 도움이 되지 않음을 깨닫는 것만으로도 그 생각을 내려놓게 만든다. 나는 이것을 이메일 스팸함처럼 '생각 스팸' 폴더를 만드는 것으로 생각한다.

▶ 화가 너무 나서 허황한 생각을 하고 있는지 평가하기조차 어렵다면, 다음 단계를 계획한다(예: 이건 실패할 거야! → 15분만 최선을 다해보자).

▶ 최악의 시나리오가 계속 떠올라서 보다 전략적인 접근이 필요하다면, 다음과 같이 자문한다. '이 생각이 진실이라는 걸 분명한가?' '위협을 가정하는 중은 아닌가?' '현실적으로 일어날 가능성이 얼마나 되는가?' '다른 해석과 다른 결과의 가능성은 없는가?'

글자로 적는 것이 거리두기에 도움이 된다면, 다음 포맷을 사용해본다.

촉발 사건	나의 생각	도움이 되는가?	최악의 시나리오가 현실이 될 가능성은?	이보다 현실적이고 유용한 생각은?	내게 힘을 주는 다음 단계는?

슈퍼마켓에서 발생한 무차별 살인 사건 등의 관련 기사를 읽고 심한 스트레스와 두려움을 느끼는 경우의 예를 들어보자. 저 질문들에 답을 하다 보면 이러한 사건들이 끔찍하고 화가 나긴 하지만, 그런 사고가 당신이 장을 보는 중에 일어날 가능성은 극히 낮음을 알게 될 것이다. 이 연습의 목적은 비극을 털어 내는 것이 아니라 최악의 시나리오에 집중하는

경향을 막고, 보다 현실적인 쪽으로 자신의 주의를 확장하는 것이다. 당신은 '현실을 통제할 수는 없지만, 나의 유일한 옵션은 삶을 이어나가기를 선택하는 것이다'라고 말하면서 계속 앞으로 나아가게 될 것이다.

근거 성급하게 결론으로 뛰어들거나 최악의 가능성을 단정 짓는 태도는 불안을 더 굳힐 뿐이다. 우리의 생각은 그 정도로 감정과 행동에 힘을 발휘하기 때문이다. 3세기 초 스토아 철학자들부터 선(禪) 사상가, 현대 인지치료의 선구자까지, 모두 대처 기술 향상을 위해 사고 훈련에 힘쓰라고 처방을 내리는 것도 이런 이유 때문이다. 상황이 자신의 에너지를 고갈시킨다고 느껴지는 만큼, 부정적 생각은 우리의 삶을 훨씬 더 어렵게 만든다. 중요한 것은 자신을 속이는 것이 아니라 조금 더 현실적이고 효과적인 방식으로 생각하는 것이다. 최근 한 내담자가 일도 연애도, 내딛는 모든 발걸음이 벽에 부딪힌다고 내게 말했다. 나는 그에게 '벽'이라는 단어를 '과속방지턱'으로 바꿔 보라고 제안했다. 그는 결국 실망스러운 소식을 접하더라도 계속 도전하는 능력을 향상시켰다.

마음 리셋

No. 12 자신의 가정을 확인하라

상황 누군가에게 화가 난 상태이거나 자신이 심하게 비판을 받았다고 느끼고, 그 부정적 감정에 집착하고 있을 때. 빠른 평가가 신속하고 정확하게 문제나 인물에 접근하도록 돕는 것은 이상적인 경우에나 가능한 일이다. 전체적인 그림을 고려(예: 저 사람은 주차관리법 집행이라는 자신의 업무를 하고 있는 거야)하는 대신에 누군가의 행동을 그 사람의 인격 탓으로 돌리는(예: 저런 쓰레기 같은 자식!) 기본적 귀인 오류를 범하는 경우에는 **빠른 평가가 도움이 되지 않는다**. 한 걸음 물러서서 더 넓은 시각을 가지고 앞으로 일어날 일을 보는 대신에 사랑하는 사람이나 자신을 비롯한 누군가에게 이름을 붙이고 마음대로 가정을 하면, 오인은 물론이고 과도한 원한까지 만들어 내는 위험에 빠지게 된다.

방법 우리가 마주하는 모든 상호작용에서 전체 문맥이 갖는 역할의 거대함을 인식하게 되면, 보다 건강한 해석의 문이 열린다. 누군가에 대해 성급하게 최악의 평가를 내렸는데, 알고 보니 많은 사연이 있었던 경우를 떠올려 보자. 스탠퍼드대학교 교수인 제프리 코헨[Geoffrey Cohen]이 그의 저서 『소속감: 연결을 만들고 간극을 이어 주는 과학(Belonging: The Science of Creating Connection and Bridging Divides)』에서 나눴던 사례가 있다. 한 교사가 수업 중에 선글라스를 낀 학생에게 예의를 갖추지 않는다고 생각하고 벌을 주었는데, 사실 그 학생은 멍이 든 눈을 가리려던 것이었다. 이러한 왜곡을 인지하는 것만으로도 불만을 궁금함으로 바꿀 수 있다.

코헨 교수는 기본적 귀인 오류에 빠지는 경향을 줄이기 위해서는 정신을 바짝 차리고 사회적 소통을 처리하고 자신의 자동적 가정을 확장하여 '정신 체조'를 실천하라고 조언한다. 짜증을 유발하는 현재 상황을 머리에 떠올리고 해석의 범위를 넓혀 보자. 타인에 대해 선의의 해석을 하고, 필요하다면 추측하거나 마음을 졸이는 대신에 이해하기 위해 조금 더 질문해보는 것부터 시작해도 좋다.

사회 불안을 다루기 위해 나를 찾아왔던 내담자가 내게 "저 때문에 짜증나신 걸까요?"라고 물었을 때, 나는 정말 기분이 좋았다. 짜증이 났던 것이 아니라, 임신한 상태여서 심한 입덧을 하고 있던 중이었다. 그 내담자는 매우 직관적인 사람이었기 때문에 내가 평소와 다르다는 것을 알아차렸던 것이다. 하지만 종종 다른 사람들이 자신을 좋아하지 않는다고 생각하면서 쉽게 불안해지는 경향이 있었기 때문에, 자기가 나를 불편하게 했을 거라 단정짓는 기본적 귀인 오류를 범했다. 나는 짜증이 난 것처럼 보였던 점에 대해 재빨리 사과하면서, 그 이유를 설명해주고, 그 이야기를 꺼내 줘서 내가 얼마나 기쁜지 알려 주었다. 질문을 건넨 그의 용기 덕분에 우리는 더 가까워졌고, 특히 지속적인 관계에서 우려되는 부분이 있을 때(그날 나는 분명 메스꺼운 듯이 보였을 것이다), 그러한 성급한 평가를 확인하는 것이 얼마나 중요한지 다시 한번 깨닫게 되었다.

근거 타인의 시점을 고려하게 되면 타인과 자신을 바라보는 방식이 개선된다. 노스웨스턴대학교 교수인 심리학자 엘리 핀켈^{Eli Finkel}이 60쌍의 부부를 대상으로 진행한 연구가 있다. 핀켈 교수는 참가자들에게 약 20분가량의 시간을 주고, 양쪽 모두에게 최선의 결말을 바라는 제3자의 시각으로 최근에 겪은 부부 싸움에 대해 글을 쓰도록 요청했다. 참가자들은 부부 싸움 중에 이러한 방법과 그 잠재적 효과를 기억하도록 요청받았던 부부들이었다. 연습을 하지 않았던 집단과 비교해서, 이 부부들은 1년 후에도 자신들의 부부관계를 더 행복하게 느꼈다고 보고했다. 어떤 사건에 대해 조금 더 너그러운 해석을 하기까지 처음에는 약간의 노력이 필요하지만, 결국에는 자신의 내면에, 그리고 타인과의 소통에 더 많은 평화를 만들어 낸다.

마음 리셋

No. **13**

감정을 밀려오는 파도로 여겨라

상황 강렬한 감정에 휩싸여 있으며 상황이 절대 나아지지 않을 거라고 확신하고 있을 때. 이 리셋은 자신의 감정을 늘 억누르는 사람에게도 큰 효과를 보인다. 감정을 억누르면 스트레스를 유발할 뿐만 아니라, 실제로 감정의 심화로 이어질 수 있기 때문이다. 슬픔이나 두려움과 같은 특정 감정을 견디기가 너무나 힘들 거라는 걱정 때문에, 어려움을 느끼는 상황을 회피하는 경향이 있는 경우에도 이 기법을 시도해볼 수 있다.

방법 한 걸음 뒤로 물러서서 감정을 관찰하되, 감정을 억누르거나 자신을 평가하지 말고, 그 감정을 느끼는 신체 부위를 짚어 본다. 이제 서핑 보드 혹은 작은 보트 위에서, 파도가 밀려왔다 물러날 때마다 균형을 유지하는 자신의 모습을 상상해본다. 미래에 느끼게 될 감정을 예상하거나 과거에 느꼈던 감정을 곱씹는 대신, 현재 일어나고 있는 감정에 머무는 연습을 한다.

근거 사람들은 미래에 자신이 어떻게 느낄지 예측하는 '정서 예측'에 정말 서툴다. 다시 말해 '이걸 절대 극복하지 못할 거야!'처럼, 미래에 어떤 감정을 느낄지 걱정해봤자 지금 하고 있는 일에 절망감만 더할 뿐이라는 뜻이다. 감정을 평가하는 대신 '파도타기'를 하게 되면, 자신의 감정으로부터 도망치거나 심지어 어떤 행동을 취해야 할 필요를 느끼지 않아도 된다는 사실을 알게 된다. 일단 자신의 감정에 머물러 보면, 대부분의 감정이 그리 오래 지속되지 않음도 깨닫는다. 나는 이 훈련을 마치 손가락을 잡아당기려고 하면 조여들고, 안쪽에 둔 상태에서 힘만 빼면 풀어지는 중국식 손가락 덫 장난감과 같다고 생각한다. 이 손가락 장난감과 똑같이, 감정을 자연스럽게 놔두는 것이 자유로워질 수 있는 유일한 방법이다. 현재의 감정을 받아들이면 친구와 여행을 떠나는 편안한 주말 같은 긍정적인 경험들이 끝나 버릴까 걱정하거나, 스트레스 가득한 업무 일정과 같이 다음에 생길 일을 생각하지 않고, 온전히 그 긍정적 감정을 누리는 데도 도움이 된다.

마음 리셋 No. 14 악몽을 길몽으로 바꿔라

상황 트라우마를 겪는 사람들이 그렇듯, 수면과 신체 기능을 방해하는 악몽을 경험하고 있을 때.

방법 잠시 긴장을 풀 수 있는 몇 가지 방법을 떠올려 본다(예: 평화로운 장소 사진을 찾아보거나 잔잔한 음악을 플레이리스트에 추가하기). 자신이 선택한 방법이 실제로 긴장 이완에 도움이 되는지 짧게 확인한다. 이 기법을 연습하는 동안 언제든 충전이 필요하면 이 방법을 사용한다.

그다음엔 반복해서 꾸는 악몽 하나를 고른다. 반복되는 악몽이 여러 개라면, 덜 심하게 느껴지는 것부터 시작한다. 그 악몽에 대해 최대한 자세하게 글로 쓰되, 뭔가 긍정적인 내용으로 결말을 바꾼다. 황당하고 잊기 어려운 꿈일수록 좋다. 예를 들어 사람들이 지켜보는 가운데 높은 다이빙대 위에 서서 공포에 질린 채로, 망신을 당하는 건 둘째 치고 부상까지 입을 것을 예상하는 꿈이라고 하자. 그렇다면 올림픽 다이빙 선수인 톰 데일리^{Tom Daley}와 눈빛을 교환하고, 그 선수가 용감하고 우아하게 물속으로 가라앉는 당신을 향해 엄지를 치켜 세우는 결말로 바꿔 보는 것이다.

그런 다음 잠자리에 들기 전에 몇 분 동안, 새로 바뀐 결말로 꿈을 머릿속으로 재생해본다.

이제 앞으로 아침에 일어나면서 악몽을 꾼 기억이 난다면, 그 악몽이 아직 생생할 때 이 과정을 반복해보자.

근거 악몽은 절대 당신의 잘못이 아니지만, 스트레스가 심한 경험을 한 후에는 정신적 습관이 되기도 한다. 앞에서 설명한 방법을 전문 용어로 '심상 시연'이라고 하는데, 이 심상 시연을 통해 악몽을 통제하고 수면의 질을 개선할 수 있다. 한가지 덧붙이자면, 깨어 있는 동안에 반복되는 악몽에 조심스럽게 접근하는 것이 악몽을 다시 꾸게 될까 걱정하는 것보다 훨씬 좋은 예방적인 방법이다.

마음 리셋 No. 15 마음을 열고 의미를 찾아라

상황 바라는 대로 일이 풀리지 않지만 굴하지 않는 힘을 얻고 싶을 때.

방법 먼저 자신의 감정이 지극히 자연스러운 것임을 인지하고, 소중하게 여긴다. 자신이 애쓰는 고군분투의 타당성을 정상으로 여기지 않은 채 고통에서 목적을 찾겠다며 성이 난 채로 달려들면, 자신이 중요하지 않은 사람으로 느껴질 수 있다.

그다음 지금 느끼는 부정적 감정을 외면하려 애쓰지 말고, 그 고통을 유발하는 것에서 성장의 기회가 있는지 살펴본다. 자신의 고군분투를 비슷한 경험을 하는 이들을 돕는 기회로 보려 하는 내담자도 있다. 자신이 직접 겪었던 질병을 앓고 있는 사람들을 돕는 것이다.

의미를 찾는 또 다른 방법은 시각을 넓히는 것이다. '현재의 나'를 보러 온 '미래의 나' 상상해본다. 미래의 나는 지금 이 순간의 내게 어떤 지혜를 전할까? 혹은 최고의 지원군이라면 나를 격려하기 위해 어떤 것을 강조할까? 현재의 후퇴는 자신이 아직 이해하지 못하는 거대한 계획의 일부분이라고 상상해보는 것도 좋다.

어떤 전략을 선택하든, 우리의 목표는 고통과 의미를 모두 놓치지 않는 법을 배우는 것이다. 격렬한 감정과 상황으로 힘겨워하는 수많은 사람들의 생명을 구하게 된 변증법적 행동치료도, 자해 충동으로 고군분투했던 마샤 리네한 박사의 실제 경험을 바탕으로 개발된 것이다. 내담자 스스로 시큼한 레몬으로 달콤한 레모네이드를 만들 수 있는 법을 전수한 것이다. 리네한 박사는 상담사들에게 이 기법은 구름이 실은 검다는 사실을 부정하지 않으면서도 그 가장자리에서 빛나는 희망의 빛을 찾는 것이라고 말했다.

근거 목적의식이 스트레스를 완화한다는 점을 뒷받침하는 확실하고 강력한 연구 결과가 있다. 그만큼 강한 목적의식을 가진 사람은 스트레스 요인 앞에서 부정적 감정과 신체적 증상을 겪을 가능성이 적다. 의미를 찾으면 어려움과 성장 사이에 연결 다리가 생긴다. 예를 들어 보자. 지칠 대로 지친 상태에서 아픈 가족을 돌보러 급히 가야 하는 순간에 그만 기차를 놓쳤다. 이 상황을 곱씹고 최근의 재수 없는 일들까지 모조리 재탕하지 말자. 대신에 잠시 멈춰서 자신의 좌절감을 정상이라 여기고, 느긋함을 되찾고, 인내심을 기르며, 20분 동안 마음챙김 방송을 듣는 기회로 삼는 것이 고통을 완화하는 길이다.

신체 리셋

No.
16 열을 식혀라

상황 옴짝달싹 못하는 느낌에 매몰되거나 패닉 상태에 빠졌거나, 감정적으로 압도되거나 소진되어 명확한 사고가 불가능할 때. 이 리셋 기법은 도움이 되기는커녕 더 큰 상처를 주는 해로운 도피에 굴복하려는 순간에 특히 효과적이다.

방법

1. 대야에 얼음물을 채운다. 얼음을 아끼지 말고, 10°C 정도의 꽤 차가운 상태로 유지한다(얼음물을 사용하는 것이 가장 효과적이지만, 물 없이 얼음 팩이나 냉동 채소가 담긴 봉투로 대신 해도 괜찮다).

2. 타이머를 30초에서 60초로 맞춘다(얼음물을 사용하는 경우에는 30초부터 도전하고, 얼음 팩을 사용한다면 1분 동안 도전해보는 것이 좋다).

3. 숨을 깊이 들이마시고 숨을 참은 상태로 얼굴을 관자놀이까지 물에 담그고 타이머가 울릴 때까지 그 자세를 유지하는 것을 목

표로 한다(리셋된 느낌이 들거나 숨이 차면 멈춰도 된다).[1] 일을 하는 중이거나 조금 약한 방법으로 중심을 되잡고 싶다면, 얼음 조각을 빨아먹거나 얼음을 얼굴에 문지르면서 느껴지는 차가운 감각에 집중한다.

근거 산소가 없는 찬물에 얼굴을 담그면 부교감신경계의 핵심 요소인 미주신경이 활성화되어, 심박수를 낮추고 혈류를 뇌로 재분배한다. 그렇게 되면 신체 및 감정의 긴장이 자연스럽게 풀어진다. 찬물에 뛰어든 적이 있다면 잘 알겠지만, 차가운 기운이 사고 과정을 중단시키고 감정이 환기되는 것과 비슷하다. 얼음물 담그기와 같이 뭔가 어려운 행동을 보다 전략적인 대처 기술 습득이라는 목표를 가지고 실행함으로써, 심리적 안정의 범위를 넓히고 안도감을 되찾으며 타고난 회복성을 제대로 인식하게 된다.

---

[1] 얼굴을 얼음물에 담그는 것은 변증법적 행동치료에서 위기 대처 기술로 가르치는 방법이다. 이것만으로도 효과가 뛰어나지만, 뒤에 나오는 '신체 리셋 17/18/21'과 함께 활용하면 효과를 높일 수 있다. 변증법적 행동치료에서는 이 운동 조합을 온도(Temperature), 강도(Intense exercise), 점진적 근육 이완(Progressive muscle relaxation), 박자 호흡(Paced breathing)의 앞 글자를 따서 TIPP라고 한다. 신체 화학작용을 기울이거나 뒤집으려는 목적으로 만든 것이다.

신체 리셋

No. 17 짧고 빠르게 몸을 움직여라

상황 긴장감, 좌절감, 기진맥진함, 불안 등을 느끼고 있거나 생각이 너무 많을 때.

방법

▶ 집중할 수 있는 활동을 정한다(예: 푸시업 3회, 스쿼트 3회, 크런치 3회 조합). 3분이든 30분이든 현실적으로 해낼 수 있는 시간을 정하고, 최대한 반복한다.

▶ 무릎 올리기, 스쿼트 점프, 가위 팔 벌려 뛰기(팔 벌려 뛰기를 하되 다리를 양옆이 아니라 앞뒤로 교차하는 동작), 점프 런지, 변형 버피(푸시업 없이 하는 버피)를 각각 한 번씩 한다.

자신의 필요에 맞춰 자유롭게 변형하면 된다. 음악을 틀어 놓고 더 신나게 해도 좋다. 좋아하는 운동 앱이 있거나 더 길게 운동할 수 있는 시간의 여유가 있다면 더할 나위 없다. 격렬한 운동이 맞지 않는 사람은 조금 부드러운 동작을 시도한다. 스트레스를 받는 일에 마음이 들썩거린다면, 자신을 탓하지 말고 필요할 때마다 신체 운동으로 돌아가면 된다.

근거 몸에 불안한 에너지가 가득 찼다면, 짧은 유산소 운동으로 없앨 수 있다. 또한 규칙적인 운동으로 스트레스, 우울, 불안이 상당히 감소하며, 신체와 심장에도 좋다는 것은 이미 잘 알려진 사실이다. 한 연구에 따르면 강도 높은 운동 12분을 하니 심혈관 건강과 스트레스에 광범위한 개선을 보였다고 한다.

이 리셋을 위해 제안된 맨몸 운동들은 러닝머신 위에서 달릴 때와 유사한 생리적 효과를 내는 것으로 밝혀졌다. 20분의 유산소 운동만으로도 인지 기능 개선과 스트레스 감소로 이어지는 뇌의 변화를 일으킬 수 있다. 급한 마감 시간으로 인한 스트레스 때문에 심박수가 올라가면 너무 불안하고 열을 받아서 집중할 수가 없다고 말하는 내담자들이 있었다. 그런데 몇 분 동안 버피 동작에 집중함으로써 공황이 가라앉고 마음이 차분해졌으며 해야 할 일로 더 쉽게 돌아올 수 있음을 알게 되었다. 심장의 두근거림을, 조절할 수 없는 것이 아니라 운동으로 인한 것으로 느끼는 것이 더 나은 것이다. 분노로 인한 긴장에도 같은 방식이 적용된다. 긴장감을 자신의 최대치로 푸시업을 하면서 빠른 음악을 즐기는 데로 돌리면, 분노가 약화하는 것을 느끼게 될 가능성이 높다. 짧게나마 심신이 몰입되는 운동은 스트레스 완화 버튼이다.

신체 리셋

No. **18**

긴장을 풀어라
: 점진적 근육 이완

상황 잠들기 힘들거나, 긴장성 두통이나 어깨 뭉침 등 스트레스를 몸으로 느낄 때. 오랫동안 컴퓨터 앞에 앉아 있는 자세는 자신도 모르는 사이에 근육 뭉침과 턱관절 긴장을 유발한다.

방법 자연스러운 불안 치유법에 관심이 많았던 의사인 에드먼드 제이콥슨(Edmund Jacobson) 박사가 1920년대에 소개한 점진적 근육 이완법(PMR, progressive muscle relaxation)은 심장병 환자의 불안 및 우울 증상 개선은 물론, 불편한 의학적 증상이 있는 사람의 스트레스와 수면 개선에도 효과를 나타낸다. 다음에 정리된 대로 근육을 차례로 움직이면서, 각 부분을 5초간 긴장했다가 10초간 이완한다. 긴장을 풀고 난 뒤, 자신의 호흡에 온전히 집중하면서 긴장과 이완이 가져오는 차이를 느껴 본다.

1. 편한 의자에 앉거나 잠자리에 들기 전이라면 누운 자세로, 몸의 가장 윗부분부터 시작한다. 눈썹 근육을 찡그렸다가 천천히 이완하면서, 이마에서 느껴지는 차이에 집중한다.

2. 립밤을 바르는 것처럼 입술을 오므리며 힘을 줬다가 힘을 빼면서, 입술 사이를 떨어뜨린다.
3. 윗니와 아랫니를 붙인 채로 혀를 입천장으로 밀었다가 힘을 빼면서 입안에 공간을 만들고 혀를 제자리에 내려놓는다.
4. 목근육에 긴장감이 생길 때까지 턱을 가슴 쪽으로 가져왔다가 힘을 빼면서, 눈썹부터 목까지 이완되는 느낌에 주의를 기울인다.
5. 어깨가 귀에 닿을 때까지 움츠렸다가 내려놓으면서 얼굴부터 어깨까지 근육의 긴장과 이완을 느낀다.
6. 두 어깨를 모아 등을 둥글게 말았다가 아래로 떨어뜨리면서 힘을 푼다. 호흡과 함께 모든 긴장감을 내려놓는다.
7. 배를 안으로 집어넣으며 복부 근육을 긴장시켰다가, 힘을 빼면서 배를 내민다. 차이에 집중하면서 호흡을 유지하고, 얼굴부터 복부까지 사라지는 긴장감을 느낀다.
8. 손가락을 오므리면서 주먹을 꽉 쥐었다가 힘을 푼다.
9. 팔을 90도 각도로 들고 팔뚝과 이두근을 함께 긴장시켰다가 팔을 아래로 떨어뜨리면서, 두 손과 팔 전체에 생기는 긴장과 이완의 차이를 인식한다.
10. 엉덩이를 세게 조였다가 풀면서, 모든 긴장을 푼다.
11. 두 허벅지가 서로 닿을 때까지 힘껏 민다. 긴장감을 느낀 다음 두 다리를 떨어뜨린다.
12. 발가락과 종아리를 펼쳤다 오므리면서 마무리한다.

13. 호흡과 함께 천천히 머리부터 발끝까지 느끼면서, 몸이 어떻게 이완되는지 집중한다.

근거   많은 사람들이 스트레스를 몸에 쌓아 두는데, 이는 불안감은 물론, 신체적 불편함도 느끼게 만든다. 다행인 것은 몸의 스트레스를 이완시키면 우리의 생각까지 안정되는 환경을 만들 수 있다는 것이다(이 설명을 읽은 것만으로도 마음이 차분해지는 것을 느꼈을 수도 있다).

스트레스는 종종 신체적 불편함을 동반한다. 그러나 자신의 자세에 조금 더 신경을 쓰면서 의식적으로 몸을 이완하는 법을 익히면, 반복되는 두통이나 소화기 문제 등의 만성 증상까지 개선될 수 있다. 이 리셋은 수동적으로 마사지를 받는 것이 아니라 자신이 직접 마사지사가 되는 것이므로, 누워서 마사지를 받을 때처럼 쉽게 마음이 흐트러지지 않는다. 긴장이 사라지는 법을 배우는 것은 다시 자신의 몸에 연결되고 자기 자비를 실천하는 아주 좋은 방법이기도 하다. 당신을 아끼는 누군가가 당신의 긴장에, 굽은 어깨 위에 따스하게 손을 얹는다고 생각하며 이 리셋을 실천해보자. 나는 점진적 근육 이완에 담긴 메시지, '의식적인 마음챙김을 통해, 자신이 느끼는 감정의 방식을 체계적으로 개선할 수 있다'를 좋아한다.

신체 리셋

No. 19 천천히 바디스캔을 시작하라

상황 잠자리에 들기 전 마음을 진정하기 어려울 때나 한밤중에 깨어 이리저리 뒤척이며 지금 잠들지 못하면 다음 날 얼마나 엉망인 하루를 보내게 될지 걱정할 때. 통증이나 자신의 몸무게 혹은 몸매에 대한 부정적 감정 같은 걱정거리로부터 자신의 주의를 돌리고 싶을 때도 실천할 수 있다. 이는 자기 몸에 대한 올바른 인식을 넓혀주는 데도 도움이 되기 때문이다.

[유의할 점] 이번 리셋은 차분해지면서 잠이 올 수 있기 때문에, 더 많은 에너지가 필요한 상황이나 당장 일어나 나가야 할 상황이라면 권하지 않는다.

방법

1. 등을 대고 누워 호흡과 몸의 감각에 집중한다. 침대나 바닥에 닿는 몸의 부분을 잠시 인식하면서, 내쉬는 호흡마다 몸을 조금씩 더 편안하게 이완시킨다. 잠이 드는 것이 아니라 의식하는 것이 목표임을 잊지 않는다.
2. 호흡에 집중하면서, 호흡에 맞춰 복부를 부풀렸다가 가라앉힌다. 호

흡할 때마다 바뀌는 복부의 변화, 즉 복부가 어떻게 들숨에 올라오고 날숨에 내려가는지 확인한다.
3. 자신의 집중을 왼발가락 맨 끝으로 옮긴다. 발가락 하나하나에 집중하면서 어떠한 평가도 하지 않은 채로 각 발가락의 감각에 주의를 기울인다. 호흡할 때마다 왼발의 발가락까지 호흡이 닿는다고 상상한다.
4. 왼발의 바닥, 즉 발바닥과 뒤꿈치로 집중을 이동한다. 모든 감각, 특히 바닥에 닿는 뒤꿈치의 감각에 집중한다. 발에 집중하면서 계속해서 호흡에 신경을 쓴다.
5. 천천히 같은 방식으로 발바닥부터 몸을 따라 올라가면서, 각 부위에 잠시 머물러 본다(예를 들면 왼쪽 발목, 왼쪽 정강이, 왼쪽 무릎, 왼쪽 허벅지, 오른쪽 발가락, 오른쪽 발과 발목, 오른쪽 정강이, 오른쪽 무릎, 오른쪽 허벅지, 골반 주위, 엉덩이, 등 아래, 복부, 등 윗부분, 가슴, 어깨 순서). 그런 다음 손으로 돌아와서(두 손을 동시에 해도 됨) 손가락 끝에서 시작하여 엄지, 손바닥, 손등, 손목, 아래팔, 팔꿈치, 위팔, 다시 어깨, 겨드랑이, 목, 얼굴(턱, 입, 입술, 코, 뺨, 귀, 눈, 이마), 그리고 뒤통수로 이동한다. 마음이 다른 곳으로 흘러가거나 흘러갈 것 같다면, 그 마음까지 인식하면서 어떠한 평가 없이 집중한다.

근거 점진적 근육 이완과 유사하지만 긴장을 키우고 싶지 않은 경우에 좋은 대안인 이 바디스캔은 자신의 몸 전체에 세밀한 관심을 기울일 수 있다. 이를 실천함으로써 자신의 건강에 더 쉽게 감사하게 되면서 '몇 초

안에 잠들기'와 같은 비현실적 목표를 지울 수 있게 한다. 이 방법은 삶의 질을 향상시키고 우울증 재발을 예방하는 최고의 방법인 마음챙김 기반 스트레스 감소법(MBSR, Mindfulness-Based Stress Reduction)과 마음챙김 기반 인지치료(MBCT, Mindfulness-Based Cognitive Therapy)의 핵심 요소로, 스트레스에 집중됐던 마음을 따뜻함과 고요함이라는 종착지에 옮겨 놓는다. MBSR의 창시자인 존 카밧진 Jon Kabat-Zinn 박사는 바디스캔이 세포 수준에서 도움이 되는 이유가 아직 밝혀지지 않았지만, 완화 치료 분야와 극심한 통증 치료의 전문가들이 이 방법을 통해 환자들의 몸과 마음에 평안한 순간이 생기는 것을 확인했다고 설명했다.

신체 리셋
No. 20

한숨의 미학을 체험하라

상황 힘든 상황에서 감정을 느끼는 방식을 개선할 비밀스러운 방법이 필요할 때.

방법 부드럽게 입을 다물고 코로 숨을 들이마셨다가 코로 한 번 더 들이마신다. 연달아 두 번 코로 숨을 들이쉬는 것이다. 그런 다음 입으로 숨을 길게 내쉰다. 이것을 생리적 한숨이라고 하며, 이를 반복해서 하는 것이 주기적 한숨이다. 이 호흡을 2~3회 연이어 해보자. 중간에 숨 참기를 추가해도 좋다. 들이쉬고, 3~4초간 숨을 참고, 다시 숨을 들이쉬고, 잠시 참고, 그런 다음 호흡을 풀며 숨을 길게 내쉬는 것이다.

근거 한숨은 항상성을 유지하고 호흡을 조절하도록 돕는 반사 작용이다. UCLA 신경생물학과 교수인 잭 펠드먼Jack Feldman 박사는, 우리가 대략 5분에 한 번씩 자연스럽게 숨을 깊이 들이쉬고 길게 내쉬는데, 이런 한숨은 폐 건강에 매우 중요하다고 내게 말했다. 우리는 깊은 수면 중에도 스스로 한숨을 쉰다.

한숨을 의도적으로 쉼으로써 이 반사 작용의 효과를 빠르게 얻을 수 있는데, 이는 폐가 확장되어 더 많은 이산화탄소를 배출할 수 있기 때문이다(높은 이산화탄소 농도는 불안과 연관이 있다). 스탠퍼드대학교 조교수이자 신경학자이며, 한숨과 기분, 불안, 수면에 미치는 수면의 영향을 연구해온 후버만 랩Huberman Lab 팟캐스트 진행자, 앤드류 후버만Andrew Huberman 박사는 특별한 유형의 한숨인 생리적 한숨은 의도적으로 진정할 수 있는 가장 빠른 방법이라고 말했다.

생리적 한숨 내뱉기는, 불안한 상태에서 흔히 하게 되는 과호흡이나 무호흡을 재조정하는 방법 중 하나다. 과학 전문 기자이자 『호흡의 기술』 저자인 제임스 네스터는 "생리적 한숨은 플라세보 효과나 마술이 아니라, 기본 생물학"이라고 말하면서, 신경과학자에게 소개받은 한숨과 숨 참기를 결합한 방법을 선호한다. 후버먼 박사를 비롯한 스탠퍼드대학교의 연구진이 주도한 최근 연구에서, 주기적 한숨을 5분간 실천하면 긍정적 감정이 증가하고 수면 중 호흡 속도가 낮아지며, 특히 한 달간 매일 실천했을 때 그 효과가 더 크게 나타났다. 후버먼 박사는 '지나치게 각성된 기분'을 느낄 때나 잠자리에 들기 전에 이완하고자 할 때 2~3회의 한숨을 내쉰다고 말했다. 이는 우리가 하루 종일 한숨을 내쉬어야 한다는 말이 아니다. 과도한 한숨은 지나치게 많은 이산화탄소를 배출하여 과호흡 증상으로 이어질 수 있으며 공황 및 기타 불안 장애와도 연관되기 때문이다.

심리학적 효과 이상의 크고 희망적인 한숨의 메시지를 기억하자. 지금 고군분투하고 있는 문제가 무엇이든 우리는 리셋을 하게 되어 있다. 그러므로 긴장을 풀고 중심을 잡고 서게 해주는 우리의 경이로운 생리 작용을 믿어도 된다.

신체 리셋

No. 21

5초간 들이쉬고 5초간 내뱉는, 박자 호흡을 하라

상황 마음이 정신없이 질주하고, 신체와 정신 모두 조금 더 편안해지기를 원할 때.

방법 공명 호흡 또는 박자 호흡으로 불리는 이 리셋은 회복력을 향상시키는 섬세한 호흡 관련 연습이다(공황 상태에서 특정한 방식으로 호흡하는 것이 어렵게 느껴지는 사람은 음악을 듣거나 짧고 격한 운동을 하는 등, 다른 진정 활동으로 시작하다가 박자 호흡으로 나아가기를 권한다). 다음의 순서로 연습해본다.

1. 등을 곧게 세우고 어깨의 힘을 뺀 상태로 앉아, 눈을 감거나 시선을 한 곳에 고정한다. 천천히 입을 다물고 코로 호흡한다. 호흡은 부드럽게 하도록 한다(스트레스를 받으면 힘을 가하기 쉬운데, 이렇게 되면 부교감신경계 대신 교감신경계가 활성화된다).
2. 5초간 숨을 들이쉬면서 복부를 부풀린다. 도움이 된다면 숫자를 센다. 하나… 둘… 셋… 넷… 다섯.
3. 숨을 내쉰다. 코로 내쉬는 것이 가장 좋다. 5초간 숨을 내쉬면서 복부

를 수축시킨다.

4. 앞의 과정을 몇 분간 반복한다.

음성 가이드와 함께 시도해도 된다. 나는 메트로놈이나 차임벨 소리가 함께 녹음된 것을 특히 좋아한다. 요하임 놀$^{Joachim\ Nohl}$의 호흡 앱인 'Breathe'를 추천한다(해당 앱은 2025년 6월 기준으로 한국어 서비스를 제공하지 않는다 - 옮긴이).

만약 이후에도 지속되는 대처 능력을 키우고 싶다면, 공명 호흡을 하루에 15~20분까지 늘려서 연습한다. 그런 다음에는 들숨과 날숨을 5.5초에서 6초까지 늘려 본다.

근거 역사적으로 이어져 온 치유의 방법이자 명상 실천의 핵심으로, 자신의 호흡에 집중하면서 느리고 깊은 호흡을 유지하는 것은 누구든지, 정식 마음챙김 훈련을 받지 않은 사람이라도, 더 잘 대처하도록 도와준다. 구체적으로 분당 5회에서 6회의 들숨으로 호흡을 늦추면 미주신경의 활동이 증가하여 혈압이 낮아지고, 평정심과 회복력의 상승을 비롯한 여러 신체적 효과가 촉발된다. 명상 강사이자 연구자인 존 카밧진 박사는 어떤 상황에서도, "당신이 호흡하는 한, 잘못한 것보다 잘한 일이 더 많다"고 강조한다.

『호흡의 치유력(The Healing Power of the Breath)』의 공동 저자인 정신과 의사 리처드 브라운$^{Richard\ Brown}$과 패트리샤 거바그$^{Patricia\ Gerbarg}$는 PTSD를

겪는 사람을 위한 호흡 훈련 처방에 자신의 경력을 바친 사람들이다. 수십 년간 난민들에게 치료적 호흡을 가르친 브라운 박사는 "호흡은 몸과 마음의 모든 시스템을 개선하게 해준다"고 말했다. 그는 내게 "우리 사회는 뭔가 불편한 것을 위한 약이 있는 것처럼 여기게 만드는데, 자신의 시스템에 필요한 에너지를 바꾸는 도구는 본인이 가지고 있어요"라고 말했다. "호흡은 우리를 자기 자신과 연결해주고 우리가 타인과 관계를 맺는 방식을 개선해줍니다."

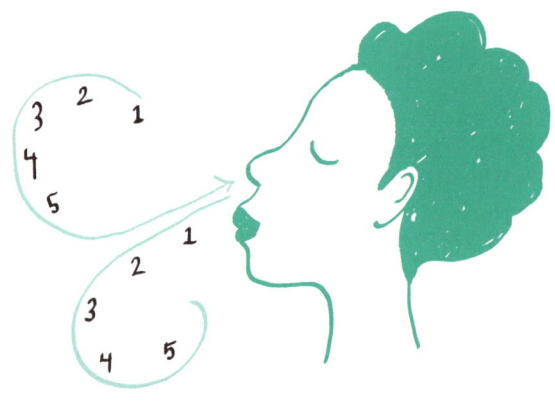

신체 리셋

No. 22 박스 호흡을 실시하라

상황 어려운 상황에서 집중과 고요함을 찾는 방법이 필요할 때.

방법 박자 호흡과 유사하지만 들숨과 날숨 사이에 숨을 참는 기법인 박스 호흡은 미 해군이 투쟁-도피 반응에서 빠르게 벗어나야 할 때 사용하는 기법이다. 4초까지 세면서 코로 들이마시고, 폐를 채우는 공기를 음미한다. 그런 다음 코와 입을 막지 않은 상태로 4초간 숨을 참는다. 4초간 천천히 숨을 내쉰 다음, 다시 4초간 호흡을 멈춘다. 이 간격을 5초, 6초, 7초까지 늘리면서 이 과정을 여러 번 반복한다. 하루에 한 번, 5분 동안 이 박스 호흡을 할 수 있을 때까지 계속 연습한다.

근거 앞에서 언급했던 것처럼 호흡을 늦추면 심박수, 혈압, 소화 등을 조절하는 자율신경계에 긍정적인 영향을 준다. 또한 정서적 상태는 물론, 생각과 감각을 느끼는 능력을 관장하는 우리 몸의 처리 센터 중추신경계도 진정된다. 과학 전문 기자인 제임스 네스터는 "우리는 과호흡을 하기 때문에 불안하고, 불안하기 때문에 과호흡을 한다"며 호흡과 감정의 연결을 강조한다. 분당 호흡수를 줄이는 호흡 기술은 충동 조절을 담당하는 뇌 영역의 활동을 증가시키는 동시에, 슬픔과 분노 등의 감정을 낮춘다. 불안을 유발하는 것을 내려놓고, 숫자를 세고 멈추는 변동적 패턴에 더 몰두하는 것이 현실적으로 더 이익인 것이다.

신체 리셋 No. 23

살짝 미소를 지어라

상황 성을 내는 대신 있는 그대로 받아들이는 능력을 즉시 향상시키고 싶을 때.

방법 먼저 얼굴과 목, 어깨의 긴장을 풀며 시작한다. 두 눈썹 사이의 긴장을 없앤다는 느낌으로 눈 주변을 풀어 준다고 상상해본다. 아주 살짝 입꼬리를 올려서 미소를 짓는다(미소를 짓다 만 것처럼 보일 수도 있다). 이렇게 하면 이마와 턱의 긴장이 풀린다. 얼굴은 카메라 앞에서 "김치!"를 외치는 표정을 짓는 것이 아니라, 편안한 이완감을 느껴야 한다. 거울을 보면서 자신의 표정을 확인해도 좋다. 눈가에 평화로운 미소가 번지는 듯이 보이게 한다. 꽉 막힌 길에 갇혀 있거나 혼자서 파티에 입장하는 순간처럼 신경이 곤두선 상황에서 이 미소 짓기 연습을 한다.

근거 살짝(희미한) 미소 짓기는 나를 포함해서 내가 아는 많은 변증법적 행동치료 치료사들이 대부분의 시간 동안 실천하려고 노력하는 기법이다. 이 리셋은 자신의 얼굴이 감정 상태에 영향을 미친다는 이론인 안면

피드백 가설을 기반으로 한다. 자신의 표정을 인식하고 입꼬리를 아주 살짝 올리면, 감정을 느끼는 방식을 개선하는 좋은 시작이 될 수 있다. 스탠퍼드 대학교의 니콜라스 콜스^{Nicholas Coles} 박사가 19개국 3,800명의 참가자를 대상으로 진행한 연구에서, 행복하게 보이기 위해 얼굴 표정을 고친 사람들이 긍정적인 감정을 더 자주, 더 강하게 느낀다는 결과를 얻었다.

살짝 미소 짓기는 가짜 미소를 짓는 것이 아님을 기억하자. 타인에게 억지로 동의하는 방법이 아니라 자기 자신을 위한 것이다. 그러나 부루퉁한 표정을 살짝 미소로 풀어내는 것만으로 타인에게도 편안함이 전달될 수 있다. 외로움으로 힘들어하던 80대 내담자 한 분은 살짝 미소 짓기가 자신의 삶을 빠르게 향상시켜 놀랐다고 내게 말했다. 뉴욕의 같은 아파트에서 수십 년을 살았던 그녀는 이 리셋을 통해 오랫동안 봐 왔지만 단 한 번도 말을 나눴던 적이 없던 이웃들과 왕래할 수 있게 되었다.

신체 리셋
No. 24

다리를 벽에 대고 올려라

상황 신체적 혹은 정신적 짐을 잠시 내려 놓을 필요가 있을 때.

방법 머리 아래에 베개를 두거나 베개 없이 등을 바닥에 대고 누운 상태에서 엉덩이를 벽 쪽으로 조금씩 움직여 가며 최대한 직각이 되도록 다리를 벽에 대고 세운다. 몸을 L자 형태에 가깝게 만들되, 무릎은 편안한 상태로 둔다. 팔은 어디에 둬도 상관없으며, 한 손은 가슴 위에, 다른 손은 배 위에 두거나 두 팔을 자연스럽게 뻗어 T자가 되게 해도 된다. 편안한 자세를 찾은 후, 그 자세를 몇 분간 유지한다(이완에 도움이 된다면 음악을 틀어도 된다). 천천히 한쪽으로 몸을 굴리며 앉은 자세로 돌아와 잠시 편안하게 앉아 있다가 하던 일로 돌아간다. 더 진정되는 느낌이 필요하다면, 호흡도 늦춘다('2부의 신체 리셋 21' 참고).

근거 하루 종일 서 있거나 앉아 있는 자세는 혈액 순환에 영향을 미친다. 연구에 따르면, 두 다리를 머리보다 높게 두는 자세는 심박수를 낮추고 혈액 순환을 개선한다(비조절 고혈압이 있다면 이 방법을 시도하기 전에 의사와 상의할 것). 요가 수련을 해봤다면, 다리를 상체보다 높이 두는 역전 자세가 허리 통증을 완화시킴을 잘 알 것이다. 이 자세는 호흡이 느려지도록 유도하여 몸의 회복을 더 잘 느끼게 하며, 더 나은 결정을 하는 데도 도움이 되는 것으로 알려졌다. 나는 이 연습이 무언가를 더 하는 것이 아니라 덜 하도록 만들 뿐만 아니라, 시선을 위로 향하게 한다는 점이 마음에 든다. 또 하나의 강점은 낮잠의 유혹에 빠지지 않고 이완하도록 해준다는 점이다.

신체 리셋

No. 25 시야를 넓혀라

상황   '걱정을 멈추자'고 자신을 설득해도 효과가 없을 때(원래 효과가 없는 것이 정상이다). 불편한 정치적 견해를 드러내는 가족과의 식사처럼, 꽉 막힌 느낌이 드는 어려운 상황에서도 사용할 수 있다.

방법   시야를 넓혀 지금 있는 공간의 전체 광경을 바라본다. 머리까지 움직일 필요는 없다. 세 가지 물건, 세 가지 소리, 세 가지 감각을 인식함으로써 자신의 주위를 넓히는 시도를 해볼 수도 있다. 한 번에 하나씩, 각각의 물건, 소리, 혹은 보고 듣고 느끼는 감각에 집중해본다. 이것은 창의력 테스트가 아님을 기억하자. 조용한 공간에 있어서 유일하게 들리는 소음이 자신의 숨소리 뿐이라도 괜찮다. 급히 서두르거나 감각을 찾으려 애쓰지 말고, 감각이 다가오기를 기다린다.

근거   스트레스를 받아 압도당한 상태가 되면, 우리의 동공은 확장되고 시야가 좁아져(투쟁-도피 반응의 일부다) 옴짝달싹 못하는 상태로 이어진다. 눈의 초점 방식을 바꿔서 글자 그대로 시야를 넓히고 다시 주의 집중을 훈련하면 스트레스 반응을 완화할 수 있다. 또한 멀리 떨어진 물체에 시선을 집중하면 스트레스를 유발하는 다중 작업에 대응하는 데 도움이 되고, 문제 상황 밖으로 주의를 옮기고 더 넓고 좋은 시각을 택하는 법을 배우면 부정적인 자기 집중에서 자유로워진다. 너무나 많은 사람들이 힘든 시간을 거치는 동안에 자신에게 억지 감사를 하려고 하는데, 내담자들은 감각이 이끄는 대로 두면 진정한 경이로움과 감사함을 더 크게 받아들이게 된다고 말한다.

신체 리셋

No. 26 몸을 터치해서 편안함을 얻어라

상황 그저 포옹의 순간이 필요할 때.

방법 깊은 호흡을 몇 회 하면서 자신이 들이마시는 따뜻한 공기와 무릎 위에 놓인 두 손의 압력에 집중한다. 그런 다음 20초 동안 자신의 오른손을 왼쪽 가슴, 심장 바로 위에 두고, 왼손은 배 위에 둔다.

근거 살과 살을 맞대는 피부 접촉은 본능적인 깊은 편안함의 원천이다. 잦은 포옹은 혈압, 심박수, 코르티솔 수치를 낮추고 면역력을 높인다. 당신을 안아 줄 누군가가 주변에 있다면, 부끄러워하지 말고 안아 달라고 요청하자(원치 않는 조언보다 낫다). 이게 힘들다면 몸을 터치하는 것도 비슷한 효과가 있다. 한 연구에서 참가자들에게 짧은 연설을 하게 하거나 2,043부터 17씩 거꾸로 세기와 같이 스트레스를 유발하는 과제를 주고, 그다음 연구 보조원에게 포옹을 받거나, 손을 가슴에 얹거나, 종이비행기를 접도록 했다. 그랬더니 포옹을 받은 사람과 가슴에 손을 얹은(위험 없이 항상 가능한 자기 자비 행위) 사람은 코르티솔 수치가 빠르게 감소했다.

행동 리셋

No. 27

STOP, 그냥 멈춰라

상황 자신의 감정이 삶과 행동을 쥐고 흔드는 것처럼 느껴질 때.

방법 더 나아질 기회를 놓치고 스트레스를 받게 될 이전의 패턴으로 되돌아가는 대신, STOP 기법을 사용해 잠시 멈추고 감정을 전환한다. 멈추고 다음 단계를 천천히 떠올린다[STOP의 각 내용을 쉽게 기억하려면 '숨도살평(숨도 살펴봐 평안하게)를 떠올리자' - 옮긴이].

Slow down: 숨 고르기
Take a step back: 돌아보기
Observe: 살펴보기
Proceed mindfully: 평안하게 진행하기

포스트잇에 STOP을 적어서 눈길이 자주 가는 곳에 붙여 두자. 혹은 STOP이 적힌 작은 열쇠고리나 귀여운 스티커를 구해서, 뭔가 맞지 않는 말을 하거나 몇 시간씩 미루는 등의 자기 파괴적이고 충동적인 행동을 줄이도록 한다.

근거 머리와 몸이 시속 200km로 질주할 때는 피해 대책을 세울 여유가 없다. 그럴 때는 감정이 이끄는 충동대로 행동하면서 상황이 더 악화되는 일을 막도록 STOP을 실천하라고 자신을 정중하게 부추겨야 한다.

멈출 수 없다고 많은 사람들이 말하지만, 믿는 것보다 파악하는 것이 낫다. 실제로 대부분의 사람들이 연습을 통해 멈춤이 가능하다는 것을 알게 된다. 하면 할수록 조절하는 능력이 강화되며, 덤으로 좀 더 건강한 습관까지 늘어난다. 놀랍게도 한 영역에서 키운 자기통제의 영향은 삶의 다른 영역으로 퍼져 나간다.

만약 STOP이 저항감만 자극할 뿐이라면, RESPECT처럼 뭔가 조금 더 자신에게 매력적으로 다가오는 단어로 바꿔도 좋다. 미국 가수 아레사 프랭클린의 노래[〈RESPECT〉는 자신을 존중(respect)해달라고 애인에게 이야기하는 내용이지만, 여성의 주체성과 권리, 인종 차별 메시지를 담으며 시대를 반영했다. 비슷한 내용의 국내 가요로 BTS의 〈Answer: Love Myself〉나 자우림의 〈하하하쏭〉를 추천한다 - 옮긴이]에 맞춰서 R-E-S-P-E-C-T를 따라 외치면 궁극적으로 자신을 자유롭게 해주는 것은 자기존중(self-respect)임을 기억하게 될 것이다.

행동 리셋

No. 28 충동의 파도 위에서 서핑을 즐겨라

상황 모든 것을 집어 삼키는, 해로운 유혹에서 벗어나고 싶을 때.

방법 스트레스를 받는 상태에서는, 충동이 시키는 대로 하지 않으면 그 충동이 영원히 지속될 것처럼 느껴지면서 의지가 소진될 때가 있다. 혈당 수치가 좋아지기를 기대하면서 또다시 아이스크림 한 통을 사러 나가는 행동이든, 반복적으로 SNS를 확인하는 행동이든, 나중에 죄책감이 들 행동을 해버리고 싶은 마음이든, 자신에게 들러붙어 괴롭히는 모든 충동에 올라타면 고군분투를 줄이는 데 도움이 된다. 이 충동 서핑 기법(urge surfing)은 물질 사용으로 고생해 온 사람들의 재발을 막는 데도 사용된다. 다음과 같이 해보자.

▶ 충동이 일어나는 순간 자신의 생각, 신체의 감각, 충동의 강도 등 자신의 충동을 관찰한 다음 자세하게 묘사한다.

▶ 자신을 유혹하는 것에 과도하게 집중하지 않고 관심을 다른 곳으로 돌리면, 그 충동을 계속 올라가기만 하는 언덕(189페이지 그림 B)이 아니라 높아졌다 곧 가라

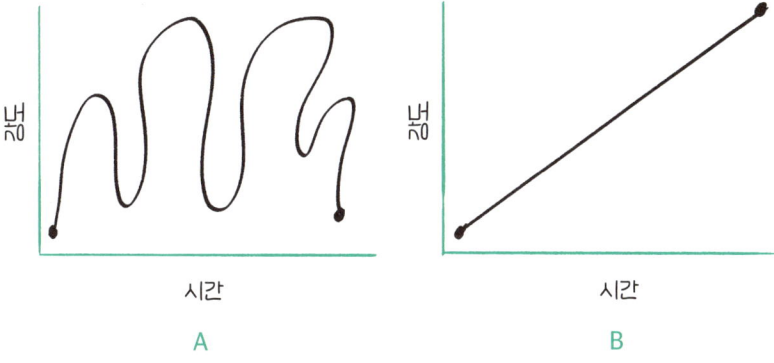

앉는 파도(189페이지 그림 A)로 바꿀 수 있음을 알게 된다.
▶ 우리가 반드시 충동을 따라야 하는 것이 아님을 기억하자. 충동은 생겼다가 사그라든다. 충동에 저절로 빠지거나 평가하기보다, 있는 그대로 받아들이고 한 걸음 물러서서 바라보면서 자신의 충동을 타고 넘는 '파도타기'를 하면 된다.
▶ 지루함이 충동에 불을 지피거나 자신의 유혹에 계속해서 과도한 집중을 하고 있을 때가 있다. 그때는 좋아하는 드라마 한 편을 보거나 몰입도 있는 책을 파고들거나 산책하러 가는 등 자신이 좋아하는 더 건강한 활동으로 돌아간다.

근거 해악 감소 및 중독 전문가인 심리학자 앨런 말라트[Allan Marlatt] 박사가 개발한 충동 서핑 기법은 욕구의 불편함을 낮추는 방법이다. 생각, 신체 감각, 감정을 순간적인 것으로 받아들이는 것과 비슷하게, 유혹을 의식적인 자각으로 다스리고 이것 역시 순간적인 것임을 깨닫게 되면, 대처 능력이 향상된다. 퍼시픽대학의 조교수인 심리학자 사라 보웬[Sarah

Bowen의 주도로 진행된 한 연구를 보자. 입에 담배를 무는 행동 등 유혹을 촉발하는 다양한 자극을 받았지만 자신의 생각, 감정, 충동을 평가하거나 고치려 하지 않으면서 세심한 주의를 기울인 흡연자는, 일주일이 지난 후에 비슷한 횟수의 충동이 있었음에도 불구하고 통제 그룹보다 담배를 매우 적게 피웠다. 고작 11분의 충동 서핑 훈련 후에 진행된 것이었다. 이 리셋을 꾸준히 실천하면 자기 자신을 고갈시키지 않으면서, 욕구에 대응하는 방법을 스스로 선택할 수 있게 된다.

행동 리셋

No. 29

산책을 하라

상황 반추에 사로잡혔거나 벗어날 수 없는 느낌이 들 때.

방법 스트레스를 주는 문제를 집에 두고 나오기로 결정하면서 정신적 준비를 한다. 산책을 나가는 것이 아니라 산책의 행위에 온전히 집중하는 것이 목표다. 괜찮다면 스마트폰도 집에 둔 채로 최소한 10분을 빠르게 걷는다. 자연을 볼 수 있는 상황이라면 금상첨화다.

근거 경험을 통해 이미 알겠지만 산책, 자연에서 시간 보내기, 현재에 집중하기는 모두 우리의 힘을 향상시킨다. 이 세 가지의 조합이 자신의 안녕감을 위한 정말 좋은 투자가 되는 것이다. fMRI 뇌 영상 연구 결과, 60분간 자연 속에서 산책을 한 사람은 감정 반응을 담당하는 뇌의 영역인 편도체의 활동이 감소했다. 하지만 단 10분이라도 에너지를 쏟는다면 산책도 효과가 있다. 자연에 머물게 되면 긍정 정서에도 연결이 되어 반추가 줄어든다. '지금은 잠시도 쉴 시간이 없어'라고 생각하기 쉽지만, 자연에서의 주의 집중과 변화는 우리를 답답함에서 해방시킨다. 또한 연구 결과가 보여 주듯 산책으로 좀 더 명확하고 창의적인 사고를 할 수 있게 해준다. 온전히 산책에 집중해 음미하다 보면, 인생에는 자신이 사로잡혀 있는 것보다 훨씬 더 많은 것이 있음을 깨닫게 될 것이다. 11분간의 짧은 산책으로 사망 위험이 현저히 낮아진다는 것은 196편 이상의 연구 결과로도 증명되었다.

행동 리셋

No. 30

DJ가 되어서
무중력 상태에 몰입하라

상황 불안하거나, 통증이 느껴지거나, 기분을 끌어올리고 싶을 때.

방법 자신의 감정과 그 강도(세기)를 명명하는 것부터 시작한다. 그런 다음 평온한 감정을 유도하기 위해 특별히 제작된 마르코니 유니온^{Marconi Union}의 잔잔한 음악, 〈Weightless〉를 튼다. 타이머를 5분으로 맞추고 그 음악에 완전히 몰입한다. 이 음악을 좋아하는지, 혹은 이 리셋이 효과가 있는지 평가하기 시작한다면, 그런 판단은 타이머가 울린 후로 미룰 수 있음을 기억하자. 그저 조금 더 음악 듣기에 마음을 모은다. 음악을 다 듣고 난 후 자신의 감정과 그 세기를 다시 평가한다.

마지막으로 스트레스를 받을 때는 긴장을 풀어 주는 음악, 아침에 몸을 일으키기 힘들 때는 조금 더 힘이 나는 음악 등 자신의 기분에 맞는 곡들을 골라서 자신만을 위한 플레이리스트를 만들어 본다. 내 내담자 중에는 모임에 나갈 준비를 하다가 외모에 자신이 없을 때면 리조^{Lizzo}(미국 출신 여성 가수로, 자기애, 자신감, 긍정적인 에너지를 강조하는 내용의 음악으로 유명하며, 특히 자존감을 높이고 자신 있는 그대로 사랑하자는 메시지가 많다 – 옮긴이)의 음악을 듣는 사람이 있다. 식상해지지 않도록 자신의 플레이리스트를 정기적으로 업데이트하자. 좋아하는 음악을 고르는 행위 안에도, 그리고 그 자체에도 즐거움이 있다.

근거 음악이 우리의 기분에 엄청난 영향을 미친다는 것은 과학적으로 입증된 사실이다. 펜실베이니아대학교에서 진행된 한 연구에서 말초신경차단술을 앞둔 환자들을 두 그룹으로 나눠, 한 그룹은 마르코니 유니온의 〈Weightless〉를 듣게 하고, 다른 그룹은 진정하기 위해 벤조디아제핀을 복용하도록 했다. 놀랍게도 환자의 초조함을 완화하는 데 고요한 음악 감상이 약을 복용하는 것과 거의 같은 효과가 있었다. 어떠한 부작용도 없이 말이다. 비나 그라프$^{Veena\ Graff}$ 박사는 내게 〈Weightless〉가 현존하는 최고의 긴장 완화 음악이라고 내게 말했다. 이 연구를 지휘했던 그라프 박사는 마르코니 유니온이 이 곡의 효과를 최대로 높이기 위해서 음향 치료사들과 협업했다고 설명했다. 자원봉사자들을 대상으로 실험했을 때도 음악을 듣는 동안 혈압과 심박수가 낮아졌다고 말했다. 〈Weightless〉의 완화 효과가 매우 크기 때문에 전문가들은 운전 중에 이 곡을 듣는 것을 권장하지 않는다!

그러나 모든 음악이 모든 상황에서 효과를 발휘하는 것은 아니다. 기분이 가라앉은 상태에서 그 기분에 맞는 음악을 들으면(예: 가슴이 찢어지는 이별 발라드), 활기찬 음악을 듣는 것만큼 기분 전환이 되지 않는다. 음악을 통해 감정을 유도하는 방식을 관찰한 연구에서, 느린 박자에 단조로 된

슬픈 음악을 3분간 듣거나 빠른 박자에 장조로 된 밝은 음악을 들으면 각각의 감정이 생기는 것으로 나타났다. 또 다른 연구에서는 자신을 '자신감이 없고 자기비판적'이라고 묘사한 사람들이 밝은 음악을 듣고 난 후에 자신을 더 긍정적으로 느꼈다고 보고했다.

음악은 신체 및 정서적 증상도 개선시키는 것으로 밝혀졌다. 이에 대해서는 신경학자이자 작가인 올리버 색스^{Oliver Sacks}가 가장 멋지게 풀어낸다. "음악은 우리를 우울에서 건져 내기도 하고 눈물을 떨구게도 하는, 치료제이자 강장제이자 귀로 마시는 오렌지 주스다."

행동 리셋 No.

31 희망 구급상자를 만들어라

상황 부정적인 생각에 몰두하고 있거나, 다룰 수 있는 자신의 능력에 의문을 갖고 있거나, 자신의 삶 혹은 세상에 대해 절망감을 느끼고 있을 때.

방법 희망을 주는 사진, 마음을 움직이는 명언,[2] 감동적인 플레이리스트, 사려 깊은 카드나 메시지 등 자신을 희망과 기쁨으로 채워 주는 것을 모은다면 무엇을 담을지 생각해본다. 이제 직접 정리해보자! 새로운 수업 등록하기, 5km 달리기 훈련하기, 밤하늘 바라보기, 퍼즐 맞추기, 좋아하는 웃긴 영상 보기 등, 희망을 채워 주거나 시각의 변화를 자극하는 활동 목록을 만들어도 좋다.

이러한 물건, 사진, 기념품과 활동 목록을 한데 모아 손이 닿는 곳에 둔다. 희망적인 무언가 필요할 때마다 이 컬렉션과 시간을 보내거나 목록에 있는 활동을 시도해본다. '이게 다 무슨 소용이람?' 등의 부정적인 생

---

[2] 최근 다시 읽은 문구: "나는 말을 할 수도, 걸을 수도, 팔을 들 수도 없지만 여전히 선을 위해 싸울 수 있다. 나는 이것을 '불가능은 없다'의 증거라고 부른다."_루게릭 환자 권익 운동가, 브라이언 월러크(Brian Wallach)의 트윗(현재는 X)에서 인용

각이 떠오른다면, 그냥 흘려보내라. 이 컬렉션에 새로운 물건이나 아이디어를 자유롭게 계속 추가한다. 거기다 희망적인 감정을 만들어 내는 무언가를 살펴보는 행위 자체가 희망을 키운다.

휴대용 희망 구급상자를 만들 수도 있다. 이를테면 좋아하는 사진으로 만든 슬라이드쇼, 북마크해둔 영상 클립, 격려 문구로 채운 휴대폰 메모장을 만들어 보는 것이다. 앱 사용을 선호하는 사람이라면, 실험을 통해 입증된 'Virtual Hope Box' 앱을 다운로드한다. 이 앱에는 연구를 통해 대처, 이완, 주의 분산을 활성화하는 것으로 증명된 개인 설정 도구가 담겨있다('Virtual Hope Box'는 2025년 6월 기준으로 한국어 서비스를 제공하지 않는다 - 옮긴이).

근거 희망 구급상자는 절망감을 대비하는 것으로 생각하면 된다. 간호와 삶의 질을 연구하는 캐나다 앨버타대학의 교수이자 연구자, 웬디 더글비(Wendy Duggleby) 박사는 희망 구급상자 만들기를 통해 말기 암 환자의 낙관적 시각이 상당히 높아지는 것을 발견했다. 미국 국방부의 심리학자이자 연구자인 나이절 부시(Nigel Bush) 박사의 연구에서도 우울과 자살 충동으로 정신 건강 치료를 받고 있는 참전 용사들이 'Virtual Hope Box' 앱을 사용하면서 불쾌한 감정과 생각을 다루는 능력이 통제 집단에 비해 상당히 향상했음을 보고했다.

절망감과 싸우는 중에는 '모 아니면 도'라는 식으로 생각이 흐르기 쉽다. 실은 할 수 있는 가능성이 충분히 있음에도, 절대로 자신이 정했던 일정대로 목표를 달성할 수 없을 거라고 예상하게 된다. 당신에게 보여 주는 능력이 일정하지 않은 사람을 두고, 그 사람이 항상 당신을 실망시킨다고 단정 지을 수도 있다. 하지만 소중한 사람과의 경험을 떠올리면 그 순간의 고민보다 훨씬 중요한 것이 있음을 깨닫게 된다. 나는 돌아가신 조부모님이 갓난아기였던 나와 찍은 사진과 아장아장 걷던 시절의 나를 안고 있는 사진을 책상 위 작은 액자에 넣어 두고 보면서, 사랑받기 위해 완벽해야 하거나 무언가를 성취해야 할 필요가 없다는 사실을 되새기고는 한다. 또 컴퓨터 옆에는 마라톤 완주 메달을 걸어 두고서, 작은 단계들을 밟아 나가다 보면 중요한 것에 다다를 수 있다는 것을 떠올리고는 한다. 그게 불가능하게 느껴질 때도 말이다.

행동 리셋

No.
32 기꺼이 하는 태도를 길러라

상황 욕설을 중얼거리거나 큰 소리로 내뱉을 때, 좌절감을 느끼거나 고집을 부리고 있을 때, 꾸물거리거나 그 반대로 완벽을 추구하느라 지나치게 일하거나 지배적으로 굴 때.

방법 지금 이 순간에 해야 할 일을 하기 위해, 특히 하고 싶은 마음이 들지 않을 때, 몸과 마음을 하나로 모으는 '기꺼이 하기'를 쓴다. 마트에서 일을 하고 있는 중에 한 고객이 파스타 소스병을 떨어뜨려서 소스가 온 사방으로 튀었다고 상상해보자. 그것만으로도 충분히 골치가 아픈 일인데, 그 고객이 당신에게 그 난장판을 치우라고 한다. 자신의 목표에 맞는 행동을 하려면, 어떻게 해결하겠는가? 다른 누군가가 미끄러지고 넘어지는 사고를 막으려는 생각으로 기꺼이 치우려는 행동을 한다면, 화를 내며 남은 오후를 보내는 것보다 훨씬 더 수월하게 지낼 수 있을 것이다.

　융통성 없이 비효율적으로 고집을 부렸던 순간과 기꺼이 하려는 마음을 먹었던 순간을 떠올려 본다. 두 경우에 어떤 차이가 있었는가? 당신 역시 나(혹은 나의 내담자들)와 같다면, 아무리 고집부리는 행동이 자연스러운 상황이라 해도 '기꺼이 하기'를 선택하는 것이 분명 자기 자신을 더 뿌듯하게 만들 것이다.

　일상을 살아가면서 자신이 고집 피우는 순간을 파악한다. 고집을 부리고 있음을 인정한 다음, 그 옹졸한 고집을 내려놓고 그 순간을 열린 마음으로 포용한다. 한 걸음 물러서서 자신이 처한 상황을 보고, 고집 대신 의지를 품었다면 무엇을 했을까 자문한다. 그리고 그 행동을 실천에 옮긴다. 만약 지금 당장은 마음을 연 상태라고 할 수 없다면, 우선은 머릿속으로 그려 보는 것부터 시작하면 된다.

근거　우리는 모두 정신적 혹은 현실의 난장판을 해결해야 하는 상황을 마주한다. 그러나 그 사건을 흐름에 맡길지, 아니면 저항하고 부러져 자신이 진정으로 원하는 결과를 얻을 기회를 잃을 것인지의 선택권은 우리에게 있다. 유연하게 행동하는 것은 자신의 감정을 억누른다는 의미가 아니다. 어떤 행동이 자신의 마음에 평화를 이루고 자신의 목표에 도달하도록 돕는지 깨닫는 것이다. 자신은 그럴 수 있는 사람이 아니라고 생각하고 있다면, '기꺼이 하기'가 배울 수 있는 기술임을 잊지 말자. 이는 변증법적 행동치료에서 '고통 감내'를 발전시키기 위해 가르치는 기술이며, 고군분투의 시간에 대처하는 데 쓸 수 있다.

행동 리셋 No. 33

메시지 수신을 잠시 멈춰라

상황 집중을 하지 못하고, 여러 가지 일에 끌려다니는 느낌이며, 스트레스가 자신에게 중요한 사람과의 관계까지 망치고 있거나 혼자 쉬는 시간을 침범할 때.

방법 메시지를 주고받는 디지털 플랫폼에서 벗어나서 현재에 조금 더 충실히 머무는 시간, 즉 개인적 문자나 회사 이메일에 당장 답장을 하지 않아도 되는 시간을 구체적으로 정한다(예: 업무 시간이 끝난 후에 긴장을 풀고 있는 때, 혹은 방해 없이 업무에 깊이 집중하고 싶을 때). 이 시간에는 스마트폰과 다른 기기 모두 눈에 보이지 않고 손에도 닿지 않는 곳에 두고 이메일도 로그아웃한다. 곧바로 연락이 되지 않는 것이 불안하다면, 자신의 두려움을 정확히 파악하는 시간을 갖는다. 뒤처지게 될 것을 걱정하는 것인가, 받은 이메일 목록을 직접 봐야 하는 것인가, 아니면 사생활에서 소외될까 걱정하는 것인가? 이런 걱정들을 그대로 두었다가, 정해두었던 시간이 되면 실제로 무슨 일이 일어났는지 확인한다.

더 확실한 최대의 효과를 얻고 싶다면, 정해진 시간에만 메시지를 확인하는 것도 고려한다. 미리 정해둔 시간에 이메일을 확인하는 것이 아무 때나 들여다보는 것보다 스트레스를 덜 유발한다는 연구 결과도 있다. 많은 이메일을 주고받는 대신 간단히 통화를 하는 등, 불필요한 소통을 최소화하는 방법을 찾아볼 수도 있다.

 즉시 답장하지 않는 사람으로 평가받을까 두렵다면, 자신의 계획을 사람들과 공유하여 회신 시간을 예상할 수 있게 한다. 당신이 하루 종일 찔끔 찔끔 소식을 알리는 번잡함보다 직접 대화하는 것을 선호한다고 주변에 알리는 것도 방법이다. 필요가 생길 때마다 자신의 목표를 다시 들여다보며 세밀하게 조율하는 것을 잊지 않는다.

근거 디지털 기기를 움켜쥔 상태로 모든 걸 알고 있으며 즉시 답장하는 것이 작업을 완료하는 데 도움이 된다고 생각하지만, 항상 '온라인 상태'에 있으면 자신의 에너지를 소진하게 만들 뿐만 아니라 인간관계에도 큰 피해를 준다. 나는 우리가 다른 사람과 함께하는 동안에도 쓸데없는 메시지에 답장하는 것을 당연하게 여기게 된 점을 가슴 아프게 생각한다. 이런 행동은 너무나 많은 사람이 경험하는 외로움과 단절감을 영속시킬 뿐이다. 식사 중에 스마트폰을 사용하지 않고 테이블 위에 두는 것만으로도 즐거움이 줄어들고 상호작용의 집중도가 떨어진다는 연구 결과가 있다. 이보다 더 나쁜 점은, 스마트폰을 눈에 보이는 곳에 두면 인지 능력과 집중력이 방해를 받는 '두뇌 고갈'을 일으킨다는 사실이다.

 하루 24시간 일주일 내내 대기 상태인 것처럼 행동하면 자신도 그런 것처럼 느끼게 된다. 불안이 생길 뿐만 아니라 비효율적이 된다. 이것은 끊임없이 밀려드는 메시지에 바로바로 답을 하다 보면 가장 중요한 업무에서 벗어나게 되어 있기 때문이다. 나의 경험상, 수신함을 처리하는 것보다 메시지에 즉시 답하는 것이 메시지를 계속 쌓이게 만드는 길이다.

대부분 사람이 경험하듯, 이메일 과부하 또는 수신함이 통제 범위를 벗어나 버거워지면 자각된 스트레스의 원인이 된다. 연구 결과 우리는 하루에 이메일을 74회 확인하고 10분마다 작업을 바꾸는 것으로 나타났는데, 이는 '시간 부스러기'를 만들어 낸다('시간 부스러기/time confetti'는 작가 브리짓 슐트가 우리 삶에서 의미 있게 만들 수 있는 순간들을 무의미한 조각으로 갈아 버린다는 의미로 만들어 낸 조어다). 나는 개인적으로 종종 문자 메시지가 이메일만큼 방해한다고 생각하기 때문에, 정해둔 시간에만 문자를 확인하는 것을 목표로 하고 있다.

하루의 끝에, 우리 모두는 우리가 중요한 존재임을 인정받고 안심하기를 원한다. 그렇다면 그 선물을 타인에게 주면 어떨까? 아이러니하게도 우리에겐 디지털 기기의 방해를 거부하기란 쉬운 일이 아니다. 그러나 우리의 사회적 유대감은 스트레스를 완화하는 반면에 디지털 기기는 스트레스를 유발하므로, 잠시 멈춰서 타인과 함께 현재를 온전히 누리면 갑절의 이익이 된다. 습관을 바꾸는 것이 노력할 만한 가치가 있을지 의심이 든다면, 다음을 보자. 대학생들에게 일주일간 스마트폰 사용을 금지하거나 줄이도록 했던 연구진은, 학생들이 실제로 스마트폰의 사용을 줄일 수 있다는 사실을 알게 되었다. 그리고 그 결과 습관을 바꾸지 않은 통제 집단과 비교해서, 두 그룹 모두 더 높은 삶의 만족도와 신체 활동을 보여 주었다. 또한 불안과 우울의 증상이 줄어들었으며, 그 효과가 몇 개월간 지속되었다.

행동 리셋 No. 34 소셜미디어를 끊어라

상황 버거운 상태에서 하루에 시간이 더 필요하다 느낄 때. 슬픔, 외로움, 혹은 질투에 사로잡혀서 기분 전환이 필요할 때.

방법 먼저 자신의 행동과학자가 되어, 소셜미디어 화면을 뒤적거리기 전의 생각과 감정을 추적한다. 지루한가? 초조한가? 피곤한가? 소셜미디어 구경이 끝나면, 자신이 어떤 생각을 하고 있고 어떤 감정을 느끼고 있는지 주목한다. 녹초가 되었나? 짜증스러운가? 안정감을 느끼지 못하는가? 질투심이 치솟는가?

이번에는 자신의 소셜미디어 습관에 대한 장점과 단점을 폭넓게 되짚어 본다. 명확한 장점(예: 오래된 친구들과 더욱 연결된 느낌)과 단점[예: 일주일에 10시간이나 허비하고 FOMO(Fear Of Missing Out, 뒤처지는 것에 대한 두려움)를 경험함]을 파악하고 나면, '일주일에 3명에게 전화, 문자, 또는 이메일 보내기'와 같이 목표에 도달하는 더 나은 방법이 떠오른다.

현실적인 절제 목표를 세운다. 예를 들면 하루 혹은 일주일 동안 모든 디지털 플랫폼의 사용을 멈추고 그 느낌을 확인하는 것이다. 소셜미디어 사용에 시간 제한을 두는 방법도 있다(예: 퇴근 후 하루에 30분만). 몇 가지 옵션을 시험해보고 가장 적절하다고 여겨지는 방법을 찾는다.

　잠시 쉬는 것이 목표라면, 유혹을 줄이기 위해서 휴대용 기기의 앱을 삭제하는 것도 생각해보자. 저녁 식사 시간이나 퇴근 후에 사랑하는 사람과의 시간을 제대로 보낼 수 있도록 스마트폰과 컴퓨터에서 인터넷 접속을 막는 프로그램을 써볼 수도 있고, 디지털 기기를 보관하는 시한자물쇠 금고 구입을 고려해봐도 좋다. 이렇게 극단적인 방법을 시도하는 것이 멍청해 보일 수 있으나, 내가 아는 가장 생산적인 사람들은 집중력을 위해서 이런 도구의 힘을 이용한다.

　마지막으로 독서나 친구와의 통화와 같이, 조금 더 보람 있게 느껴지는 짧은 휴식이 필요할 때 시도할 수 있는 활동을 생각해둔다.

근거　습관이 자신에게 미치는 영향을 주기적으로 검토하면, 삶이 풍요롭게 변화한다. 특히 다른 누군가를 좇기 위해 자신의 삶에서 도피하는 습관이 있다면, 그에 대한 효과는 말할 필요도 없다. 모든 사람이 완벽한 인생을 누리는 것처럼 보이게 만드는 허상을 바라보는 것은 자신에게 하는 가장 잔인한 고문일 수 있다. 많은 사람들이 알고 있듯이, 소셜미디어는 스트레스를 만드는 비교를 유도한다. 완벽해지기 위해 더 많이 사거나 더 많은 일을 하게 만드는데, 이것은 우리가 긴장을 풀어야 할 때 경험해야 하는 만족감과 정반대의 것이다. 소셜미디어 일주일 끊기로 우울과 불안이 감소하고 안녕감이 증가한다는 연구 결과에 수긍이 가는 이유도

이 때문이다. 거기에 더해 우리가 아낄 수 있는 시간을 생각해보자. 우리는 하루 평균 147분을 소셜미디어에 쓰는데, 일주일이면 17.25시간, 한 달이면 무려 70시간에 가까운 시간이다(자신을 비난하지 말자. 우리의 의지를 무너뜨리고 그 안에 묶어 두는 범인은 우리 자신이 아니라 알고리즘이다)! 이 시간을 자신의 기쁨에 더 투자하는 것이 옳지 않겠는가?

행동 리셋 No. 35

취침 시간을 고정하라

상황 잠자리에 드는 시간을 미루고 있을 때. 스트레스를 받아서 일을 더 많이 끝내 놓으려 하거나, 너무 빡빡한 하루를 보냈던 탓에 자신만의 시간을 가지려 하거나(이런 것을 보복성 취침 지연이라고 한다), 스마트폰을 뒤적거리거나, 좋아하는 드라마를 몰아서 보거나, 심지어는 잠이 안 올까봐 걱정하는 등의 이유로 취침 시간을 미룰 때.

방법 수면의 질에 영향을 미치는 요인을 잠시 생각해본다(예: 잠자리에서 스마트폰을 들여다보거나 침대에 둠, 늦게까지 TV를 시청함, 너무 늦은 오후에 카페인을 들이킴, 저녁 식사 중 와인을 마심). 그런 다음 이런 행동을 줄이기 위해 실천할 수 있는 방법을 확인한다(예: 스마트폰을 옷장 안에 둠, 저녁 9시 이전에 드라마 딱 한 편만 시청함). 최적의 수면 시간을 확보하기 위해서 잠자리에 들어 불을 끄는 시간을 생각해둔다(일반적으로 대부분의 성인들은 7시간에서 9시간의 수면 시간이 필요하다). 잠자리에 들 준비를 하고 긴장을 푸는 데 걸리는 시간을 계산한 다음, 그 시간도 추가한다. 알람을 맞춰두면 잠자리에 들기 전 루틴에 필요한 충분한 시간을 확보할 수 있다. 계획을 지키기에 어려움이 있다면, 득과 실을 목록으로 작성해보거나(2부의 마음 리셋 08) 기꺼이 하기 리셋(2부의 행동 리셋 32)을 실천한다.

근거 스트레스와 수면 부족은 최악의 조합이다. 아사 직전인 상태에서 장을 보러 가거나 이미 알딸딸한 상태에서 한 잔 더 마시는 유혹을 뿌리치지 못하는 것과 같다. 마찬가지로 하루의 끝에서는 냉철한 사고를 하지 못하기 때문에, 이성적인 수면을 지키기가 어려울 수 있다. 펜실베이니아대학교 행동수면의학 프로그램을 맡고 있는 마이클 펄리스Michael perlis 박사의 표현대로, 이성이 잠들었을 때 신체가 깨어 있는 것이 문제인 것이다. 아침에 일어나서 반드시 운동을 하겠다고 운동복을 미리 꺼내두는 것이 효과가 있는 것처럼, 정신적으로 준비를 하고 이를 미리 지키려 하는 것이 도움이 된다.

이러한 리셋을 시도하기에 추가적인 동기 부여가 필요한가? 하루 수면 시간이 6시간 미만이라면 다음 날 이성적 사고 능력을 반납해야 한다. 연구 결과들이 제시하듯 수면 부족은 코르티솔 수치를 높여서 면역 체계, 혈압, 신진대사에 영향을 미친다.[3] 여러 내담자들도 '재미있는 것 같아서' 밤늦도록 깨어 있으면 기분만 더 나빠지고, 쓸모없는 행동에 빠질 위험이 높아진다는 것을 깨달았다.

---

[3] 스마트워치나 기타 기기를 활용해 수면을 최적화하고 있고, 효과도 있다면 아주 좋은 일이다. 그러나 이 리셋에 첨단 기술을 동원할 필요는 없다. '3부 신체 버퍼 16'에 소개된 것처럼, 간단한 기록을 남기는 것만으로도 충분하다. "웨어러블 기기가 유용한 정보를 제공할 수 있지만, 때로는 오히려 오해를 불러 일으키기도 한다"고 펄리스 박사가 말했다.

수면 부족은 지속적 불쾌함의 원인이 되기도 한다. 반대로 수면 시간이 늘어나면 우울감이 개선되고 스트레스 요인을 더 능숙하게 다룰 수 있게 된다. 충분히 휴식을 취했다는 느낌이 몸과 마음에 힘을 주기 때문이다. 수면 부족을 다음 날의 늦잠, 낮잠, 혹은 다음 날 일찍 잠들기 등으로 보상할 필요는 없다. 오히려 역효과를 유발할 수 있기 때문이다. 중요한 것은 규칙적인 취침 및 기상 시간을 유지하는 것이다(더 자세한 내용은 다음에 나오는 '행동 리셋 36'에서 다룬다).

습관을 개선했음에도 불구하고 수면 문제가 일주일 이상 지속된다면, 불면증을 치료하는 인지행동치료를 6~8회 받아 볼 것을 강력히 추천한다. 이 부분은 3부에서 다루게 되는데, 약의 복용 없이도 놀라운 효과를 발휘한다.

행동 리셋 No. 36 매일 같은 시간에 기상하라

상황 잠자리에 들기 힘들거나, 늦잠으로 밤잠을 대신하려 하거나, 하루를 시작하기 전부터 이미 시간에 쫓기는 느낌이 들 때.

방법 자신에게 필요한 수면 시간을 계산해본다. 일반적으로 보통사람에게는 7~9시간 정도의 수면 시간이 필요하다. 현실적이고도 실천 가능한 기상 시간을 정한다(주말에는 한 시간 더 추가해도 된다). 제시간에 일어나는 데 도움이 되는 요소를 생각해본다(예: 정해진 시간에 취침하기, 스누즈 기능이 없는 일반 알람 시계 사용하기, 스마트폰 다른 방에 두기, 조명 켜 두기, 창문 커튼 열어 두기, 아침 이른 시간에 약속 잡기). 그런 다음 평상시에 자신을 이탈하게 만드는 주범을 생각해본다(예: 늦은 취침, 5분 더 자겠다고 스누즈 버튼 계속 누르기, 침대에서 생각 없이 스마트폰 만지작거리기, 다시 잠들기, 자신을 제외하고는 그 누구에게도 현실적으로 어떠한 영향을 주지 않는 상황).

잠자리에 들기 전 정해진 시간에 기상하기를 머릿속으로 연습하고, 잠을 설친 경우라 해도 반드시 실천한다. 실천하기가 불가능한 것 같다면 책임 파트너 지명하기, 아주 맛있는 커피로 자신에게 보상하기, 혹은 많은 사람에게 효과적인 동기 부여 요인이 된 방법인 마음에 들지 않는 목적을 가진 곳에 소액의 기부금 보내기 등을 생각해본다.

정해진 시간에 일어난 날에는 오전 중에 시간을 내어 최적의 기상이 자기효능감에 어떤 영향을 미쳤는지 생각해본다.

근거 피곤할 때 양질의 수면을 보장하는 최고의 방법은, 직관에 반하는 것처럼 보이겠지만 바로 정해진 시간에 일어나는 것이다. 스누즈 버튼을 누르며 기상 시간을 뒤로 미루면, 불면증을 일으키는 행동을 계속 하게 만든다. 반대로 시간 계획을 세우면 몸의 생체 시계가 작동하기 시작하면서 균형 잡힌 수면 습관을 유지하기가 수월해진다. 시차를 극복하는 방식과 유사하다고 보면 된다. 정해진 시간에 일어나면 힘든 순간에도 자신과 타인을 위해 약속을 지키는 믿을 만한 사람이라는 깨달음을 강화하는 기회로 삼을 수 있다. 또한 정신없는 하루를 앞둔 상태에서도 서두르거나, 따라잡으려고 애쓰거나, 지각에 대한 변명을 꾸며대지 않아도 된다는 사실을 알고 하루를 시작하는 것이 훨씬 쉽게 느껴진다.

행동 리셋 No. 37
한 번에, 한 걸음씩

상황 모든 것이 감당하기 어렵게 느껴져서 미루고 있을 때, 혹은 목표를 달성하는 대신 여러 가지 일을 한꺼번에 하고 있을 때.

방법 머릿속에서 맴도는 것을 종이 위에 적으면, 자신의 목록을 확인하고 다루기 쉬워진다. 가장 불안하게 만드는 것과 가장 긴급한 것을 정한다. 급한 것이 없는 경우, 끝내면 기분이 좋지만 과도하게 어렵지 않은 작업부터 시작하여 자신감을 높인다.

목록에서 시작할 일을 골랐다면, SMART(SMART의 각 글자가 의미하는 내용이 바로 떠오르지 않는다면, 단어의 뜻 그대로 '목표를 똑소리나게 설정한다'로 기억하자 – 옮긴이) 목표로 쪼갠다. SMART는 Specific(구체적), Measurable(측정 가능), Achievable(달성 가능), Realistic(현실적), Time-sensitive(시간-제한)의 앞 글자를 딴 조어다. 예를 들어 보자. 직장에서 상사를 감동시키는 기안을 작성하겠다는 각오는 모호하고 엄두도 나지 않는 목표이므로, 타이머를 20분으로 맞춰 두고 자신이 찾은 정보를 빠르게 요약하겠다 정도의 구체적이고 합리적인 목표를 잡는다. 스마트폰 서랍 안에 두기와 모니터의 모든 탭 닫기와 같이, 방해 요소를 제거하여 성공 확률을 높이도록 한다. 한 번에 한 가지의 일을 하는 것이, 여러 가지 어려운 일들을 끝내는 유일한 방법이다.

집중을 깨는 생각, 미루고 싶은 충동, 혹은 불편한 감정이 올라오는 경우, 완벽을 추구하는 대신 자기관리를 목표로 삼으면서, 그 자체를 인식하고 자신의 업무를 이어 간다. 한 가지 일을 끝내고 나면, 또 다른 작업을 시작할 충분한 에너지가 생겼음을 알게 될 것이다. 힘을 내자! 각각의 업무에 구체적인 시간을 배정함으로써 산더미 같은 일감을 실행 가능한 계획으로 바꿀 수 있다.

근거 회피 대신 좋은 문제 해결 기술을 사용하면, 한없이 늘어나면서 끝없는 스트레스가 되어 버리는 할 일 목록으로부터 해방될 수 있다. 마구잡이 쇼핑에 신용카드를 쓰는 것과 마찬가지로, 미루기는 그 순간을 모면하게 해 줄 뿐, 추후에 반드시 이자를 지불하게 되어 있다.

많은 이가 실제로 일하는 것보다 '해야 할 일에 대한 생각'으로 많은 시간을 허비한다. 그런 이유로 나는 이따금씩 이 문제를 가진 내담자에게 무시무시한 과제를 제시하면서, 대략의 윤곽을 작성하게 한다. 대부분 그 끝이 공황 상태일 것이라 예상하지만, 과제를 시작하면서 종종 자신감을 느낀다. 불편함을 피하고 즐거움을 쫓는 것은 자연스러운 반응이지만, 자신의 목표를 향해 전진할 수 있음을 알고 실행에 옮기는 것은 '난 못 해'라는 생각에서 벗어나는 최고의 방법이다.

할 일을 체계적으로 정리하면 기분도 좋아진다. 구체적으로 설명하자면, 목표를 정의하고 실현 가능한 부분으로 세분하는 법을 가르치는 접근법인 문제해결치료(PST, Problem Solving Therapy)는 우울증을 완화하는 기법으로 알려졌다. 보스턴 경찰국의 형사인 존 모이니핸^{John Moynihan} 경관은 근무 중 얼굴에 총상을 입고 긴 회복 과정을 앞두고 있었다. 총알이 그의 귀를 날려 버리면서 전정계에 영향을 주는 바람에, 일곱 번의 수술 후에도 여전히 걷기와 균형을 잡는 일이 어려웠다. 그는 내게 한 가지 목표를 세운 것이 도움이 되었다고 말했다. 바로 매해 여름에 케이프코드 해안에서 10km 달리기를 완주하겠다는 목표였다. 그는 그 달리기를 준비하기 위해 날마다 재활 과정을 견디며 자신을 단련시켰다. "한 가지 일에 집중하는 사람과 다섯 가지 일에 동시에 집중하는 사람이 있다면, 한 가지 일에 집중하는 사람이 더 많은 일을 해낼 것이라 확신한다"는 모이니핸 경관은 현재 경찰들을 위한 회복탄력성 훈련 과정을 가르치고 있다.

행동 리셋 No. 38 선행을 하라

상황 자신의 삶에 아무런 발언권이 없다고 느껴질 때. 이 리셋은 주체의식을 키워 이를 상쇄한다. 너무 많은 스트레스로 인해 더 이상은 잘해낼 수 없다고 스스로에게(그리고 타인에게도) 말하면서 배려가 없는 자신의 행동에 대한 책임을 회피하는 대신, 스스로 책임감을 유지하게 만드는 유용한 방법이기도 하다.

방법 주변 사람들의 삶을 더 나아지게 만드는 간단한 방법을 소개한다.

▶ 자신에게 의미 있는 단체에 기부하기
▶ 소외감을 느끼거나 인정받지 못한다고 느끼는 사람을 떠올리고 그 사람에게 연락하기(예: 혼자 떨어져 지내는 가족에게 전화하기, 혹은 피곤해 보이는 사람에게 과감하게 인사를 건네기)
▶ 필요한 물건 동네 상점에서 구입하기
▶ 스트레스를 풀던 동료나 가족에게 특별히 잘 대해주기
▶ 과거에 도움을 주었던 사람, 이를테면 추천서를 써 주셨던 예전 스승이나 힘들

때 도움을 줬던 멀리 사는 친구에게 문자를 보내면서 여전히 감사한 마음임을 표현하기
- ▶ 도움이 필요한 누군가에게 조용히 친절 베풀기
- ▶ 소중하게 여기는 사람에게 보낼 예쁜 카드를 고르거나 직접 만들고, '그저 생각이 났다'는 짧은 문구를 적어 보내기
- ▶ 응원이 필요한 사람에게 음성 메시지나 문자 보내기
- ▶ 반나절 정도 필요한 봉사 활동 찾기(한국은 자원봉사 포털인 www.1365.go.kr에서 봉사 활동을 찾을 수 있다 – 옮긴이)

근거 고군분투하고 있는 순간에 누군가의 지원이 힘이 되는 것과 마찬가지로, 누군가에게 도움을 주는 것도 자신에게 힘이 된다. 버펄로에 있는 한 대학 연구에서 심각한 스트레스를 경험했던 800명의 고령자들을 집중적으로 조사했다. 그 결과 집안일을 돕거나 아이들을 돌보는 등, 타인을 돕는 행위를 했던 참가자는 스트레스로 인한 사망 위험이 낮았다고 보고했다.

단기적인 효과 측면에서 타인을 돕는 행동은 반추, 과도한 집중, 혹은 남들에게는 더 쉬운 방법이 있다고 생각하는 악순환을 멈추게 한다. 타인의 안녕감에 기여하게 되면 기분이 개선되고 자기존중감(self-respect)이 높아져, 자신의 삶을 보다 의미 있는 것으로 느끼게 된다. 산더미 같은 의료비 청구서와 보험사의 끝없는 전화 통화로 지쳐 있던 한 내담자는 잠시 짬을 내어 친구들에게 보낼 예쁜 안부 카드를 고르는 것만으로도

그 순간에 도움이 되었다고 한다. 뿐만 아니라, 친구들이 카드를 펼치는 모습을 상상하면서 한 주 내내 기쁨을 느꼈다고 했다. 캐나다 브리티시컬럼비아대학교의 엘리자베스 던^{Elizabeth Dunn} 박사가 이끈 연구는 누군가에게 소액의 돈을 사용하는 것, 즉 이타적 소비가 안녕감을 촉진시킨다고 말한다. 전 세계 사람들을 추적한 연구들을 보면, 자선단체에 돈을 기부한 사람이 기부를 하지 않았던 사람보다 행복했으며, 한 사람의 소득으로 얻는 행복의 2배에 해당하는 행복감을 느낀다고 한다. 자신이 만들어 내는 영향과 모든 사람은 서로 연결되어 있음을 생각하면 기부가 더 큰 효과를 발휘한다.

행동 리셋

No. 39 도움을 주는 사람에게 의지하고 감사하라

상황 유대감, 따뜻한 시선, 인정에 목마를 때, 혹은 마치 세상에 홀로 선 기분으로 고군분투할 때.

방법 이 리셋을 실천하기 전에, 자신이 느끼는 감정의 강도를 0-5점으로 측정하는 시간을 갖는다(5가 가장 강렬한 상태). 감정의 강도가 5에 있다면, 잠시 기다렸다가 이 리셋을 실천하는 것이 좋다. 감정의 강도가 최고조일 때는 말을 하거나 듣는 것이 어려울 수 있기 때문이다.

다정한 친구나 지혜롭고 따뜻한 친척 등 지금 연락해서 도움을 얻을 수 있는 사람을 생각해본다(떠오르는 사람이 아무도 없다면, 전화로 정서적 지원을 제공하는 서비스를 이용해보자. 한국은 보건복지부 정신건강 상담전화 129, 한국생명존중희망재단 1393, 청소년 상담전화 1388 등이 있다 - 옮긴이). 그런 다음 직접 이야기하는 것이 좋다면 전화, 이야기할 에너지가 남아 있지 않은 상태라면 이메일이나 문자 등 자신에게 가장 적합한 연락 방법을 생각해본다. 나의 내담자 중에는 그저 내게 이메일을 보내서 근황을 알리고 자신의 감정을 묘사하며 자신의 해결 계획을 설명하면, 답장을 받기 전부터 유대감과 책임감이 든다고 말하는 사람들이 있다. 연락하기에 앞서, 자신에게 필요한 것이 무엇인지 생각한다. 지금 내게는 이야기를 들어줄 사람이 필요한가? 문제를 해결해줄 사람이 필요한가? 두 가지 모두를 해주는 사람이 필요한가? 타인의 마음을 읽을 수 있는 사람은 아무도 없으므로, 위안이 필요한 내용을 구체적으로 정리하는 것이 좋다. 힘든 순간에 오해로 인해 마음이 더 힘들어지는 일은 없어야 하니 말이다.

연락을 할 때는, 짧게 근황을 나누고 기본적인 사실만 전달해야 한다. 반추하거나 자신의 스트레스를 타인에게 떠넘기면 사회적 지지의 효과가 사라지기 때문이다. 최악의 시나리오를 전달하는 것 역시 피해야 한다. 재앙적 감정을 현실적으로 느끼고 재확인을 받기 위해 타인에게 의지하는 역학을 만들어 내기 때문이다. "암일지도 몰라요"와 "의사가 저에게 추가 검사를 받으러 오래요"의 차이를 생각하면 이해가 될 것이다. 한 번의 대화로 문제를 해결하려는 것은 현실적으로도 어려운 일이므로, 오늘을 위한 대처 계획 수립이든 이해를 받는 느낌이든, 자신의 목표를 한정적이고도 현실적으로 설정한다.

사람들과 연결이 된 후에도 여전히 상황이 나아지지 않았다 해도 감사를 표현한다. 선한 의지를 경험하는 것만으로도 활력이 생길 것이다. 무엇보다, 자신을 지지해준 사람에게 감사를 표현해야 다음에 연락했을 때도 곁에 있어 주지 않겠는가.

근거 인간은 모두 사회적 존재이다. 그러므로 내향적 성향의 사람이라

해도 앞으로 나아갈 수 있도록 나에게 귀를 기울여 주고 도와주는 타인이 있는 것은 커다란 선물이 아닐 수 없다. 스트레스를 받는 순간에 타인과 소통하는 방식에 주의한다면, 그들은 당신이 중요한 존재이며 상황이 나아질 것임을 상기시켜 줄 것이다. 뇌 연구를 통해 타인에게 받는 지지는 위협에 대한 신경 반응에 긍정적인 영향을 미쳐, 대처 능력을 향상시키는 것으로 증명되었다. 스트레스와의 관계와 마찬가지로 사회적 지지에 대한 경험 대부분이 지각의 영역이다. 그러므로 실제로 지지를 받는 것보다 사회적 지지 혹은 사람들이 내 곁에 있음을 믿는 것이 더 중요하며, 따라서 자신을 보살펴 준 사람의 도움을 최소화하거나 잊지 않아야 한다.

도움을 찾는 것에서 그치지 말고 자신이 보살핌을 받는다고 느끼는 순간을 자각하고, 자신을 응원하는 사람이 물리적으로 곁에 없는 순간에도 그 사람을 기억하는 방법을 찾아보자. 한 친구는 자신이 힘든 결정을 하려 할 때 자신을 지지해주던 모든 사람의 명단을 적어 두었다고 했다. 나중에 보니 그저 종이 위에 휘갈겨 쓴 이름들일 뿐이었지만, 그들이 자기와 함께 있는 것 같은 느낌이었다고 설명했다.

행동 리셋

No. 40 에너지가 있는 것처럼 연기하라

상황 무기력함을 느끼거나, 무관심하게 행동하거나, 잠자리에 들 시간이거나 몸이 아픈 경우가 아닌데 할 일을 미룰 때.

방법 열정이 있고 컨디션이 최상이었다면 어떻게 행동할지 생각해본다. 에너지를 느끼는 것이 아니라 동기를 만들어 내어 자신에게 중요한 일을 마주하고 더 나은 삶을 사는 것이 목표임을 명심한다. 피곤한 상태임을 고려하여, 완벽이나 완성을 목표로 하지 말고 지금 할 수 있는 최선을 하는 것을 목표로 한다. 이것이 벅차게 느껴진다면 자세를 바로잡고 지금 하고 있는 일에 조금 더 집중하는 등, 작은 것부터 시작한다. 처지기 시작한다면, '나는 어려운 일도 할 수 있어'와 같이 힘이 나는 혼잣말로 에너지를 끌어올리면서 계속 시도한다.

근거 진이 빠진 상태에서 느끼는 대로 행동하는 것은 그 자체로 기운이 빠지는 일이다. 예를 들어 보자. 잠이 부족한 대학생이라면 강의실 맨 뒷자리에 앉아 졸고 싶은 유혹에 흔들리겠지만, 결국에는 앞자리에 앉아

필기하고 질문하는 것보다 더 큰 스트레스를 초래할 수 있다. 관심이 있는 듯 행동함으로써 출석 점수도 받고 다가올 시험 준비를 위한 시간도 절약할 수 있으며, 에너지와 성취감도 높일 수 있다(회사 미팅 참석도 마찬가지이다). 무엇보다 자연스럽게 느껴지지 않는 행동이라 해도, 자신의 행동을 선택할 수 있음을 깨닫는 것은 뭔가 신선함을 가져다준다.

예를 하나 더 들어 보자. 많은 내담자가 자신이 너무 짓눌린 상태라서 규칙적으로 청소를 하지 못하는 사람이라고 설명하지만, 세탁된 양말이 없거나 더러운 빨래가 쌓여 있으면 더 불쾌해진다. 그러므로 최선의 노력을 끌어내도록 스스로를 북돋우는 것이 앞으로 나아가는 방법이며, 실제로 보이는 것만큼 힘든 일도 아니다. 한 연구 결과 참가자들은 외향적인 기분이 들지 않더라도 조금 더 외향적인 방식으로 행동했을 때, 긍정적인 감정을 더 크게 경험했다. 전문가들이 외향적인 행동의 장점에 대한 여러 연구들을 검토한 결과, 외향적으로 보이는 것과 관련된 감정 효과는 사회적 활동에서 생기는 것이 아니라 보다 활기차게 행동하는 데서 드러나는 것임을 확인했다.

> 행동 리셋
> No.
> **41** 늘 겸손하게 행동하라

상황 스트레스 상황이 아니었다면 피했을 위험을 감수하고 있을 때, 혹은 반드시 후회할 일을 이미 저질러 버렸을 때.

방법 스트레스가 위험을 감수할 가능성을 높인다는 점을 기억하고, 자신의 의사결정이 정상이 아닐 수 있음을 인식하며 특별한 주의를 기울이며 진행한다. '오늘 참 긴 하루였으니, 이 정도는 괜찮아. 별 거 아니야…'와 같이 자신에게 관대한 생각들을 하고 있음을 의식하고, 이 생각을 행동으로 옮기는 것이 아니라 멀리 하라는 경고로 생각한다. 유혹을 일으키는 것 자체를 없애는 것도 도움이 된다(예: 방금 구매한 담배 던져 버리기, 내게 해로운 존재였던 전 연인의 전화번호 삭제하기, 온라인 쇼핑몰 탭 닫기). 문제가 되는 행동을 이미 하고 있다면, 인간적인 실수를 했음을 자책하거나 '이미 늦었다'는 핑계로 계속 탐닉하는 대신, 앞으로 나아가기 위해 할 수 있는 일을 생각한다.

근거 금전적으로 압박을 받을 때 복권을 사고 싶은 유혹이 생기고 시간이 촉박할 때 제한 속도를 넘기려는 것과 마찬가지로, 어려운 상태에 놓였을 때 우리의 머릿속을 채우는 생각은 대개 비현실적이거나 교만한 것, 혹은 우리를 위험에 밀어 넣는 것이다. 내가 여러 해에 걸쳐 발견한 한 가지 경향이 있다. 물질 사용(substance use)으로 고군분투해왔던 사람에게 '갈망'에 대해 물었을 때, '내 머릿속에 없는 거예요. 난 이제 전혀 위험하지 않아요!'라는 식의 지나치게 자신만만한 반응은 그 사람의 재발을 예측할 수 있는 척도였다는 것이다. 하지만 자신이 아직 규칙을 따라야 하며, 자신의 약함을 깨달아야 한다는 것을 인정하면, 큰 실패로부터 스스로를 구할 수 있다. 연구에 따르면 스트레스가 실제로 우리의 안녕감에 미치는 영향을 겸손함이 완화할 수 있다고 한다. 자신을 있는 그대로 바라보고 어떤 점에 취약한지 정확히 인식하는 태도인 겸손함은, 신중하게 만들고, 타인을 의지하게 하고, 자신의 실수를 파악하고, 자신의 불완전함을 받아들이며, 자기 자신에서 벗어나 더 멀리 볼 수 있도록 만들 수 있기 때문이다.

PART

3

회복탄력성을 키우는 스트레스 버퍼

Stress Buffers for Building Resilience

많은 사람들에게 정신 건강은 본인의 행동과 연결되어 있다. 이러한 이유로 3부에서는 34가지 '스트레스 버퍼(완충 장치)', 즉 자신의 회복탄력성을 고속으로 충전하고 장기적으로 다시 리셋하도록 돕는 방법을 살펴보려 한다. '스트레스 리셋'이 극도의 스트레스 상황에 대처하도록 돕는 전략이라면, '스트레스 버퍼'는 보다 풍성한 삶을 꾸리기 위해 일상적으로 사용할 수 있도록 고안된 작전이다. 다시 말해 리셋이 정서적 응급 치료라면, 버퍼는 예방약인 셈이다. 좋은 습관을 기르고 용기 있게 자신의 삶을 지속적으로 마주하면, 정서적 쿠션이 생겨 고군분투의 순간에도 좀 더 쉽게 리셋하고 인내하며 지속할 수 있다.

몇 가지 스트레스 버퍼는 자기 돌봄에 초점이 맞춰져 있다. 즐거움과 성취감의 기회가 담긴 매일의 루틴을 정하는 것처럼, 간결한 행동은 심각한 우울증 치료 약물만큼 효과적이기 때문이다. 여기에 마음챙김 한 스푼과 규칙적인 운동을 살짝 가미하면 임상 연구에서 반복적으로 입증된 바와 같이, 정서적 면역 체계를 한껏 끌어올릴 수 있다. 일상에 조금 더 건강한 습관을 불어넣고 재충전의 구조까지 충족시키면, 반응적 감정이 줄어들어 더 이상 모든 문제를 두더지잡기 하듯 정신없이 대응하지 않게 되고, 더 오래 느긋해질 수 있다. 또한 어려운 문제가 연이어 터질 때도 자신의 대처 능력에 더 큰 자신감을 느낄 수 있게 된다.

새해나 생일처럼 특별한 날을 기다리는 대신, 몇 가지 스트레스 버퍼를 미리 시도해보면서 정신 건강의 필수 요소로 만들어 보자. 애인이나 친구와 책임감을 나누고 서로에게 영감을 주면서 동기를 유지하는 것도 좋다. 자신이 좋아하는 방법을 타인에게 전달하는 것은 효과적인 도구를 자신의 것으로 받아들이는 동시에, 소중한 사람에게도 힘을 보태주는 좋은 방법이다. 실제로 스트레스 전문가들은 타인에게 새로운 정보를 소개하고 이를 공유하는 과정이 지속적인 변화를 일으킨다고 한다.

이 전략들을 자신의 삶에 적용하는 동안, 123페이지의 도표를 노트에 따라 그려 보거나 습관 추적 관련 앱을 사용하면서, 자신의 진행 정도를 확인해보자. 나는 개인적으로 할 일 목록, 목표, 내용을 적을 수 있는 종이 플래너를 아주 좋아한다. 건강한 루틴을 실천한 날에는 하트 표시를 그린다. 나의 건강한 루틴은 구조적이고 느린 호흡으로 마음챙김 연습하기, 타인 인정하기, 하루 대부분의 시간 동안 스마트폰을 시야 밖에 두기, 밤 11시에 잠자리에 들기 등 효율성을 높이고 집중을 유지하며 타인과 연결될 수 있게 해주는 일들로 짜여 있다. 자신의 성취를 추적하는 자기만의 방식을 가지고 자유롭게 시험해보자.

스트레스 리셋 전략과 마찬가지로 일부 스트레스 버퍼는 즉각적인 보상을 느낄 수 있는 것도 있고, 또 편안하게 느껴지지는 않지만 시간이 갈수록 진짜 효과를 가져다주는 것도 있다. 열린 마음으로 여러 차례 시도하다 보면, 지금도 미래에도 더 나은 대처를 할 수 있게 도와줄 것이라 확신한다.

마음 버퍼 No. 01

부정적인 핵심신념을 버려라

상황 대개 어린 시절의 양육 방식이나 부정적 경험에서 비롯된, 낡고 고루한 부정적인 핵심신념(core belief)을 지금의 현실과 분리하기 어려울 때. 그 결과 칭찬을 진심이 아니라고 받아들이거나 엉뚱하게 해석하며 무시하는 등, 긍정적인 경험이나 상호작용을 폄하하거나 그런 신념이 활성화되는 상황에서 강화된 고통을 느끼기 쉽다. 예를 들어 어린 시절 끊임없이 비판을 받고 자신을 기본적으로 '부족한 존재'로 여겼던 사람은 자신의 실수를 그냥 넘기기가 어렵다. 일회성 실수가 아니라 훨씬 더 큰 무언가로 표상화하기 때문이다.

방법 인지치료의 창시자인 정신과 전문의 아론 벡(Aaron Beck)이 소개한 '핵심신념'은 자신과 자신의 삶에 대해 보다 객관적이 되는 능력을 향상시킨다. 대부분의 경우 핵심신념을 자신의 한 부분으로 여기기 때문에 그 영향력을 제대로 인식하지 못하며, 바꿀 수 있는 것으로 받아들이지도 못한다. 그러나 도움이 되지 않거나 고통을 주는 핵심신념(예: 난 사랑받을 자격이 없어, 사람들을 믿을 수가 없어)을 인정하고 반대로 대응한다면 불필요한 감정적 고통에서 벗어날 수 있다.

그 첫 번째 단계는 유난히 취약하게 느끼는 순간을 파악하는 것이다. 무슨 일이 일어났는지, 무엇이 자신을 그렇게 만들었는지 자문해본다. 지속되던 예민함 때문인가, 아니면 과거에서 비롯된 민감한 주제 때문인가? 자신을 자극하기 쉬운 것이 무엇인지 인식하기 위해 평소에 자신을, 타인을, 그리고 세상을 보는 방식을 생각해본다. 부정적 자기인식을 만든 특별한 경험이 있는가? 자신의 핵심신념이 인식을 지배하고 있기 때문에 긍정적인 상황을 간과하고 있는 것인가?

핵심신념을 찾아내는 또 다른 방법으로, 자신의 생각에 귀를 기울이고 그것의 의미와 상징하는 바를 파악함으로써 자신을 불편하게 만드는 문제를 더 깊이 분석하는 '하향 화살표' 기법이 있다. 예를 들어 보자.

상황   그녀가 내 문자에 답을 안 했다.

↓

자동적으로 떠오르는 생각   그녀를 믿을 수 없다.

↓

핵심신념   나는 그 누구도 신뢰할 수 없다.

펜실베이니아대학교 긍정심리센터의 소장이자 교수인 마틴 셀리그만 Martin Seligman 박사는 3P에 빠지는지 관찰하는 것이 빠른 방법이라고 말한다. 3P는 어떤 사실을 pervasive(확산성), permanent(영속성), personal(개인화)의 문제로 만드는 것이다. 예를 들어 친구의 파티에 초대받지 못했을 때, '나는 소외를 당했구나(확산성), 앞으로도 늘 이렇게 되겠지(영속성), 아무도 나를 좋아하지 않는 것 같아(개인화)'라고 단정짓는 식이다. 이런 서술 방식은 '친구의 파티에 초대받지 못해서 속상하다'라는 해석보다 훨씬 큰 상처가 된다.

자신의 핵심신념과 취약성을 평가하거나 전적으로 믿어 버리는 대신, 자신을 몰아붙이거나 기죽지 말고 있는 그대로 인식하자. 지금 과민한 상태이거나 과잉 반응을 보이는 것이 아님을 자신에게 다정하게 상기시키자. 그저 활성화된 핵심신념에 반응하는 것뿐이라고 말이다.

이런 부정적 신념에서 벗어나기 위해, 그 신념을 넘어서도록 돕는 행동을 실천하자. 핵심신념이 자신을 지배하게 두는 대신 의도적으로 거부한다면 어떻게 행동할지 생각해본다. 예를 들어 '난 여기에 끼지 못해'라는 핵심신념이 있더라도, 불안함을 무릅쓰고 조금 더 알고 싶은 사람과 약속을 잡는 것이다. 어린 시절에 사랑하는 사람이 심각한 부상을 견디는 모습을 목격했던 나의 내담자는 '세상은 위험한 곳'이라고 믿게 되어 엄청난 조심성을 지니고 살아왔다. 그러나 그러한 삶의 방식은 즐겁게 지내기 위해 돈을 모으다가, 멀쩡한 보안 시스템을 업그레이드하는 데 돈을 써 버리는 것과 같다. 과도한 사전 조사 없이 즉흥적으로 계획을 세우는 등의 합리적인 위험을 감수해보고 나서야, 영원할 것 같던 자신의 핵심신념을 조금씩 버릴 수 있었다.

근거 마치 왕따 당할 위험을 고민하는 10대처럼 무슨 짓을 해도 자신을, 혹은 세상을 보는 고루하고 부정적인 방식을 떨쳐내지 못한다고 느끼는 것은 그 자체로 스트레스다. 유감스럽게도 우리의 핵심신념을 뒷받침하는 경험들은 마치 '끈끈이 테이프'처럼 들러붙는다고, 펜실베이니아대학교 인지치료센터 소장이자 정신의학과 교수인 코리 뉴먼 박사가 말했다. 또한 그는 우리의 핵심신념이 어떻게 우리를 '누군가보다 못하다'고 느끼도록 만드는지 그 방식을 설명하면서 다음과 같이 말했다. "우리는 종종 자신을 타인과 비교하며 기분이 상하는데, 이것은 자신의 사적인 지식을 타인의 공개 발표와 비교하기 때문이다. 이는 공정한 경쟁이 아니다. 자신의 편집되지 않은 사적인 자아를 누군가의 방송용 모습과 비교하는 것은 공평하지 않다."

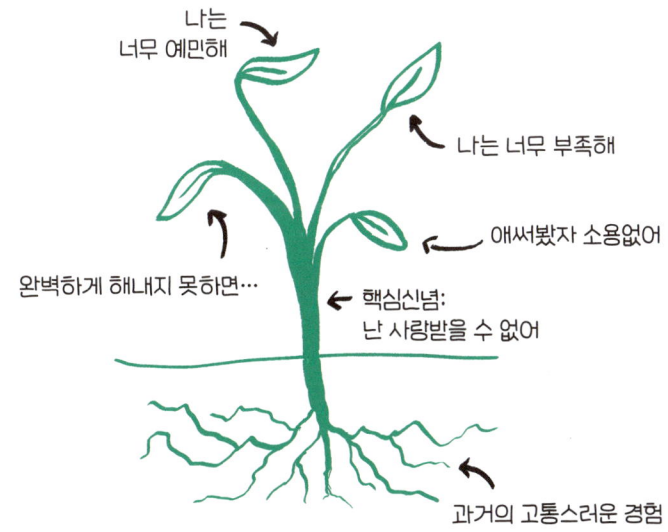

여러 해 전에 나는 한 심리학 학술대회에서 자신의 이름표에 각자의 핵심신념을 적는 활동에 참여했다. 나의 핵심신념은 '나는 사기꾼이다'였다. 동료들의 핵심신념도 비슷한 수준으로 노골적이었고, 내가 오랫동안 존경해왔던 몇몇 사람들도 큰 글자로 '나는 나쁜 인간이다'라고 적었다. 내게는 두 눈이 번쩍 뜨일 정도로 놀랍고도 안심이 되는 순간이었다. 뉴먼 박사의 말대로, 자신과 세상에 대한 쓸모없는 시선으로부터 달아나는 대신(자기 자신의 그림자로부터 도망치려는 것과 비슷하게), 우리는 '자신의 그림자와 화해'할 수 있다. 동시에 자신의 핵심신념과 모순되는 '자신과 자신의 삶'을 조금 더 자세히 들여다보면, 자신을 더 이해하고 스스로에게 공정해질 수 있다.

마음 버퍼
No.
02 미리미리 대처하라

상황 중요한 일을 앞둔 상태에서 두려움, 집착, 회피가 아닌 다른 대안을 찾고 있는 경우.

방법 강한 감정을 불러 일으키는 상황을 떠올린다. 걱정을 일으키는 상황이나 들뜬 감정이 드는 상황도 좋다(예: 직장에서 중요한 회의를 주도해야 함). 문제를 매끄럽게 해결하고 눈앞의 일을 제대로 처리할 수 있는 방법에 대한 전략을 꼼꼼하게 세운다. 예를 들면 리허설을 여러 번 하기, 완벽주의 성향에 짓눌린 사람이라면 준비 시간 제한하기, 입을 옷 미리 꺼내 두기, 운동으로 하루 시작하기, 사무실 도착 시간을 여유 있게 잡고 출근길에 경쾌한 플레이리스트 듣기, 오전 간식 싸기처럼 말이다. 실제 상황에 있는 자신의 모습을 상상하면서 머릿속으로 최고의 퍼포먼스를 연습한다. 발표 전에 회의실에서 살짝 떨리는 느낌이 들더라도 두 발을 단단히 바닥에 고정하고, 친한 동료를 바라보며, 문장과 문장 사이에 잠시 멈추는 것을 잊지 않는다.

근거 중요한 일이 생기면, 얼마나 힘들지 예상하며 미루느라 정신적 에너지를 써 버리기 쉽다. 그러나 이건 그저 실수할 가능성을 높일 뿐이다. 지나친 불안은 수행 능력을 방해하기 때문이다. '난 압박을 느껴야 일을 잘 해!'라며 지나치게 낙관적으로 생각하는 사람도 있는데, 이런 태도 역시 제대로 된 대처의 무대를 내어주지 않는다. 대신 선택할 수 있는 것이 바로 변증법적 행동치료에서 가르치는 기술인 '미리 대처하기'로, 이 방법은 자신의 게임 계획을 전략적으로 세우는 것이다. 이렇게 함으로써 작업을 수행하는 데 필요한 실행 계획과 시간을 과소평가하는 계획 오류를 피할 수 있다. 차분하게 사전에 대처하고, 필요한 단계와 발생 가능한 잠재적 문제를 평가함으로써, 잠재적 난관을 예방하고 준비 부족으로 발생하는 부적절한 스트레스를 피할 수 있다. 나 역시 개인적으로 차를 잡는 데 시간이 얼마나 걸릴지, 시내 교통 체증은 얼마나 심할지, 공항 보안 검색 대기줄은 얼마나 길지 등에 대해 조금 더 현실적이었다면, 여행에 동반되는 스트레스 대부분을 수월하게 넘겼을 것이다.

머릿속으로 미리 훑어보는 과정은 실제 작업 실행에 사용될 뇌 부위를 활성화시킨다. 정신적 예행연습과 사전 준비는 스포츠 심리학의 단골 전략으로, 선수들을 경기 전에 미리 활성화시켜 실전 실력이 향상되도록 돕는다. LA 소방대의 소방관 키일리 어브램[Keeley Abram]에게 스트레스가 많은 직업에 대비하는 비결을 묻자, 그녀는 450도의 열기 속에서 5분간 버티기 등의 평소 훈련에 대해 이야기해주었다. 장비를 입고 있으면 모든 것을 태워 버릴 온도에서도 견딜 수 있음을 아는 것은, 실제 화재 현장 작업에서 결정적인 도움이 되었다. 어브램은 또한 규칙적으로 지구력 훈련을 하고, 잠자리에 들기 전에 마음챙김 연습을 하며, 자신이 맡은 역할 중 조금 더 어려운 부분에 대해 정신적 예행연습을 한다. "출동 요청이 오면, 저는 현장에 도착해서 해야 할 일을 미리 머릿속으로 명확하게 그려요. 이게 정말 도움이 됩니다. 내가 하게 될 일을 정확히 알고 있으면 안심이 되고, 그래서 현장에 도착한 후에도 침착함을 유지할 수 있죠."

여기서 한 가지 요령은 성공할 방법에 대한 정신적 예행연습을 하는 동안, 실행 과정뿐만 아니라 떠오를 감정을 효과적으로 다룰 방법에도 집중하는 것이다. 단, 재앙적 상황을 떠올리거나 모든 것이 잘 될 것이라고 태평하게 가정하지 않도록 주의해야 한다. 믿기 힘들겠지만, 나 역시 지금 이 단락을 쓰면서 이 대처 기술을 사용했다. 글을 쓸 시간을 조정하고 오랜 시간 앉아 있기 전에 반드시 운동을 하는데도(그렇지 않으면 가만히 앉아 집중하기가 어려워지므로), 글을 쓰려고 앉기만 하면 전혀 중요하지 않은 이메일을 확인하고 답장까지 보내고, 너무 많은 논문들을 들춰 보며, 온라인 할인을 찾아야 한다고 내 마음이 나를 꾀어낸다. 그래서 글을 쓰기 전에 정해진 시간 동안 나의 모든 집중력 동원하여 집중하는 예행연습을 하면서 미루려는 욕구를 피해야 할 충동으로 인식한다.

마음 버퍼

No. 03 걱정만을 위한 시간을 마련하라

상황 하루에 몇 분 이상 직접 통제할 수 없는 일들을 걱정하고 있을 때. 특히 마음 속 걱정이 마치 뉴스 속보처럼 불쑥불쑥 떠오를 때.

방법 걱정을 위한 시간을 따로 떼어 두면, 나머지 시간에는 눈앞의 일에만 집중할 수 있다. 자신에게 적당한 '걱정 시간'을 정해두자. 예를 들면 잠자리 직전은 피하고, 이미 두려움을 느끼는 상태로 일어났다면 기상 직후도 피하는 식으로 말이다. 타이머를 20분에서 30분 정도, 혹은 15분씩 2회로 정해 두고서, 무작정 걱정을 하자. 걱정하기가 지루하게 느껴진다면 일찍 끝내도 무방하다.

걱정을 하는 동안, 자신의 걱정 목록을 종이에 쓰거나 해결 방법이 있는 것부터 문제 해결을 시작한다. 걱정거리가 다양하다면, 그룹으로 나눠 본다(예: 월요일에는 건강 걱정 10분과 기후 변화 걱정 10분, 화요일에는 가족 문제 걱정). 이렇게 하면 머릿속에 있는 여러 주제들을 마구잡이로 건드리지 않고 걱정을 다룰 수 있게 된다.

걱정 시간 이외에는 현재의 순간에 집중한다. 걱정을 하고 있다는 사실을 깨닫는 순간, 즉시 해결할 수 없는 걱정을 메모해두고 다음 걱정 시간까지 미뤄 둔다. 걱정 시간을 놓쳐도 괜찮다. 일정을 다시 조정하거나 그 다음 걱정 시간까지 기다리면 되니까.

근거 우리의 마음은 문제를 계속 떠올리게 하는 경향이 있으며, 특히 당장 해결할 수 없을 때 그렇게 되곤 한다. 걱정하는 것이 도움이 된다고 단정하기도 쉽다. 문제를 해결하기 위해 뭔가를 하는 것처럼 느껴지기 때문이다. 하지만 걱정은 그 어떤 것도 해결해주지 않으며 그저 더 피곤하고 스트레스를 받게 할 뿐이다.

언제, 얼마 동안 걱정을 할 것인지 정확하게 계획을 세워 두면, 하루 중 걱정이 침범하는 시간을 줄일 수 있다. 걱정 시간 예약이 효과적인 또 다른 이유는 스트레스 받는 생각을 하느라 멍하게 시간을 허비하는 대신, 자신의 마음이 언제, 어디서 헤매는지 관찰하는 자기 감시(self-monitoring)를 촉진하기 때문이다. 걱정을 위해 시간을 따로 정해둠으로써 다양한 활동과 걱정을 연관 짓는 일도 줄어들게 되는데, 이 개념을 자극 통제(stimulus control)라고 한다. 마지막으로 정해진 시간 동안 걱정을 하는 것은 노출 치료(exposure therapy)의 일종이다. 걱정에 들락거리는 대신 두려움과 함께 머물게 되면 생각과 감정이라는 것

이 그저 생겼다가 사라지는 것이며, 자신의 삶을 관리하기 위해 하루 종일 걱정할 필요가 없음을 깨닫게 된다. 걱정 시간을 마련함으로써 얻는 최대 장점은 걱정을 따로 분리해서 나머지 시간을 걱정 없이 보낼 수 있게 해주어, 삶을 보다 즐겁게 만들어 준다는 것이다.

마음 버퍼

No. 04

표현적 글쓰기를 하라

상황 소모가 아닌 정화의 방식으로 자신의 스트레스, 감정, 경험을 이해하고 싶을 때.

방법 자신의 어려움을 종이에 적어 보면, 자신을 짓누르는 것을 풀어 주고 거리감과 시각을 새로 만드는 데 도움이 된다. 펜과 종이를 준비한 다음 조용히 집중할 수 있고 방해받지 않을 시간과 장소를 정한다. 그런 다음 타이머를 15분으로 맞추고, 다음의 주제 중 한 가지에 대해 적어 본다.

▶ 지금 내가 생각하거나 걱정하고 있는 것
▶ 지금 내가 꿈꾸고 있는 것
▶ 지금 나의 삶에 부정적인 방식으로 영향을 주는 문제
▶ 지금 내가 회피하고 있는 것

맞춤법이나 문법은 신경 쓰지 않는다. 자신이 고른 주제에 대하여 가장 깊은 생각과 감정을 표현하는 것이 중요하다. 자신이 버텨내고 있는 것

에서 성장하고, 그 속에서 의미를 찾은 방법을 성찰해볼 수도 있다. 과거에 일어난 일에 대해 쓰고 있다면, 과거시제로 자세하게 작성하도록 한다. 매일 같은 일에 대해 쓸 필요는 없다는 점을 기억하면서, 사흘에서 나흘간 연속으로 반복해서 마음 속에 있는 것을 진정으로 대면하며 정리한다. 글을 쓰는 동안 감정이 극도로 격해지는 경우에는, 잠시 중단하거나 주제를 바꿔도 좋다. 감정이 복받쳐도 괜찮다. 시간이 흐르면서 자신의 감정이 어떻게 변해가는지에 주목한다.

근거 제임스 페니베이커 박사가 개발한 기법인 표현적 글쓰기는 연구 기반의 글쓰기 기법이다. 이 방법은 마음에 떠오르는 것을 아무것이나 끄적거리는 것이 아니라, 중요한 고민에 집중하고 더 깊이 파고 들어 자신의 감정에 다가갈 수 있도록 돕는다. 이것이 중요한 이유는 고통스럽고 처리되지 않은 경험이 우리를 붙잡아 두고, 결국 다른 문제로 드러날 수 있기 때문이다.

고통스러운 일에 관해 쓰는 것이 소모적으로 느껴질지 걱정된다면, 그 경험의 의미나 희망을 찾는 것으로 초점을 살짝 바꿔서 집중해본다. 이를테면 뭔가 다른, 더 행복한 결말을 이루기 위해 거쳐 가는 단계로 상상하는 것이다. 예를 들어 자신의 결혼에 대한 두려움과 불만에 대해 쓰고 있다면, 오늘 할 수 있는 일 중에서 5년 후 당신의 관계에 긍정적인 영향을 주게 될 일에 대해 지금부터 써 보자는, 조슈아 스미스^{Joshua Smyth} 박사의 조언을 들어 보는 것이다. 스미스 박사는 스트레스 전문가이자 펜실베이니아 주립대학교의 생물행동건강학 교수이며, 페니베이커 박사의 오랜 협력자다.

생명의 위협을 받는 사건을 겪었고 반복적으로 그 사건에 시달리고 있다면, PTSD를 겪고 있을 가능성이 있으며, 이는 일상적인 스트레스를 경험하는 방식에도 영향을 미친다. 일부 트라우마 치료가 복잡하거나 시간이 오래 걸릴 수 있는 반면, 표현적 글쓰기는 단 몇 회의 치료만으로도 PTSD를 가진 사람들이 앞으로 나아가도록 돕는 것이 입증되었다. 미국 국립PTSD센터의 부소장인 데니스 슬론 박사는 몇 명의 사람들을 대상으로 안내문과 지시문을 제공하면서 30분간 글쓰기 치료를 5회 진행했다(지시문은 '자신이 기억하는 것을 정확히 기술하라'와 '이 경험이 당신의 삶을 어떻게 형성했는가?'였다). 트라우마를 경험했고 훈련된 전문가와 함께 이 연습을 진행했던 사람들은, 기타 연구 기반 트라우마 치료를 20회 받은 사람들의 결과와 비교하여, PTSD 증상이 상당히 감소했음을 보여 주었다(혼자서는 시도하지 말 것).

나 역시 끔찍한 경험을 견뎌 왔던 내담자들이 상담 회차 중 5회의 글쓰기 세션을 마친 후에 극적인 안도감을 얻는 것을 직접 목격했다. 그 이유는 바로 여기에 있다. 트라우마 기억은 그 사건이 갖는 강력한 위협감으로 인해 분절된 방식으로 저장되어, 트라우마의 온전한 영향을 다시 체험하지 않도록 우리를 보호한다. 그러나 글쓰기는 자신의 경험에 시작과 중간, 끝을 부여하면서 정리하고 반복적으로 서술한다. 그럼으로써 그 기억이 종결되는 방향으로 저장되도록 체계적으로 수정할 수 있게 된다.

또한 그 기억이 자신을 지배하도록 두는 대신, 기억에서 자신을 분리할 수 있음을 확인하게 된다.

  일상의 불편함을 경험하거나 고통스러운 사건을 감당하게 될 때, 표현적 글쓰기는 힘겹게 느끼는 문제를 정리하고 처리하도록 돕는다.

마음 버퍼

No. 05

좋은 점을 꼼꼼히 찾아보라

상황 일상을 즐기고 더 많은 만족감을 느끼고 싶을 때.

방법 다음의 방법을 시도해본다.

▶ 매일 몇 분 동안, 중요한 일이든 사소한 일이든 상관없이, 감사함을 느끼는 세 가지에서 다섯 가지 일을 적어 본다(일기장에 써도 좋고 앱을 사용해도 된다).

▶ 감사한 사람을 떠올리고, 그 사람에게 연락해서 자신의 감사함을 표현한다.

▶ 운동하기, 빨래하기, 장보기, 가족에게 전화하기 등 평상시에 귀찮게 여기는 일을 떠올린 다음, 그 일에 감사를 더해서 관점을 바꿔 본다 (예: 귀찮은 장보기 덕분에 집에 식재료를 가져갈 수 있네). 매일 혹은 매주 초점을 바꿔도 좋다. '할 일 목록'을 '해야 할 일 목록'으로 이름을 바꿀 수도 있다.

▶ 펜과 종이를 가지고, 다음 시나리오 중 한 가지에 대해 두세 단락으로 작성하되, '시작, 중간, 끝'이 있는 내용으로 써 본다.
  - 잘된 일과 그 이유
  - 감사하게 여기는 일

- 최근에 사용한 나의 강점
- 목표를 향해 이룬 진전
- 경중에 관계없이, 누군가 나를 위해서 해주었던 일

근거 인간은 부정 편향에 따라 설계된 존재이기 때문에, 우리의 부정적 경험은 필연적으로 긍정적 경험을 가리게 되어 있다. 진화적 관점에서 보면, 이는 위협에 적절히 대응하게 해준다는 장점이 있다. 그러나 자기 자신에 대해 혹은 자신의 삶까지 부정적으로 치우치지 않기 위해서는 의도적으로 좋은 점을 찾는 습관을 만들어야 한다. '감사하기'는 바로 여기에 도움이 된다. 연구에 따르면, 하루에 5분에서 15분 동안 자신이 감사하게 여기는 것에 대해 앞에 나온 시나리오를 따라 글로 표현하는 '긍정 정서 글쓰기'는 스트레스와 슬픔을 감소시키며, 건강에 문제가 있는 사람에게도 효과가 있다고 한다. 또한 규칙적으로 연습하면 기분, 전망, 대인관계가 개선되며, 이타심과 겸손함도 커진다. 감사하는 사람은 자신이 더 많은 사회적 지지를 받고 있다고 느끼며, 이는 스트레스를 완화하고 우울증 위험을 낮춘다는 것이 연구를 통해 밝혀졌다.

좋은 점을 찾는 습관은 신체 건강에도 좋다. 연구를 통해 감사하기가 혈압과 수면의 질 개선에 관련이 있음이 확인되었다. 흥미로운 사실은, 감사가 실천하는 사람에게만 도움이 되는 것이 아니라는 점이다. 전문가들은 자신이 협력하는 사람에게 감사를 표현하면, 그 감사를 받는 사람의 스트레스 신체 지표들이 낮아진다는 점에 주목한다.

마음 버퍼 No. 06

감정에 대한 믿음을 재점검하라

상황 스트레스를 받는 순간이 반드시 끔찍한 하루로 이어지는 것이 아님을 기억하고 싶을 때.

방법 대체적으로 자신의 감정이 오래 지속될 것으로 과대평가하고 그 감정을 회피하거나 무심코 악화하는 식으로 대처하는 경우, 짧은 영상을 보면서 여러 감정을 유발해 현재의 순간에 집중하고 자신의 감정을 덜 판단할 수 있게 된다. 다양한 감정을 경험해볼 수 있는 짧은 영상 목록은 다음과 같다(2분 이상 시청할 필요는 없다).

▶ 영화 <챔프>(1979)의 마지막 장면
▶ 사라 맥라클란의 <엔젤> 뮤직비디오
▶ 영화 <마라톤 맨>의 "I'll give you Szell" 장면

▶ 다큐멘터리 <College Conspiracy>
▶ 퍼렐 윌리엄스의 <해피> 뮤직비디오

  다른 인터넷 창은 닫고 눈앞의 영상에 집중하면서 방해 요소를 최소화한다. 시청하고 있는 영상과 자신의 삶을 서로 연결 지어 생각하지 말고, 영상 자체에 집중하도록 노력한다. 영상이 끝나면 잠시 반추하는 시간을 갖고, 기억하고 싶은 깨달음을 적어 본다. 다음의 도표 형식을 사용하여 자신의 경험을 기록한다.

무엇을 느꼈는가? 자신의 생각, 감정, 행동 (예: 먼 산을 바라봄)을 기록해본다.	얼마나 평가 없이 바라볼 수 있었는가? (0-10점 기준 사용, 0=전혀 그렇 지 않음, 10=매우 잘함)	시청 중에 얼마나 집중할 수 있었는가? (0-10점 기준 사용, 0=전혀 그렇 지 않음, 10=매우 잘함)

근거 가장 큰 해방감을 주는 경험 중 하나는 감정이 그저 생겨났다 사라지는 것임을 깨닫는 것이다. 특히 감정을 있는 그대로 내버려 두고 현재에 집중할 수 있다면 더욱 그렇다. 나는 오랜 시간에 걸쳐 감정을 강렬하게 느낀다고 말하는 수백 명의 내담자들과 앞의 영상 목록을 시청하면

서, 사람들이 눈물을 흘리고 행복을 경험하는 것을 늘 확인한다. 하지만 각 감정이 최고조에 이르고 지속되는 건 채 2분이 되지 않는다.

영상을 보면서 그 순간에 머무는 법을 배우는 것은 자신의 삶에서 생기는 감정을 다루는 데 영향을 준다. 왜 그럴까? 영상 시청이 실제 감정을 유발한다는 것을 여러 연구를 통해 확인했다. 물론 개인의 감정적 경험은 타인의 영상보다 영향력이 더 크지만, 이러한 연습의 요점은 그 순간의 감정을 의식하는 능력을 기르는 것에 있다. 그 과정에서 자신에게 도움이 되지 않는 행동을 하면서까지 감정을 없애려 애쓸 필요가 없음을 깨닫게 된다. 현재에 온전히 몰입하게 되면, 그런 감정은 저절로 소멸되기 때문이다.

커플 치료의 선두적 전문가인 존 가트맨[John Gottman] 박사는 전문 훈련 과정에서 커플의 회복력을 예측하는 좋은 도구는 그들이 싸움 직후에 웃을 수 있는지 보는 것이라고 설명했다. 마찬가지로 동일한 원리가 개인에게도 적용된다. 이미 일어났던 일에 묶여 있는 대신에 현재에 머물면서 지금 일어나는 일에 집중하는 사람일수록, 더 건강한 감정을 경험하게 된다.

마음 버퍼

No. 07 삶의 목적을 향해서 앞으로 전진하라

상황 자랑스러운 인생을 지속적으로 이어 가고 싶을 때. 매달 혹은 매년 활용하자.

방법 매달 1일, 분기가 시작되는 첫날, 혹은 생일을 앞둔 날 등 의미 있는 날을 정하고 20분에서 한 시간, 혹은 그 이상의 시간을 할애하여 자신에게 가장 중요한 몇 가지 핵심 가치를 정리한다. 자기 삶의 질을 향상하고(예: 스스로에게 더 참을성 있게 대하기) 타인의 삶에 변화를 만들 수 있는(예: 주변 사람들에게 더 관대하게 행동하기) 주요 덕목과 행동을 생각해본다.

이제 그 가치를 서로 연결할 현실적인 계획을 세워 본다. 예를 들어 공동체의 일원이 되는 것에 가치를 둔다면, 자신에게 맞다고 느껴지는 공동체를 찾기 어렵다고 단정짓지 말자. 대신에 시도해볼 수 있는 공동체 활동 몇 가지를 목록으로 작성한 다음, 자신에게 맞

는지 확인해보는 것이다. 자신의 가치를 나타내는 행동을 정기적으로 실천하는 방법도 생각해본다. 예를 들어 환경보호 활동이 자신의 가치 중 하나라면, 한 주 동안 채식을 하겠다고 결심할 수 있다. 훨씬 더 많은 일을 해야 할 것 같겠지만, 긍정적인 방향으로 발걸음을 내딛는 것만으로도 의미 있는 일이다.

근거 자신에게 중요한 것이 무엇인지 정의하고 그것에 더 자주 집중하면, 더 넓은 시야를 가지고 자율성을 갖추는 데 도움이 된다. 일본에는 '이키가이(生きがい)'라는 개념이 있는데, 대략 '아침에 일어나야 하는 이유' 정도의 뜻이다. 전문가들은 자신이 사랑하는 일, 잘하는 일, 세상에 필요한 것을 채우기 위해 비용을 지불할 수 있는 일을 연결함으로써 이키가이를 실천하는 사람의 수명이 연장되었다고 보고했다. 이것이 바로 내가 수용전념치료나 변증법적 행동치료처럼, 사람들이 자신의 가치를 명확히 하고 그에 가까워지기 위한 단계를 설정하도록 돕는 심리치료에 열광하는 이유이기도 하다. 아이러니하게 들리겠지만 많은 내담자가 더 나은 세상, 조금 더 공정한 세상을 만드는 가치에 관련된 봉사 활동을 하는 것을, 할 일이 하나 더 추가되는 것이 아니라 자신의 스트레스가 줄어드는 것으로 느낀다. 요컨대 자신의 가치를 행동으로 옮기는 방법을 계획하고, 현재의 행동이 자신의 가치에 얼마나 부합하는지 인식하면 주도권과 만족감을 갖게 된다.

마음 버퍼 No. **08**

판단은 잠시 보류하라

상황 어떤 상황, 자기 자신, 혹은 주변 사람에게 비판적인 감정이 들 때.

방법 입 밖으로 내뱉든 속으로 생각하든, 평가를 하는 순간을 알아차리는 것이 시작이다. 이러한 습관을 인식하는 구체적인 방법은, 한 시간에 얼마나 많은 비판적 사고를 하는지 세어 보는 것이다. 얼굴이나 몸에 힘이 들어가거나, 무정한 어조로 말을 하고 있다면 바로 자신이 판단을 하고 있다는 신호다.

'넌 절대 믿을 수 없는 사람이구나'와 같은 평가 대신, '네가 약속 시간 직전에 취소를 하면, 난 다른 계획을 세울 수가 없게 되고, 그래서 실망을 하게 돼…'처럼 사실과 감정을 표현해본다. 이렇게 하면 조금 더 편하게 받아들일 수 있으며, 상대방이 듣기에도 나쁘지 않다. 비판적인 말투로 의견을 건네면 듣는 사람이 공감 대신 방어적으로 반응할 가능성이 높아질 수 있기 때문이다. 우리는 너무나 자주 평가를 하므로, 특정 상황이나 대상(예: 배우자)을 정해서 연습을 하고, 그다음에 다른 영역에서도 평가를 자제하는 습관을 연습한다. 평가를 줄이는 데 추가 동기가 필요하다면,

매사 정확한 사람과 관계를 잘 유지하는 사람 중 어떤 쪽이 되고 싶은가를 생각한다.

근거 평가를 하는 순간과 대상을 인식하게 되면, 그러한 평가와 부정적 성향을 멈출 수 있게 되어 감정을 느끼는 방식을 개선하고 문제 해결 능력을 높이게 된다. 비판적인 생각이 자연스럽고 당연한 것으로 보이겠지만, '나는 최악이야' 같은 생각으로 자신을 학대하는 것은 대처하는 것에 방해가 된다. 스트레스는 우리가 상황, 자신, 타인을 인식하고 평가하는 방식과 연관이 있다. 평가는 스트레스를 유발하는 것은 물론이고 분노, 불안, 절망감 등의 고통스러운 감정을 일으킨다.

마음 버퍼

No.
09 다양한 형태의 공감을
실천하라

상황 타인의 고통을 흡수하면서 자신이 소진되거나 오히려 도움을 주는 능력이 지연될 때.

방법 타인이 겪고 있는 일을 관찰하면서 타인과 자신의 경험 간의 경계가 허물어지지 않도록 주의한다. 심호흡을 몇 차례 한 후, 감정적 공감을 인지적 공감으로 전환한다. 예를 들어 쓰레기통을 뒤지는 사람을 본다면, 배가 고플 것임을 고려하여 손을 내밀어야 한다. 만약 식량 부족으로 인한 절망감에 압도되면, 미소를 건네고 음식을 제공하는 능력에 방해가 될 뿐이다.

근거 사회복지사로 일하든, 봉사활동을 하든, 친구들의 어려움에 도움을 주든, 비극적 소식을 접하게 되든, 우리는 주변의 고통과 불의 속에서 길을 잃기 쉽다. 그러나 실제로 그 위기를 겪는 주체가 아니라면, 그 사람의 입장으로 그 감정을 상상하는 것은 도움을 줄 수 있는 자신의 능력에 방해가 될 뿐이다. 한 연구에 따르면 자신의 감정을 환자의 감정과 과도

하게 동일시하기보다, 자신의 감정을 인정하는 의사가 번아웃을 덜 경험하는 것으로 나타났다. 위기 개입과 인도적 지원을 전문으로 다루는 존스홉킨스보건대학원 교수 조지 에벌리 주니어$^{George\ Everly\ Jr.}$ 박사에게 재난 현장 봉사자를 훈련하는 방법에 관해 물었을 때 그는, "타인을 돕는 방법은 공감을 통해서라고 배우지만, 이는 함정일 수 있다"고 말했다. 타인의 감정을 떠안는 것이 아니라 타인의 입장으로 세상을 이해해야 한다면서, 타인의 감정을 자신이 떠안게 되면 상처를 입게 되어 그 사람의 고통을 효과적으로 줄여 주지 못하게 된다고 설명했다. 타인을 돕기 위해 그 사람의 감정을 고스란히 느낄 필요는 없다. 고통에 압도당한 상태에서 도움을 전하는 것은 거의 불가능한 일임을 기억해야 한다.

마음 버퍼 No. 10 공감의 즐거움을 느껴보라

상황 모두가 나보다 더 쉽고 나은 인생을 사는 것처럼 느껴질 때. 종종 타인의 성취에 뜨뜻미지근한 감정이 느껴져서 진심 어린 마음으로 축하하고 싶을 때도 이 방법을 실천할 수 있다. 달라이 라마가 말했다. "타인의 행복으로 자신의 행복을 키울 수 있는 이유는, 그렇게 하면 자신의 행복 기회가 60억 분의 1보다 커지기 때문이다."

방법 타인의 안녕감에 기쁨을 느끼지 못하면, 자신의 삶에도 만족감을 느끼기 어렵다. 주변 사람들에 대한 행복함을 더 많이 느끼기 위해서, 타인의 성공은 곧 나의 행운 박탈이라는 식의 근본적인 부정적 단정을 붙잡고 있는 것은 아닌지 자문해보자(행복은 한정된 자원이 아니다). 자신이 질투하는 사람은 그 성취를 쉽게 이뤘을 것이라 상상하는 등, 머릿속으로 이야기를 지어내고 있는지 확인해보는 것도 도움이 된다. 다음을 연습해보자.

▶ 친구에게 좋은 소식이 있을 때, 진심으로 축하거나 그 감정을 행동으로 옮긴다.

SNS에 엄지 척하는 이모티콘을 올리는 대신, 직접 문자나 카드를 보낸다. 가장 가까운 친구들을 대상으로 시작해보고, 그런 다음 대상 범위를 넓힌다.

▶ 누군가 실시간으로 좋은 소식을 공유할 때, 미적지근한 축하 문구 등의 형식적인 반응을 하기보다는 말과 몸짓에 에너지와 열정을 담는다(예: 진짜 너무너무 잘됐어. 너만큼 이 성공을 누릴 사람은 없어!).

▶ 자애 명상을 끝낸 후(자세한 내용은 '2부 마음 리셋 09' 참고), 그 사람의 이미지를 선명하게 떠올린 채로 '당신의 행복이 커지기를 바란다'고 되뇌어 본다. 집중이 흐트러지는 경우, 그 이미지를 다시 떠올린다. 며칠간 같은 사람을 대상으로 연습한 후 대상을 바꿔 실천한다.

근거 "네 이웃을 네 몸과 같이 사랑하라"는 성경의 계명과 마찬가지로, 불교에서 타인의 행운을 진심으로 기뻐하는 것을 뜻하는 '공감적 기쁨(sympathetic joy, 喜)'은 삶이 곧 경쟁이라는 스트레스 가득한 전제를 뛰어넘게 해준다. 우리가 소셜미디어에서 한껏 편집되고 완벽해 보이는 삶에

너무나 자주 노출되어 있음을 기억하면서 운이 없다는 감정을 무시하는 법을 배우고, 타인의 행복을 함께 경험하게 되면 질투심과 외로움을 줄일 수 있다. 수십 년간 공감의 기쁨을 실천하는 법을 가르쳐 온 마음챙김 강사이자 수 많은 책의 저자인 샤론 샐즈버그는 "궁극적인 진실은 우리가 모두 연결되어 있다는 것"이라고 말한다. 그녀는 누가 무엇을 얻을 자격이 있는지에 집착하면서 억울함으로 괴로워하는 대신, 자신의 시간을 어떻게 사용하기를 원하는가 고민하는 것이 더 합리적이라고 조언한다. 이민자 조부모님의 손에 자란 샐즈버그는 한때 부모의 양육을 받은 대부분의 또래 친구와 단절된 느낌이었던 적이 있지만, 공감적 기쁨 덕분에 우리 모두가 가지고 있는 취약성을 알게 되었다. 완벽한 삶을 가진 사람은 없으며, 영원히 완벽한 사람도 없다고 그녀는 덧붙였다.

마음 버퍼 No. 11

3분간의 마음챙김을 하라

상황 생각, 감정, 행동을 보다 쉽게 파악하여 쓸모 없는 반복적 패턴에서 벗어나고 싶을 때.

방법 두 발을 바닥에 딛고 바른 자세로 의자에 앉거나 가부좌 자세에서 허리를 곧게 세운다. 괜찮다면 두 눈을 감거나 시선을 한 곳에 고정한다.

1분 차 의자나 바닥에 닿아 있는 몸의 부위를 의식한다. 그런 다음 깊이 생각한다. '지금 나는 무엇을 경험하는가? 내 머릿속에 어떤 생각들이 흘러가는가? 나는 어떤 신체 감각을 느끼고 있는가?' 자신의 생각과 신체 감각을 어떤 식으로도 바꾸려 하지 말고 최선을 다해 있는 그대로 인식한다.

2분 차 마음에 떠오르는 것을 내려놓을 수 있는지 확인하고, 들숨에 부풀고 날숨에 수축되는 복부 호흡으로 느껴지는 신체 감각에 집중한다. 끝까지 들이쉬고 내쉬는 호흡을 따라가면서 주의를 한 곳으로 모은다.

3분 차 자신의 집중을 호흡에서 몸 전체로, 머리 끝에서 발바닥으로, 지금 머무는 공간으로 확대하면서, 자신의 의식을 확장한다. 준비가 되면 눈을 뜬다.

일주일 동안 매일 두세 번 시간을 정해 두고 연습한다. 정해진 시간에 실천하게 되면 습관으로 이어져, 근육을 키우는 것과 마찬가지로 필요할 때 사용하기 쉬워진다. 일주일 후, 앞으로 이 연습을 하게 되면 얼마나 자주 도움이 될지 생각해본다. 하루 한 번, 정해진 시간이 이상적이다. 음성 가이드를 듣는 것이 더 좋다면, 마음챙김 기반 인지치료(MBCT, Mindfulness-Based Cognitive Therapy)의 개발자 중 한 사람이자 캐나다 토론토대학교 교수인 진델 시걸 Zindel Segal 박사의 유튜브 영상을 참고하면 된다(유튜브 'Three-Minute Breathing Space').

근거 호흡은 언제나 우리와 함께 하기 때문에, 지금 이 순간 현재에 머

물 수 있도록 돕는 편리한 도구다. 3분 호흡 공간명상은 자신의 생각, 감정, 신체 감각을 인식하여 자동으로 반응하지 않도록 대비시킨다. 이 연습을 반복할수록 다른 여러 상황에서도 자신을 관찰할 수 있게 되어, 지금 현재의 순간에 다시 집중하기 쉬워진다. 시걸 박사의 설명대로, 짧은 시간이지만 주의 전환의 리듬이 자신의 집중을 되돌리고 점검하며 앞으로 나아가도록 일깨우는 것이다. 이는 어려움에 빠진 순간에 우리에게 필요한 멘탈 슈퍼 파워다.

진델 시걸 박사는 마음챙김 기반 인지치료 8주 과정을 마친 후 매일 실시한 이 3분간의 마음챙김이, 심각한 우울증의 재발의 약물 치료와 같은 효과가 있다고 내게 말했다.

신체 버퍼 No. 12

공황을 유도해 두려움을 줄이는 연습을 하라

상황 스트레스가 불편한 신체적 증상으로 이어지거나, 고통스러운 공황 발작이 다시 일어날까 불안할 때.

방법 숨 가쁨과 같은 신체적 감각은 힘든 순간에 집중력까지 빼앗아 간다. 그러므로 비교적 안전한 환경에서 특정 신체 증상을 반복해서 유도하고 잠시 포용함으로써 몸의 스트레스 반응이 가진 힘을 빼앗는 연습을 한다. 이를 위해 자신의 안전지대를 늘리면서, 감각기관 노출이나 평상시에 회피하는 신체적 증상의 대면을 통해 불안의 신체적 감각으로 인한 탈선에서 자유로워지게 된다.

빠른 심장 박동, 숨 가쁨, 근육 긴장, 열감 및 발한, 폐쇄공포, 어지러움, 방향감 상실, 떨림 등 공황이 생길 때 나타나는 신체 감각을 생각해본다. 이러한 감각을 느낄 때 자신이 신체 반응을 평가하는 경향이 있는지 파악한다. '숨을 못 쉬겠어!' 혹은 '점점 더 나빠지고 있어!' 등의 생각을 한다면, 이것이 바로 그러한 경향이 있다는 증거다. 만약 그렇다면 이런 신체 감각을 '나쁜 것' 혹은 '위험한 것'으로 평가하는 대신, 그저 일시적인 것임을 기억한다. 차분한 순간에 이러한 증상을 다시 만들어 냄으로써 익숙해질 수 있다.

다양한 공황이나 스트레스에 관련된 신체 감각을 유도하는 것을 목표로 하는 다음에 나오는 목록을 시도해본다(이 목록이 흥미롭지 않게 보일 수 있지만, 모두 실천하는 데에 5분 이상 걸리지 않는다).[1] 그리고 아래의 표를 사용하여 자신에게 가장 효과적인 것을 기록해둔다.

연습	감각	실제 고통과의 유사성

그런 다음 필요하다면 이 연습의 강도를 높인다. 긴장하거나 스트레스를 받으면 폐쇄공포, 열감, 심장이 질주하는 느낌이 생기는 경우라면, 겨울 코트를 입은 채 진한 에스프레소 커피를 마신 후에 좁은 옷장 안에 들어가서 이 연습들을 해본다.

▶ 과호흡하기(최대 60초): 강한 힘을 사용하면서 빠르고 깊게 호흡한다. 이 연습은

---

1 천식, 현기증, 이런 행위들을 금지하는 기타 신체적 증상이 있는 경우 의사와 상의한 후에 시도한다.

어지러움을 유발할 수 있다.

▶ 가는 플라스틱 빨대를 통해 호흡을 하는데, 빨대를 조여서 지름을 반으로 줄이고 코도 막은 채로 실시한다. 60초까지 지속한다(충분한 공기를 마시지 못하는 것처럼 느껴져야 한다).

▶ 회전의자에 앉거나 선 채로 60초 동안 제자리에서 돌기를 한다. 3초에 한 바퀴를 돌도록 한다.

▶ 무릎이 코에 닿도록 노력하면서, 60초 동안 제자리에서 힘차게 뛰어 심박수를 높이고 땀이 나게 한다.

▶ 60초 동안 혹은 온몸이 떨릴 때까지 플랭크 자세를 유지한다.

   신체 감각이 위협적이지 않고 익숙하게 느껴질 때까지, 자신의 스트레스 증상과 가장 유사한 연습을 반복해서 실시한다. 몇 주에 걸쳐, 일주일에 몇 번씩 연속으로 몇 차례 연습한 다음, 일상에서 실제 스트레스를 경험하기 직전에 다시 연습한다. 이렇게 하면 미리 준비가 된 상태이므로 증상이 나타나더라도 큰 거부감 없이 받아들일 수 있다.

근거 나는 종종 감각기관 노출이 공황 발작을 치료하는 가장 빠르고 가장 효과적인 방법임을 공익 광고로 알리고 싶다는 생각을 한다. 공황 증상을 의도적으로 일으키고 자신이 두려워하는 것에 직면하게 되면, 스트레스와 불안 증상을 '난 위험에 빠졌어!' 등의 과장된 해석과 서로 분리할 수 있게 되기 때문이다. 불안한 신체 감각에 평가 없이 접근하는 연습을 하면 할수록, 그 감각을 끔찍한 것이 아니라 일시적인 것으로 볼 수 있게 된다. 이런 신체 증상이 자신을 해치지 않음을 알게 되면, 그 증상을 일으키는 상황을 피하려는 경향도 줄어들면서 공항으로 인한 영향력이 사라진다. 그 감각이 불쾌한 것일지라도 자신의 신체 감각을 경험하고 수용하는 것이 불안 장애를 겪는 수많은 사람들의 기능을 개선한다는 사실이 연구를 통해 증명되고 있다. 공황을 피하기 위해 삶의 반경을 좁혀 왔던 내담자들이 이제는 스트레스가 유발하는 신체 감각을 받아들이는 법을 찾고, 이전에는 절대 예상하지 못했던 방식으로 삶을 확장해나가는 모습을 보는 것은 정말 놀라운 일이 아닐 수 없다.

신체 버퍼

No. **13**

스마트폰 화면 대신 아침 햇살을 즐겨라

상황 하루를 보다 건강한 시각으로 시작하고 싶을 때. 특히 수면과 집중력의 문제가 있을 때.

방법 밤이든 기상 직후이든, 아무 생각 없이 스마트폰을 들여다보려는 유혹을 물리치기 위해, 스마트폰을 알람 시계로 쓰는 대신 침대 옆에 진짜 알람 시계를 두고 스마트폰은 다른 방으로 치워 둔다. 기상 후 한 시간 내에, 스마트폰을 들여다보지 않으면서 생긴 시간을 2분에서 5분간의 짧은 산책이나 밖에 앉아서 이른 아침 햇빛 쬐기에 투자한다. 태양을 직접 쳐다볼 필요는 없고, 태양이 있는 쪽을 보면 된다. 흐린 날이라면 야외에서 20분 가까운 시간을 보낸다.[2]

근거 기상 후 한 시간 내에 선글라스 없이 아침 햇빛을 보면 생체 시계

---

[2] 아침 햇빛을 쬐는 것이 어려운 지역에 살고 있거나, 주로 겨울철에 기분이 가라앉는 사람이라면, 자연광 치료기 사용에 대해 의사와 이야기해볼 수 있다.

의 조절에 도움이 되어, 에너지가 증가하고 집중력이 좋아지며 수면이 개선된다. 수면-각성 주기를 조절하는 신체 능력이 우리가 받는 자연광에 달렸기 때문이다. 햇빛을 통해 얻는 비타민 D가 기분 개선에도 한몫을 한다는 이점도 있다.

하지만 무엇보다 손바닥만 한 스크린보다 우리의 삶에 훨씬 더 많은 것이 존재함을 상기해준다는 점이 마음에 들지 않는가? 한번 생각해보자. 우리 조부모님들은 우리처럼 아침을 시작하지 않았다. 이메일, 뉴스 훑어보기, 모르는 사람들의 이야기 엿보기, 혹은 할 일 고민하기 등에 몰두하는 것은 삶을 찬양하며 아침을 시작할 기회를 놓치는 것처럼 느껴진다.

신체 버퍼
No. **14**

입술 꼭 닫기를 하라

상황 습관적으로 구강 호흡을 하거나 코를 골 때.

방법 알레르기를 유발하지 않는 수술용 테이프를 우표 크기로 잘라서 10분에서 20분간 입술 중앙에 붙여 코로 호흡하는 습관을 들인다(물론, 식사 중이나 대화 중에는 붙이지 않는다!). 구강 호흡을 하거나 수면 중 코를 고는지 의심된다면(기상 시에 입이 마른 상태라면, 구강 호흡을 할 가능성이 있다) 밤새 입술을 테이프로 봉하는 방법을 시도해본다.[3]

근거 코로 호흡하면 혈압이 낮아지고 수면의 질이 개선되며, 경미한 수면 중 무호흡증이 있는 사람의 코골이가 줄어든다고 한다. 비강 호흡을 하면 구강 호흡에 비해 더 촉촉하고 효율적으로 걸러진 공기가 몸속으로 들어온다. 또한 비강 호흡은 폐가 산소를 보다 효과적으로 흡수하도록 하여 깊은 호흡을 할 수 있게 만든다. 순환에도 영향을 미치는데, 산소를

---

[3] 코 막힘이나 폐쇄성 수면 무호흡증을 겪는 사람은 이 방법을 시도하기에 앞서 의사와 상의한다.

세포까지 전달하는 산화 질소의 수치를 높여 생체 기능 향상은 물론, 기분과 면역까지 개선된다. 비강 호흡의 열성 팬들은 격렬한 운동 중에도 이 방법을 사용하여 경기력을 높인다.

개인적으로 나는 살짝 팽팽한 테이프를 10분간 입술 위에 붙이면 나머지 시간 동안 입을 살짝 다무는 행동을 더 자주 하게 되고, 테이프를 밤새 붙이는 것도 불편하지 않게 느껴진다는 것을 알게 되었다. 비강 호흡에 대해 더 자세히 알고 싶다면, 비강 호흡에 대해 매우 상세하게 다룬 과학 기자 제임스 네스터의 저서 『호흡의 기술』을 참고하기 바란다.

> 신체 버퍼
> No.
> **15**

마음챙김으로 먹어라[4]

상황 식사를 하는 중에 여러 가지 일을 할 때나 한 자리에서 너무 적게 혹은 너무 많이 먹고 있음을 알게 될 때. 혹은 하루 중 감사함을 느낄 방법이 더 필요할 때.

방법 딸기 혹은 작은 과일 조각 하나를 손에 들고 집중력을 총 동원하여 모양, 손가락 사이로 느껴지는 감촉, 냄새에 집중한다. 입에 넣은 채로 씹지 않고 그 감각을 느낀다. 그런 다음 한 번 씹으면서 딸기가 치아와 혀의 어느 부위에 닿는지, 입속에서 형태와 질감이 어떻게 바뀌는지, 어떤 맛이 퍼지는지 인식한다. 도움이 된다면 씹는 동안 두 눈을 감고 모든 집중력을 자신의 미각에 모은다. 계속해서 천천히 딸기를 음미한다. 음식의 상태를 평가할 필요는 없다. 자신의 인식을 더 높이고 싶다면 밭에서 일

---

[4] 수분 섭취도 잊지 말자! 하루 내내 물 마시기를 잊으면 스트레스를 받는 것과 유사한 신체 감각을 일으킬 수 있다. 하루에 5잔의 물을 마시는 것은 우울증과 불안의 위험을 낮춘다. 하루에 10잔에 가까운 물을 마시는 것이 가장 이상적이며 수명, 인지 능력, 기분, 수면 등의 향상 효과가 있다는 연구 결과도 있다. 부담스럽지 않은 수준에서 시도하고 싶다면, 수분 섭취를 기억하도록 디자인된 물병을 사용해보자.

하고, 트럭으로 운송하고, 슈퍼 진열대에 정리하는 사람들을 비롯해서, 그 딸기가 밭에서 식탁 위까지 오는 과정에 참여했을 모든 사람들을 생각한다. 이제 흥  미롭게 느꼈던 경험을 적어 보고, 평상시 식사 방식과 이 연습의 차이를 생각한다. 몇 입이나 몇 모금 음미하는 것에서 시작해서, 하루 한 번은 이 방법으로 식사 전체를 끝내는 수준까지 진행한다.

배고픔을 인식하는 것 역시 중요하다. 적당히 배가 고플 때 먹고 적당히 배가 부르면 멈추면서, 배부름을 느낄 때까지 20분이 걸린다는 것을 파악하는 것이다. 음식을 음미하며 먹는 또 다른 방법으로는 접시에 담아 먹기, 식사 중에는 어떠한 방해 요소 없이 앉아서 먹기만 하기, 포만감을 인식할 수 있도록 식사 속도를 더 늦추기 등이 있다.

음미하며 먹을 시간이 없어서 걱정이라면, 멀티태스킹 없이 즐겁고 서두르지 않고 식사하는 데 시간이 얼마나 걸리는지 확인해보자. 10분 정도인가? 그렇다면 앞으로는 그 시간을 확보해보도록 하자. 생각보다 긴 시간이 아니며, 식사도 훨씬 만족스럽다는 것을 알게 될 것이다.

근거 급성 스트레스는 식욕 감소로 이어지고 명확한 사고와 감정 관리 능력을 방해한다. 그에 비해 만성 스트레스는 감정적 식사나 과식을 유도하여 기분을 망친다. 스트레스를 받으면 식욕을 잃거나 지나치게 많이 먹게 되는데, 건강한 음식으로 자신을 채우면 더 많은 여유로워질 수 있다. 음미하는 식사는 굶기와 포식 사이를 오가는 일을 막아 인내심, 소화력, 안녕감을 향상시킨다(전문가들은 지나친 절식이나 폭식으로 힘들었던 경험이 있는 사람에게 식사 3회와 간식 2회를 목표로 할 것을 권장한다).

통제를 벗어난 방식의 식사는 자기가치감(self-worth)에 부정적인 영향을 미쳐, 자신을 신뢰할 수 없는 존재로 느끼게 만든다. 내담자들은 자신의 건강한 습관을 망치고 있다고 느끼면, 스트레스를 주는 것이 무엇이든 그 스트레스가 더 크게 느껴진다고 말한다. 마음챙김의 음미하는 식사는 자신에게 음식을 즐기도록 허락함으로써 자기 자비를 키우는 하나의 기회다.

No. 16 수면 개선을 위해 침대에 머무는 시간을 줄여라

신체 버퍼

상황 수면에 어려움이 있고 침대에 누워 있는 시간과 실제로 자는 시간이 현저하게 차이가 날 때.[5]

방법 양질의 수면 없이는 정신적으로도 육체적으로도 건강함을 느끼기 어렵다. 불면증으로 힘들어 하는 사람의 30%가 이 연습의 공식 명칭인 수면제한(sleep restriction)의 효과를 경험한다. 먼저 자신의 수면 패턴을 명확하게 파악하기 위해 다음 항목들을 기록한다.

1. 잠자리에 드는 시간
2. 잠이 들 때까지 걸리는 대략적인 시간
3. 한밤중에 깨어 있는 시간
4. 기상 시간
5. 침대에서 일어나는 시간

---

[5] 두통, 양극성 장애, 간질 등 수면제한으로 악화되는 질병이 있는 경우, 먼저 의사와 상의한 후에 시도한다.

침대에 머문 시간과 실제 수면 시간의 차이를 계산한다. 이 일지를 일주일 동안 매일 기록하여 평균 수면 시간을 최대한 정확하게 파악한다.

그다음 일어나고 싶은 기상 시간을 정한다. 이 시간을 매일 똑같이 유지하되, 잠자리에 드는 시간을 늦춰서 실제 수면 시간 동안만 침대에 있다가 일어나기로 한다. 예를 들어 잠들기까지 한 시간이 걸리고 밤중에 20분 동안 깨어 있다면, 평상시보다 1시간 20분 늦게 잠자리에 드는 것이다. 최소한 5.5시간은 침대에 있도록 한다. 만약 15분 이상 잠이 깬 상태로 침대에 있다면, 침대 밖으로 나와 의자에 앉아 재미없는 책을 읽거나 수면을 유도하기 위한 팟캐스트를 듣는 등 피로가 몰려올 때까지 지루한 일을 한다.

잠들지 못하는 상태를 만드는 방해 요소를 기록한다(예: TV 보다 잠들기, 잠자리에 들기 전에 술이나 약물 사용하기, 침대에 반려동물을 두기, 침대에서 스마트폰 보기 등). 과도한 부담감을 느끼지 않도록 한 번에 하나씩 장애물을 제거하는 것부터 시작한다. 처음에는 수면 시간이 줄어들 수 있으나 침대에 머무는 시간과 수면 시간이 비슷해지면, 5일마다 20분씩 일찍 잠자리에 들면서 수면 시간을 늘리면 된다.

근거 침대에 머무는 시간을 제한하는 것은 약물을 사용하지 않고 불면증을 치료하는 효과적인 방법이며, 약물보다 더 좋은 결과를 보여준다. 제대로 잠을 자지 못하면 침대에 오래 머물고 싶은 충동이 생기는데, 수면 전문가들의 권고는 이와 정반대다. 오히려 침대에 머무는 시간을 줄이면 수면 욕구가 발동하게 되어 더 효율적이고 편안하게 수면을 취하게 되며, 종종 몇 주 안에 해결이 된다. 여기에 제공된 내용보다 더 많은 도움이 필요하다고 느끼는 경우, 수면제한을 연습할 수 있는 관련 앱이나 프로그램을 활용하면 된다. 혹은 전문가와 상담하는 것도 좋은 방법이다.

신체 버퍼

No. 17 운동 루틴을 최우선으로 하라

상황 신체 건강과 정신 건강을 중요하게 생각하면서도 규칙적으로 운동을 하지 않을 때.

방법 잠시 자신의 건강 목표에 대해 생각한다. 만약 엄청나게 동기부여가 된 상태라면 어떤 종류의 신체 활동을 하고 있을까? 얼마나 자주 하기를 원할까? 과거에 효과가 있었던 운동이 있다면, 어떤 것이었는가?

새로운 행동을 시작한다는 것이 어렵게 느껴질 수 있으므로, 하루에 몇 보 걷기 혹은 버피 하기, 러닝 습관을 갖게 도와주는 앱 사용하기, 좋아하는 온라인 운동을 찾아 일주일에 3회 하기, 규칙적으로 참여하고 싶은 수업을 찾을 때까지 몇 가지 그룹 운동 수업에 참여하기, 스포츠 리그에 등록하기 등과 같이, SMART 목표를 정해본다. SMART는 Specific(구체적), Measurable(측정 가능), Attainable(달성 가능), Realistic(현실적), Time-sensitive(시간-제한)의 앞 글자를 조합한 것이다. 할 수 있고 즐길 수도 있는 운동을 찾았다면 이번 주 운동과 횟수를 정해두고, 빠트린 경우에는 일정을 다시 조정하도록 한다. 얼마나 자주 운동해야 할 지 모르겠다면?

연구 결과를 참고하자. 일주일에 3회, 한 번에 한 시간씩, 6주간 중간 강도나 고강도의 운동을 하는 경우, 보통 수준의 우울증을 진단받은 사람의 우울감이 개선되는 것으로 확인되었다. 11만 6,000명 이상의 성인을 대상으로 연구한 결과에서는 일주일에 평균 7.5시간을 중간 강도와 격렬한 강도의 활동에 쓰는 경우, 수명이 유의미하게 증가하는 것으로 나타났다.

시작하기 전, 자신의 목표를 달성할 가능성이 얼마나 될지, 0-10점으로 표시해본다(0=매우 불가능함, 10은 매우 가능함). 그런 다음 잠들기 전에 운동화와 운동복 침대 옆에 꺼내 두기, 신나는 플레이리스트 준비해두기, 믿을 수 있는 운동 친구 만들어 두기 등과 같이, 이러한 수치를 더 높일 수 있는 방법들을 생각해본다. 내 내담자 중에는 운동이 끝나면 5달러씩 따로 떼어 놓았다가 멋진 레깅스나 새 운동화같이 오랫동안 갖고 싶었던 운동용품을 자신에게 선물하는 사람도 있다. 이와 반대로 처벌 위협이 더 효과적인 사람도 있다. 일례로 나는 24시간 전에 취소하지 않으면 수업료를 전액 지불해야 하는 운동 수업을 좋아한다. 무언가를 잃는 위협인 손실혐오(loss aversion)가 나의 참여도를 자극하는 것이다.

일주일 후 자신의 느낌을 평가하고 SMART 목표를 다시 점검하여, 운동의 종류나 횟수 등을 수정할 필요가 있는지 확인한다.

근거 규칙적 운동이 주는 이로움은 우울증과 불안 및 스트레스 증상의 개선, 집중력과 수면 시간 증가, 인지 저하 및 사망 위험의 감소를 비롯하

여 매우 다양하다는 사실이 연구 결과로 증명되었다. 12만 명 이상의 사람들을 확인한 결과 실제로 운동의 효과가 항우울제보다 훨씬 더 강력했다. 운동은 자신감을 높여 주고 삶의 목적 의식도 강화한다. 내가 상담하는 많은 사람들도 운동으로 취침 시간 지키기, 식습관 개선하기, 공동체 의식 조성하기 등의 긍정적인 연쇄 반응이 시작됨을 경험했다. 심각한 질병을 앓는 형과 부모님을 돌보던 한 내담자는, 자신의 의지로 자유롭게 할 수 있는 유일한 일이 매일 걷는 걸음 수를 늘리는 것이라 생각했다. 그래서 하루에 8,000보 걷기를 목표로 정했다. 날마다 목표를 달성하는 자신을 보면서 '정체되었던' 사고방식이 완전히 바뀌고, 자신의 삶에도 가능성이 있음을, 침체되어 있어야 할 필요가 없음을 깨닫게 되었다.

　내 친구들은 그룹 피트니스 수업이 나의 행복 공간이라고 놀리는데, 사실, 정말로 그렇다. 나는 할인 패키지를 구매하고 고민할 필요가 없도록 미리 일정을 조정해서, 매주 같은 시간에 같은 수업에 참여한다.[6] 나는 다른 일상이나 생활과는 달리 운동에서만큼은 빠지지 않는 것이 중요하다는 태도를 고수하고 있다. 출석하려고 노력하는 한, 내가 얼마나 잘하는지는 중요하지 않기 때문이다. 이는 운동이 완벽주의자가 되려는 욕구를 흘려버리는 데도 도움이 된다는 증거이기도 하다.

6　이 책을 쓰는 동안 내가 꼬박꼬박 참여했던 수업의 브라이언 에반스, 저스틴 자이람, 도널드 페닝턴 선생님께 깊은 감사를 전한다. 이분들이 내 하루에 충만한 기쁨과 좋은 의미의 고민을 선사해주었다.

신체 버퍼

No. **18**

천천히 호흡하는 습관을 길러라

상황 신경계를 조절하여 만성 스트레스를 줄이고 싶을 때.

방법 하루에 한두 번, 최소 20분 동안 자신의 호흡을 조절하는 습관을 들인다. 먼저, 가장 적당한 시간을 정한다. 그런 다음 타이머를 20분으로 설정하고, 바르게 앉거나 누운 자세에서 입을 살짝 다문다. 도움이 된다면, 손을 복부 위에 올려 두고 매 호흡마다 오르내리는 움직임을 인식한다. 서서히 호흡을 늦춰 5~6초마다 들이쉬고 내쉬도록 한다. 이 리듬을 유지하기 위해 숫자를 세거나, 앱을 사용하거나, 시계 초침에 박자를 맞춰도 좋다. 3개월간 매일 연습한다면 언제 어디서든 일상에서 필요할 때마다 짧은 박자 호흡을 할 수 있게 될 것이다. 운전 중에는 절대 하지 않는다.

근거 깊고 느린 호흡은 안정 시 심박수를 낮추고, 마음의 평온을 높이며, 이완감, 만족감, 경각심, 활력을 높이는 등의 여러 장점이 있다. 5초 간격으로 들이쉬고 내쉬는 호흡법은 분당 18회인 일반 성인의 호흡율을 1/3

이상 낮추고 혈압도 낮추는 것으로 드러났다(고혈압은 짜증과 민감한 반응의 경향과 연관이 있기 때문이다).

수십 년 간 박자 호흡을 가르치고 연구해온 패트리샤 게르바르크$^{Patricia\ Gerbarg}$ 박사는 "신경계와 스트레스 반응 시스템이 기능하는 방식을 보다 근본적으로 바꾸기 위해서는 20분 동안, 이상적으로는 하루에 두 번 실시하는 것을 목표로 잡아야 한다"고 말한다. 정식으로 연습하면 스트레스를 받는 상황에서 진정 효과가 있는 이 호흡 패턴을 더 쉽게 활용하게 된다고 설명했다.

만약 그 정도의 시간을 따로 내는 것이 부담스럽다면, 건강한 호흡을 위해 그저 몇 분을 투자하는 것으로는 충분하지 않다는 점을 기억하자. 이는 과학 전문 기자이자 『호흡의 기술』을 쓴 제임스 네스터는, 단발적인 호흡 연습은 한 끼를 샐러드로 먹고 나머지 끼니를 불량식품으로 채우는 것과 같다고 설명했다.

신체 버퍼

No. 19 물질 사용을 기록으로 남겨라

상황 반복적인 음주 등의 물질 사용이 자신의 안녕감에 영향을 미치는지 궁금할 때.

방법 일주일 혹은 한 달간 물질 사용(substance use)을 기록하여 자신의 습관을 명확하게 파악한다. 앱을 사용하거나 종이에 써도 좋다. 숙면하기, 올바른 결정하기 등과 같이 물질 사용을 줄이면 얻게 되는 잠재적 이익에 대해서도 생각해본다.

물질 사용에 대한 데이터가 어느 정도 모이면, 사용하고 싶은 순간과 적절하다고 느끼는 양에 대해 구체적으로 정리한다(예: 매일? 주말에? 일주일 동안 총 몇 잔? 이 수치들이 자신의 목표와 얼마나 일치하는지?).

구체적 목표가 설정되면, 기억에 의존하지 말고 가능하다면 실시간으로 사용한 때와 양을 기록한다. 내 경우 내담자들에게 음주 습관을 기록할 수 있는 앱을 추천하기도 한다. 다음 페이지에 나오는 도표와 같은 형식으로 자신만의 일지를 만들어 본다.

기록하는 습관을 들이면서, 사용량이 감소했을 때는 물론이고 사용할

상황	사용 충동 (0-5점)	사용 전 인지한 감정과 생각	물질(substance)을 사용했다면, 사용량을 기록	단기 영향	장기 영향

때마다 기록으로 남긴 자신의 행동도 칭찬한다. 특히 이렇다 할 변화를 이루지 못한 상태에서는 기록하는 것 자체가 자신의 취약성을 이겨 내는 노력이 필요하기 때문이다. 조심스럽게 자신을 점검하는 것이 습관을 바꾸는 첫걸음임을 기억하며 끈기 있게 실천하다 보면, 진전을 이루게 될 것이다. 일주일에 술 한 모금씩 줄이는 것이라도 말이다.

근거 활력, 집중력, 혹은 기분으로 힘들어했다면, 자신의 물질 사용에 주목할 필요가 있다. 습관을 제대로 이해하고 수정하고자 한다면, 실시간 기록하기가 그 첫 단추 역할을 할 것이다. 내 내담자들도 종종 자신이 기억하는 복용량과 실시간으로 기록한 양에 꽤 큰 차이가 있음을 확인한다. 자신이 삼킬 때마다 기록해야 한다는 것을 아는 것만으로도, 좀 더 계획적인 사용으로 이어지고 얼마나 사용하고 있는지 정확히 파악하게 된다. 그러면서 물질 사용을 선택하는 순간과 이유에 대한 패턴을 객관적으로 볼 수 있게 된다.

전문가들에 따르면 처음에는 물질 사용의 동기가 주로 재미를 위한 것으로 시작하지만, 종종 고질적 습관이나 부정적 감정에 대처하고 욕구를 해소하는 하나의 방법으로 발전한다고 한다. 취침 전 4시간 이내에 한두 잔의 술을 마시면 수면의 질이 24% 감소할 수 있고, 대마초를 사용하면 수면 주기의 렘(REM) 수면량이 감소한다. 3만 6,000명 이상을 관찰한 결과, 하루 한두 잔의 알콜 섭취가 뇌 부피 감소와 관련이 있었다. 무시무시하게도 하루 서너 잔 이상을 규칙적으로 마시게 되면 뇌 위축으로 이어질 수 있다. 결국 물질에 의존하는 것은 문제에 대처하고, 현재의 삶에 머무르는 자신감을 키우는 법을 익힐 기회를 놓치는 것과 같다. 목표를 설정하고 지킬 수 있다는 사실을 아는 것 자체가 이미 엄청난 승리다.

> 신체 버퍼
> No.
> 20

더 많이 웃어라!

상황 삶을 더 가볍고 밝게, 그리고 주변 사람도 더 행복하게 만들고 싶을 때.

방법 경영대학원에서 유머 과정을 가르치는 스탠퍼드대학교 교수 제니퍼 에이커[Jennifer Aaker] 박사와 강사 나오미 백도나스[Naomi Bagdonas]는 우리의 뇌가 자신이 찾으려는 것을 찾게 되어 있다고 한다. 자기 자신을 재미있는 사람이라 여기지 않더라도 가벼운 사고방식을 구축하는 것이 가능하다는 의미다. 마음을 열고 즐거움을 찾는 방법을 소개한다.

▶ 매일 자신을 미소 짓게 만든 세 가지를 기억하고 기록한다.
▶ 엉뚱하거나 재미있는 사건이나 광경에 주목한다.
▶ 주변에서 미소를 짓거나 웃는 사람을 찾아 함께 웃는다.
▶ 자신을 웃게 만드는 사람을 떠올리고 그들과 시간을 보낸다.
▶ 재미있는 콘텐츠를 다시 본다.
▶ 덜 심각하게 받아들이는 방법을 생각해본다. 자신이 좋아하는 재미난 이야기를

기억했다가 다른 사람에게 전해주고, 마치 무대 위에 있는 듯한 태도로 전달한다
(예: 잠시 멈춰서 만화 같이 과장된 행동을 함).

▸ 즉흥 연기 수업을 들어서 코미디 기술을 익히고 스스로 편안하게 느끼는 영역을 넓힌다.

근거 유머는 회복력, 유대감, 그리고 즐거움을 확장하며, 매일 웃는 것은 장수와도 관련이 있다. 웃음은 혈압, 심박수, 아드레날린과 코르티솔 등의 스트레스 호르몬도 낮춘다. 웃음이 마치 위안처럼 느껴지는 것은 바로 이 때문이다. 웃음은 전염성도 있다. 믿기 어렵다면 웃음 요가(Hasyayoga)에 관한 영상을 찾아보자. 한 연구에서 특별히 맞춤 설계된 즉흥 연기 수업에 참가한 간병인들의 우울증과 스트레스 증상이 주목할 만한 감소를 보였다. 짧은 즉흥 훈련이 완벽주의, 우울증, 불안을 감소시킬 수 있음을 확인한 연구들도 있다.

심리학적으로 볼 때 웃음은 가벼운 자기성찰을 경험할 기회가 될 수 있다. 미국 재향군인 전문의료센터의 심리학자이자 LA의 코미디 클럽인 코미디스토어(The Comedy Store) 대표로 활동하는 내 친구 피터 쇼어(Peter Shore) 박사에 따르면, "코미디언은 우리가 쉽게 표현하지 못하는 불편한 진실을 드러내면서 우리에게 카타르시스를 경험하게 해준다. 절대 가질 수 없을 것 같은 재능과 달리, 유머감각은 자신이 약해도 괜찮다는 마음만 있다면 누구나 가질 수 있다"고 설명했다. 어쩌다 보니 '웃긴 사람'이 된 쇼어 박사는 코미디 속에서 성장한 사람이다(그의 어머니 미치 쇼어는 유명한 코미

클럽의 공동창업자로, 수많은 인기 코미디언들의 커리어 시작을 도운 인물이다). 그는 유머 감각은 자기 자신을 바라보며 본인의 부족함을 웃어넘기는 것에서 시작된다고 말했다. 나는 낄낄대는 기회를 포착하고 만들어 내는 훈련이 자기 자신과 타인, 그리고 스트레스와의 관계를 개선하는 최고의 전략이라고 생각한다.

코미디 쇼의 대본을 공동 집필하고 자신의 넷플릭스 프로그램에서 주연을 맡은 코미디언 닐 브레넌^{Neal Brennan}은, 코미디가 불의에 저항하고 행복을 퍼트리는 카타르시스적 방식이라고 말했다. 코미디가 어떻게 자신의 트라우마와 우울증을 다루는 데 도움을 주었는지 소개하며, 그는 "유머는 내게 세상에 반응하는 길을 주었어요. 놀라운 선물이죠"라고 말했다. 삶이 너무 짜증스러워서 재미를 찾기 어렵다면, 그것이야말로 이러한 전략들을 시도하면서 스스로를 웃겨야 할 이유가 아닐까?

행동 버퍼

No. 21

갈등 스트레스에 대비해 미리 대본을 준비하라

상황 원하는 것을 요청하거나 표현하는 것을 지나치게 고민하고, 결국에는 이해받지 못하거나 자신에게 중요한 것을 얻지 못하게 될 때.

방법 사생활이든 직장에 관련된 것이든, 무언가를 요청하거나 문제를 해결하거나 거절하고 싶은 상황을 떠올려 본다. 소통을 통해 구체적으로 기대하는 것을 명확히 정리하는 시간을 갖는다. 또한 대화 도중과 끝난 후에 스스로 어떻게 느끼고 싶은지, 그리고 상대방이 자신을 어떻게 인식하기를 원하는지에 대해서도 생각해본다. 그런 다음, 자신의 요청 사항을 변증법적 행동치료의 DEAR MAN 기법에 맞춰 정리한다. DEAR MAN 기법은 문제에 대한 과도한 고민 없이 요청하거나 거절하도록 도와주는 기법으로, 다음과 같이 구성된다.

Describe the facts - 설명하기
Express how you feel - 표현하기
Ask for what you want - 주장하기

R einforce/reward what's in it for the other person - 강화하기

(Be) M indful - 유지하기

A ct confident - 자신감 있게 행동하기

N egotiate as needed - 협상하기

마음가짐을 유지하는 것은 과거의 고통에 휘둘리거나 지나치게 요구하는 것을 막는 한 방법이 될 수 있다. 지금 여기, 현재의 요청에 집중하면, 감정적으로 압도될 가능성이 줄고 상대를 부담스럽게 만들 확률도 낮아진다. 자신감 있게 행동하기는 단순한 자세 이상의 의미가 있다. 자신의 필요를 표현하는 것에 대해 지나치게 미안해하기보다, 당당하게 요청하며 자신감을 느끼게 만든다. 또한 협상의 의지를 보여 줌으로써, 자신의 요청이 100% 받아들여지지 않더라도, 타협점을 찾는 과정에서 상황이 개선될 가능성이 있다.

부드럽게 요청하는 어조나 강요하는 어조 등, 상황에 알맞은 어조를 사용하도록 한다. 0에서 10점까지를 마음속으로 떠올린다(0=아무 말도 하지 않는 것, 7=자신 있게 요청하는 것, 10=상대의 거절을 받아들이지 않는 것). 얼마나 강하게 요청해야 할지 모르겠다면, 다음을 고민해본다.

▶ 상대가 내가 원하는 것을 줄 수 있는가?
▶ 나의 요청은 사실로 뒷받침되는가? (예: 급여 인상을 원하는 경우, 비슷한 직급의 보수를 조사해봤는가?)

▶ 나의 요청이 맥락상 적절한가? (예: 친구에게 부탁을 하고 있는 상황이라면, 나 역시 상대방에게 좋은 친구였는가?)

▶ 요청하기에 적절한 타이밍인가?

이제 머릿속에서 준비한 대본을 직접 실천한다. 참고할 수 있는 틀이 있다는 것만으로도, 자신의 주장을 펼치는 일이 주는 스트레스가 적게 느껴진다.

근거 나는 종종 '방 안의 코끼리(모두가 알고 있지만 일부러 언급하지 않는 불편한 진실이나 문제를 의미하는 표현으로, 크고 명백한 문제를 애써 무시하는 상황을 설명할 때 사용 – 옮긴이)'라는 표현이 부적절한 명칭이라고 생각한다. 어떤 문제로 마음을 졸이거나 중요한 요청을 미룰 때, 정말로 거대한 코끼리 한 마리가 우리의 어깨 위에 올라 앉아 있는 것처럼 느껴지니 말이다. 인간관계에서 갈등을 피할 수는 없지만, 똑 부러지게 말할 수 있다는 사실만으로도 스트레스가 얼쩡대는 것을 막을 수 있다. 자기존중감(self-respect)을 기르고 이해받을 가능성을 높이는 방식으로 원하는 바와 필요를 공유하면 해방감도 느낄 수 있다. DEAR MAN 기법이 처음에는 다소 정형화된 것처럼 보일 수 있지만, 연습할수록 점점 더 자연스럽고 자신에게 맞는 방식으로 사용할 수 있게 된다. 또한 소극적인 태도나 평가적인 태도를 보이면 부정적인 반응을 이끌어 내기 쉬운데, DEAR MAN은 이런 경향을 막아 주는 데도 도움이 된다.

마지막으로 DEAR MAN 기법을 사용하면 주변 사람들과 더 가까워질 수 있다. 자신의 필요를 인정하는 것은 단순히 나 자신만 편안해지는 것이 아니다. 나를 무심코 불쾌하게 만든 동료나 최근 거리감이 생긴 친구에게 피드백을 전하는 과정이 그들에게도 도움이 될 수 있다.

행동 버퍼

No. 22 부정적 험담은 그만 하라

상황   침묵하고 있거나 타인에 대한 이야기로 자신의 감정을 해소하려 할 때.

방법   무엇에 화가 나는지 명확히 이해하기 위해, 누군가가 상처받는 것을 막으려는 것처럼 정당한 동기로 가장하며 험담을 하게 되는 순간이 언제인가 생각해본다. 불안하거나 남의 시선을 의식할 때 타인을 비난하는 경향이 있다면 어떤 상황이 그런 감정을 일으키는지 체크하고(예: 오랫동안 만나지 않았던 친구와 저녁 식사를 하는 상황), 그 감정에 휩쓸려 나중에 후회하게 될 말을 무심결에 내뱉는 대신에, 보다 의식적으로 말하도록 스스로 되새긴다. 험담하는 습관을 끊기가 어려울 수 있다. 그러나 이야기의 주인공이 함께 있다면 하지 않았을 세세한 이야기를 퍼트리면서 자신의 가치관(예: 내가 대접받고 싶은 대로 남을 대접하기)을 손상시킬 필요가 있을까? 험담을 즐기는 듯 보이는 친구가 있다면, "맞아, 나도 그 친구 이야기가 너무 궁금하지만, 네 이야기가 더 듣고 싶어!"와 같이, 험담의 충동을 다시 생각하도록 부드럽게 권하는 자연스런 대사를 미리 생각해두자.

근거 불화를 일으키는 방식으로 말을 하게 되면 타인과 유대감을 느끼기 어렵고, 고립감으로 인해 스트레스가 커질 가능성이 높다. 그럴듯한 여담을 공유하면 유대감이 생기고 자신을 재미있는 사람으로 여길  것이라 생각하기 쉽다. 하지만 이것은 자신의 배신 행위를 온 세상에 광고하는 행위이며, 상대방으로 하여금 당신에게 취약한 부분을 드러내기 꺼리게 만드는 일이다. 물론 우리는 타인에 대해 수다를 떨고 싶은 유혹을 받으며, 특히 어색함을 느낄 때 그런 유혹을 더 강하게 느낀다. 최근에 한 친구를 만났는데 대화가 잠시 끊긴 순간, 나도 모르게 우리가 함께 알고 있는 친구의 이혼 소식을 불쑥 말해버렸다. 내가 그 이야기를 공유한 건 우리가 그 친구를 응원하기 위해서였다고 합리화를 했지만, 누군가가 자신의 은밀하고 고통스러운 이야기를 가벼운 수닷거리로 떠드는 것을 원하는 사람이 있을 리 없음을 알기에, 너무 많은 말을 했다고 후회하고 걱정하면서, 즐거운 만남으로 남을 기회를 날리고 말았다.

험담을 하지 않으면 기회를 놓친다고 믿는 대신, 현재에 집중하고 의식적으로 대화를 나누며 타인과의 시간을 즐기는 자신의 능력에 스스로 박수를 보내자. 유명한 마음챙김 강사이자 심리학자인 타라 브랙^{Tara Brach} 박사는 "생각 없이 내뱉은 말은 우리를 작아지게 만드는 동시에 타인과 멀어지게 할 뿐이다. 반면에 의식적인 말은 삶을 향한 깊은 경건함에서 나온다"고 말했다. 어디서부터 시작해야 할지 모르는 사람을 위해, 브랙 박사는 과장 없이 진실한 말, 도움이 되는 말을 하라는 부처의 조언을 인용했다. 사람을 만나는 것은 큰 행복감을 안겨 주는 일이 될 수 있다. 부정적인 수다는 마음을 열고 현재에 집중하는 것으로부터 자신을 멀어지게 하는 행위다. 그러므로 이것으로 대화와 자존감을 오염시킬 이유는 없다.

행동 버퍼 No. 23 일상의 인맥을 구축하라

상황 외로움을 줄이고 타인에게 그들이 중요한 존재임을 느끼게 하고 싶을 때.

방법 일상에서 마주치는 사람들에게 미소를 건네고 진심 어린 소통을 나눈다. 이것이 비현실적인 일처럼 느껴진다면, 일상에서 만나게 되는 사람을 하루에 한 명씩 골라서 그 사람에게 아는 척해보는 것부터 시작한다. 종종 스쳐 지나가는 사람에게 신경을 쓰고, 따뜻한 표정으로 바라보거나 이름을 물어보고 기억하는 것도 좋은 방법이다. 이런 작은 행동이 공동체를 형성하는 재료가 된다.

근거 외로움과 스트레스는 서로 얽혀 있다. 소외된 느낌이 신체에 스트레스 반응을 일으키는 것은 이 때문이다. 미국의 경우 성인 절반 이상이 고립감을 느낀다고 보고하는 상황이므로, 우리의 소통 방식을 재고해볼 필요가 있다. 그 시작은 **효율성**(즉 잡담을 하는 대신 고개를 숙이고 있거나 문자를 들여다보는 것)이 과대평가되었을 가능성을 깨닫는 것에 있다. 한 연구에서 한 그룹의 자원봉사자들에게 스타벅스에 가서 불필요한 대화나 소통을 하지 못하도록 지시했고, 다른 그룹에게는 미소를 짓거나 짧은 대화를 시작하도록 부추겼다. 그러자 몇 분 간 사교적인 행동을 하는 것만으로도 긍정적인 감정이 증가하고 유대감이 개선되는 결과가 나타났다.

내 친구이자 스포츠 심리학자인 조너선 페이더^{Jonathan Fader} 박사는 엘리트 선수부터 기업 임원까지, 말 그대로 어떤 사람과도 이야기를 나눌 수 있을 것 같은 사람이다. 그에게 어떻게 그렇게 쉽게 대화가 되느냐고 물었더니, '유대'를 자신의 영구 미션으로 생각한다고 말했다. 그는 내게 "10가지 단어를 70개의 언어로 말하는 법을 배워 두었지"라면서, 상대방의 모국어로 인사를 하면서 서로 다른 배경을 가진 사람들과 순식간에 친밀감을 형성하는 것이 얼마나 재미있는지, 그리고 상대에게 얼마나 감동을 주는지 설명했다. 만약 시간이 부족한 상황이라면, 그것을 기회로 생각하라고 페이더 박사는 조언했다. "어쨌든 난 거기 있어야 하니까, 짧은 시간 동안 친절의 행위를 하면서, 그 시간을 사람들과 재미있게 보내는 거지."

행동 버퍼
No. 24

호기심을 선물하라

상황 사람들을 성급하게 평가할 때, 혹은 친목 모임에서 무슨 말을 해야 할 지 고민될 때.

방법 사람들을 섣불리 단정 짓는 바람에 사고를 확장하고 새로운 관계를 만들 기회를 놓치지 말고, 그들에 대한 호기심을 끌어내본다. 한 사람을 고른 다음, 그 사람에 대해 새로운 무언가를 배우려는 열정적이고 개방적인 대화를 한다(하루에 한 사람을 대상으로 해보도록 한다). 질문은 개방형으로, 되도록 짧게 유지한다. 기자이자 『말센스』의 저자이며 인기 높은 TED 강연 '더 나은 대화를 위한 10가지 기술(10 Ways to Have a Better Conversation)'을 진행한 셀레스트 헤들리 Celest Headlee는 "'맞아요, 나도 그런 적이 있어요'라고 말하려는 충동을 억누르세요. 자신의 경험을 타인의 경험과 동일시하지 않아야 합니다. 그건 새로운 걸 배우는 자신의 능력을 죽이는 행동이거든요"라고 조언했다.

대화 중에는 상대의 말을 잘 듣고, 진심에서 우러나는 질문을 던진다. 관심과 캐묻기의 경계를 건드릴까 걱정이라면, 여러 사람들 앞에서 내가 같은 질문을 받는다면 어떨지 생각해보라는 헤들리의 조언을 참고한다. 기회가 생기면 상대방의 경험에 공감하면서 지지하는 말을 건넨다. '다음엔 무슨 말을 하지?'와 같은 자기 중심적 생각이 떠오른다면, 변증법적 행동치료의 GIVE 기법을 떠올린다. GIVE는 Gentle(친절하게), Interested(관심을 갖고 대하기), Validating(인정하기), Easy manner(편안한 태도)의 머리글자로, 대인관계를 형성하고 강화하는 방법을 설명한 것이다.

근거 언제든 손끝으로 무엇이든 검색할 수 있는 세상에서, 자신이 모든 것의 전문가라고 생각하는 사람들이 많다고 헤들리는 내게 말했다. 그러나 타인과 관계를 맺을 기회를 잡아야, 그들에게서 지혜를 배울 수 있다. 그녀는 이렇게 말했다. "타인의 시각과 이야기를 들을수록, 더 공감하는 사람, 더 인정 많은 사람, 덜 차별적인 사람이 될 수 있어요. 좋은 점이 거의 무한대라고 볼 수 있죠."

호기심은 공동체 범위도 넓혀 준다. 외로움을 줄이는 법을 연구하는 전문가들은 외로움이 사회적 기회 부족의 문제가 아니라, 머릿속으로 주변 사람들을 평가하거나(예: 저 사람은 나와 맞는 게 하나도 없어!) 자신을 부정적으로 평가하는(예: 난 잘난 게 없으니, 저기에 낄 이유가 없지), 외로움을 자극하는 생각인 부적응적 사회인지의 문제라고 지적한다. 이런 류의 마인드셋은 끊임없는 냉소를 일으키고 사람들과의 연결을 어렵게 만든다.

또한 평가 없이 사람에 대한 관심을 키우면 대인관계에 대한 걱정이 줄어든다는 연구 결과도 있다. 사회적 불안을 겪는 사람은 타인과 소통하는 중에도 자신에게 과도하게 집중하기 쉽다. 다른 사람의 생각에 대해 반복적으로 걱정하는 행동은 스트레스를 유발할 뿐만 아니라 자기 충족적 예언을 만들어 낼 수도 있다. 대부분의 사람들은 집중하지 않는 사람과의 소통을 좋아하지 않기 때문이다. 그러나 집중의 대상을 자신이 아닌 타인으로 옮기면서 현재에 온전히 머물게 되면, 카리스마가 뿜어져 나올 것이다. 헤들리는 "실제로 우리는 말을 줄일수록 대화를 더 즐기게 된다"고 설명했다.

대단히 뛰어나거나 재미있는 사람이 되어야 하는 것이 아니라, 그저 GIVE를 실천하면서 경청하면 되는 것이다. 우리가 귀 기울여 듣고 있음을 전하는 것은 타인에게 줄 수 있는 최고의 선물이다. 모든 사람들이 궁극적으로 원하는 것은 진심으로 이해받고 공감받는 것이니 말이다.

행동 버퍼
No. 25

침대부터 정리하라

상황 성취감을 느끼며 하루를 시작하고 싶을 때.

방법 매일 아침 단 2분만 투자하여 침대(잠자리)를 말끔하게 정리한다.

근거 해군 제독이자 미국 텍사스대학교 오스틴 캠퍼스 교수인 윌리엄 맥레이븐 William McRaven은 "세상을 바꾸고 싶다면, 침대부터 정리하라"고 말했다. 이 말은 사람들 사이에서 큰 반향을 일으켰고, 〈뉴욕타임스〉의 베스트셀러 『침대부터 정리하라』로 출간되었다. 해군 특수부대 훈련병 시절 맥레이븐 제독의 하루 첫 일과는 점호에 대비하여 모서리를 직각으로 맞추고, 담요를 깔끔하게 접고, 베개를 헤드보드 정 가운데에 두면서, 침대를 새것처럼 정리하는 일이었다. 그 당시에는 격렬한 활동과 수면 부족, 춥고 축축하며 모든 것이 불편한 긴 하루의 일과들에 비해, 이 사소한 일이 바보 같다고 생각했다. 그러나 이러한 단순한 작업의 깊은 의미를 알게 되면서 그 일을 해내는 것에 자랑스러움도 느꼈다.

완벽함과 부주의함 사이에서 절충안을 찾으라고 조언하고 있지만, 나 역시 자기존중과 성취감을 기르는 방식으로 하루를 시작하게 만들어 주는 이 행동 버퍼를 좋아한다. 헌치닷컴(Hunch.com, 2014년에 폐쇄됨 - 옮긴이)에서 6만 8,000명을 대상으로 설문조사를 실시한 결과 침대를 정리하는 사람들의 71%가 행복하다고 대답한 반면, 침대를 정리하지 않은 사람들의 62%가 불행하다고 대답했다. 미국 수면재단 National Sleep Foundation이 실시한 또 다른 설문조사에서는 침대를 정리하는 사람이 숙면을 취할 확률이 19% 더 높다는 결과를 얻었다. 침대 정리가 행복이나 숙면의 직접적인 요인은 아니지만, 긍정적인 행동을 실천함으로써 할 수 있다는 역량감을 높이는 효과가 있다.

여기에 맥레이븐 제독의 조언을 덧붙인다. "침대 정리는 삶의 사소한 것들이 중요하다는 사실을 강화해준다. 작은 일을 제대로 해내지 못하는 사람은 절대 큰일도 제대로 하지 못한다. 어쩌다 형편없는 하루를 보낸 날에도 귀가 후에는 정리된 침대, 자신이 정리했던 그 침대가 당신을 기다리고 있을 것이다. 정리된 침대가 고된 하루를 보낸 당신에게 내일은 더 나아질 것이라는 희망을 전할 것이다."

행동 버퍼

No. 26 기분 말고, 계획에 충실하라

상황 기분이 가라앉거나 의욕이 없어서 아무것도 못하고 있을 때.

방법 그 순간에 느끼는 감정에 따라 시간을 보내지 않아도 된다는 사실을 깨달으면 더 풍성한 삶을 누릴 수 있다. 자신의 기분이 행동에 영향을 주고, 또 자신의 행동이 기분에 영향을 주는 방식을 되짚어 본다. 기분이 가라앉을 때는 계획을 미루거나 취소하고 싶고, 목표를 향해 노력하기 시작할 자신감이 생길 때까지 기다리고 싶은 것이 당연하다. 하지만 그런 본능은 슬픔을 지속시키면서 악순환을 만든다.

기분이 가라앉거나 무기력하더라도, 성취감이나 존중감을 높여 줄 몇 가지 활동을 계획해보자. 우선 작은 일부터 시작한다(예: 집을 나서는 시간을 정하기, 오전 9시에 책상에 앉아 주어진 과제의 설명을 다시 읽은 다음 30분 동안 대략적인 개요만 작성하기). 이런 연습은 충동적으로 계획을 건너뛰는 일을 줄이기 위해 2시간 동안 취업 준비를 한 후에만 15분 동안 소셜미디어를 둘러본다거나 친구에게 함께 산책하자고 제안하는 데 도움이 된다. 하나의 활동이 끝나면, 자신의 계획을 지킴으로써 어떤 감정을 느꼈는지 잠시 되

제 3 부 회복탄력성을 키우는 스트레스 버퍼 303

돌아본다(예: 성급하게 하나의 목록을 지워 버리는 대신, 계획표에 써 둔 활동에 체크 표시를 하고 잠시 자신을 칭찬하는 시간을 갖는다). 이런 방식으로 자신의 노력을 강화한다. 계획이 어그러졌다면 다시 조정하면 된다. 우리의 목표는 우울함을 이겨 내는 삶을 만드는 것이지, 우리를 앞으로 밀어줄 동기를 기다리는 것이 아님을 기억하자.

근거 자신의 삶을 목표와 희망에 맞추는 행동활성화는 우울증 치료에 사용되는 증거 기반 접근법으로, 규칙적으로 연습하면 항우울제만큼 효과가 있는 기법이다. 감정을 느끼는 방식은 자신의 행동과 서로 연결되어 있으므로, 슬픔 또는 불안감이 자신의 행동을 주관하도록 허용하는 것은 자신의 부정적 감정을 지속시키고 악화시킬 뿐이다. 전문가들은 시간이 지나도 줄어드는 것 같지 않은 슬픔을 경험하는 사람에게 행동활성화를 권한다. 우리 모두는 슬픔을 받아들일 공간이 필요한 동시에, 앞으

시간	활동	
오전 6:30	기상, 아침 햇빛 샤워, 공명 호흡	
오전 7:00	운동	
오전 9:00	작업 집중	
오전 11:30	이메일 확인	
오후 12:00	점심 식사 음미	
오후 6:00	친구와 산책	
오후 10:30	취침 전 눈바디 체크	

로 나아가는 방법도 찾아야 하기 때문이다.

우리는 급한 과제를 시작하는 것보다 우선순위가 낮고 보상도 적은 일, 예를 들면 책상을 구석구석 정리하거나 받은 편지함을 비우는 일 등에 몰두하는 지연성에 쉽게 빠진다. 펜실베이니아대학교 교수이자 성인 ADHD 치료 및 연구 프로그램을 운영하는 러셀 램지 J. Russell Ramsay 박사는 이런 행동이 스트레스를 지속시킬 뿐이라고 설명했다. 그러므로 자신이 해야 할 일을 인지하고 대략적인 계획을 세우는 것을 넘어, 과제를 지나치게 거창하게 만들거나 모호하게 만들기, 생각과 감정이 자신의 행동을 주도하게 놔두기와 같이, 언제 어떻게 스스로를 방해하는지 정확히 이해하는 것이 중요하다. 이렇게 하면 자신에게 중요한 과제를 미루지 않고 정기적으로 다시 돌아와 '가볍게 손댈 수 있도록' 도와줄 것이라고, 램지 박사가 내게 말했다.

체계적인 상태를 유지하는 것을 걱정하고 있다면, 종이 플래너나 플래너 앱을 사용해보자. 더 많은 성취와 감정 변화를 기록하면서 그 연관성을 확인하고 싶은 경우에는 'Daylio 일기 Daylio Journal' 같은 앱을 추천한다.

행동 버퍼 No.

27 행복을 설계하라

상황 해야 할 일의 늪에 빠져 즐거움을 뒤로 미루고 있을 때.

방법 자신의 하루에 행복을 더하기 위해, 다음의 일들을 해본다.

▶ 자애명상을 한다('2부 마음 리셋 09' 참고).

▶ 삶의 목적을 추구한다('3부 마음 버퍼 07' 참고).

▶ 감사한 것 세 가지를 떠올린다.

▶ 할 수 있는 선행을 찾는다.

▶ 긍정적인 기억을 회상한다.

▶ 시간을 내어 약속을 잡는 기분으로 즐거운 이벤트를 계획한다(예: 일몰 감상하기, 친구와 어울리기, 새로운 식당 가보기, 새로운 동네 탐방하기, 취미 강좌 등록하기, 공예 수업 참여하기, 코미디 공연 보기, 강아지 임시 보호하기 등). 바로 그 자리에서 기쁨을 높여 줄 활동(예: 라이브 음악 감상이나 박물관 방문)과 오랫동안 의미를 부여해줄 활동(예: 친구와 우정 다지기)을 균형 있게 섞는다.

▶ 자신의 안전지대를 벗어나는 활동을 한다. 대단한 것이든 사소한 것이든 상관없

고, 혼자 혹은 남들과 함께해도 좋다(예: 댄스 수업을 받거나 존경하지만 다가가기 어려운 사람에게 연락하기).

어떤 활동을 선택하든지, 그 순간에 집중한다. 또한 회사 이메일을 체크하는 건, 좋아하는 드라마를 망치는 일임을 기억하자.

근거 즐거운 경험은 우리의 마음과 행동의 폭을 넓혀, 외로움과 과도한 사고를 막는 보호막이 되어 준다. 또한 우리를 타인과 그 순간에 연결해 주기도 한다. 근사한 계획을 기대하는 것만으로도 기쁨을 예상하는 효과가 생겨 스트레스를 낮춘다. 의도적으로 긍정적인 감정을 추구하는 행동은, 부정적인 감정이 심혈관 건강에 미치는 해로운 잔존 효과도 무효로 만들 수 있다. 한 연구에서 스트레스가 심한 발표를 한 후 행복한 영상을 시청한 참가자는 슬프거나 중립적인 내용의 영상을 시청한 참가자에 비

해 훨씬 더 빠르게 회복되었다. 또한 연구진들은 자신의 안전지대를 벗어나는 경험이 행복이 증가시킨다는 것도 확인했다. 이는 아마도 그런 행동이 성취감을 고취시키고 자아 인식을 개선하기 때문일 것이다.

행복의 기회를 만드는 것은 나중으로 미루면 안 되는 일이다. 즐거움을 느끼는 감정이 면역력을 높이고, 재정적 소득 능력을 상승시키며(행복할수록 기회를 추구할 가능성이 높아지므로), 인간관계를 견고하게 만들어 주기 때문이다. 우리는 스케줄이 널널하고 자신감이 높이 쌓일 때까지 미루는 대신, 지금 바로 더 즐겁게 살아야 한다는 사실을 종종 잊는다. 그때까지 기다린다면, 즐거움도 한없이 미뤄지게 될 것이다.

행동 버퍼

No. 28

한 번에, 한 가지만

상황 여러 가지 일을 한꺼번에 하려다가 주의가 분산되거나 중요한 것을 잊어버릴 때.

방법 여러 개의 창을 띄워 놓은 상태로 메시지가 계속 뜨게 두면, 자연스럽게 여러 가지의 일들을 동시에 하게 된다. 그러므로 여러 개의 작업 창을 돌아다니려는 유혹을 제한하는 방법을 찾는 것이 중요하다. 그렇지 않으면 한 번에 한 가지 작업만 수행하는 능력이 점점 소진되기 때문이다. 『도둑맞은 집중력』의 저자인 요한 하리Johann Hari는 "그건 마치 온몸에 가려운 가루를 뒤집어쓴 상태에서 명상을 하는 것과 같다"고 표현했다.

여러 가지의 작업을 저글링하듯 동시에 다뤘을 때, 자신의 작업 성과에 어떤 영향이 있었는지 돌이켜본다(예: 화상 회의 중 문자를 하느라 참여도가 저조해졌던 경험, 통화를 하면서 장을 보는 바람에 쇼핑 목록에 있던 중요한 품목을 잊어버렸던 일). 추가 동기가 필요하다면 멀티태스킹의 반대 개념인 '현재 순간에 몰입하기'의 장점과 단점을 적어 본다. 그런 다음 집중력을 온전히 쏟음으로써 더 많은 기쁨과 성과를 얻을 수 있는 한 가지 작업을 골라서 집중해본다(독서는 훌륭한 연습이므로, 이 책을 읽고 있는 당신은 이미 괜찮은 시작을 한 셈이다).

근거 멀티태스킹이 보편화된 것 같지만(그리고 어떤 이들에겐 일종의 자랑거리이기도 하지만), 한 번에 한 가지 이상의 일은 한다는 것, 그리고 잘 해낸다는 것은 사실상 불가능한 일이다. 스탠퍼드대학교의 연구원인 케빈 매도어^{Kevin Madore}와 앤서니 와그너^{Anthocy Wagner}는 "멀티태스킹이라는 개념 자체가 잘못된 명칭이다. 인간의 뇌와 마음은 두 가지 이상의 작업을 동시에 수행할 수 있도록 설계되지 않았기 때문"이라고 말한다. 멀티태스킹은 기억력과 수행 능력을 방해하기 때문에 비효율적인 것은 물론이고, 스트레스도 유발한다. 캘리포니아대학교 어바인 캠퍼스의 정보과학 교수인 글로리아 마크^{Gloria Mark} 박사가 주도한 연구에 따르면 사람들은 평균적으로 한 가지 작업을 3분가량 지속하다가 방해를 받거나 다른 작업으로 전환하며, 원래 하던 일로 돌아오는 데 대략 23분이 걸리는 것으로 측정되었다고 한다(이 결과는 여러 곳에 인용되었다)!

　물리적으로 가능한 순간마다 속도를 늦추고 온전히 집중하는 습관은 해야 할 일과 기분에 긍정적인 영향을 준다. 한 번에 한 가지 작업에 집중하는 습관은 마음챙김의 핵심 원리로, 불필요한 생각과 충동에 휘둘리지 않고 중심을 유지할 힘을 실어 준다. 몰입, 즉 지금 하고 있는 일에 빠져들어 시간 감각을 잃는 경험은 눈앞에 놓인 일에 온전히 참여하는 것에서 시작된다. 요한 하리가 내게 했던 말이 있다. "집중하는 능력이 세상에서 제일 중요한 건 아닙니다. 더 중요한 주제들이 있죠. 그러나 이걸 제대로 하지 못하면, 그 어떤 것도 제대로 할 수 없습니다. 집중을 하지 못하는 사람은 이루려는 모든 일의 효과가 급격히 줄어드니까요."

> 행동 버퍼
> No.
> **29**

불확실성에 머물러 보라

상황 통제할 수 없는 일을 받아들이기 어려워서 불안을 해소하지 않은 채 걱정하고, 과도하게 조사하며 고통스러울 정도로 준비를 하면서 대처할 때.

방법 불확실성을 참지 않으려는 자신의 방식을 목록으로 작성해본다(예: 크고 작은 결정을 내리기 전에 지나치게 많은 시간을 조사하는 데 쓰기, 너무 많은 사람들에게 의견을 구하러 다니기). 그 행동을 하게 만드는 구체적인 걱정이 무엇인지 생각해본다(예: 완벽하게 하지 않으면 사람들이 나를 무시할 거야, 사람들에게 물어보지 않았다간 엄청난 실수를 하게 될 거야). 자신의 걱정이 합리적인 것이었는지 확인하는 실험을 계획하고 실행한다. 예를 들면 평상시에 중요한 이메일을 보내기 전에 친구에게 초안을 봐 달라고 부탁했다면, 이번에는 친구의 의견을 묻지 않고 이메일을 보낸다. 불확실성을 허용했을 때 실제로 논리적으로, 감정적으로 어떤 일이 일어났는지 기록한다. 이 깨달음을 이용해 작은 위험을 감수하는 일을 만든다(예: 끝없이 완벽을 추구하는 대신, 업무를 위한 합리적인 시간 제한 설정하기). 처음에는 이전의 습관적 대처 방식보다 더 많이 불안하겠지만, 연습할수록 더 강한 자신감을 느끼게 될 것이다.

근거 '불확실성에 대한 인내력 부족(intolerance of uncertainty)'이라는 용어가 있는데, 이 특징이 강한 사람이 있다. 이런 사람은 스트레스에 직면하는 상황과 알지 못하는 상태에 머무는 어려움이 동시에 생기면, 지속적인 불안으로 힘들어할 가능성이 크다. 불확실성을 피하기 위해 시도할 수 있는 방법은 많다. 하지만 우리가 원하든 원하지 않든, 인간의 삶은 궁극적으로 불확실하다. 남자친구에게 받은 모호한 문자를 친구에게 해석해달라고 부탁하거나, 승무원에게 난기류에 대비해야 하는지 묻거나, 긴급 상황에 대비해 어디든 구급상자를 가지고 다닌다면, 그 과도한 준비로 인한 스트레스로 오히려 지쳐 버릴 수 있다.

끊임없이 자신의 수명에 대해 걱정하면서 언제, 어떤 식으로 죽게 될 것인가 생각하는 데 많은 시간을 쓰는 내담자가 있었다. 비극이 아닐 수 없는 것이, 그녀는 답을 할 수 없는 질문에 대답하지 못하는 상태로 자신의 시간을 허비하고 있었다. 그래서 이제는 신체적 불편함이 생겨 의사를 찾아가 안심하기보다는, 그대로 수용하는 법을 연습하고 있다. 그 덕분에 불필요하게 병원을 예약하느라 생기던 스트레스가 줄고 자신의 건강에 감사하는 마음이 생겼다.

이 책을 쓰는 내내, 나 역시 주변 사람들에게 이 책의 내용이 이전에 나온 것만큼 괜찮다고 생각하는지, 혹은 이 책이 사람들에게 도움을 주고 좋은 후기도 받을 수 있을지 묻고 싶은 유혹에 흔들리고 있었다. 하지만 미래의 독자들이 어떻게 생각할지 그 누가 알겠는가? 그래서 나는 내가 확신을 원하는 순간을 알아차리고, 알지 못하는 상태에 머무르며, 자기 타당화('2부 마음 리셋 07' 참고)를 하면서, 내가 통제할 수 있는 것에 집중했다. 위험을 회피하는 자신의 방식을 분석하는 것은 두려움을 마주하는 중요한 첫걸음이다. 자신의 예상을 시험해보고 다른 행동을 시도해보면서, 더 많은 수용적 태도로 미지에 대응하는 능력을 키워 보자.

행동 버퍼

No. 30 피하고 싶은 것에 먼저 다가가 보라

상황 할 일을 미루고 있거나 불안하게 만드는 일을 회피하려고 할 때, 그 행동이 오히려 자신을 방해할 때.

방법 피하고 있는 것이 무엇인지, 그 회피가 진정으로 원하는 것을 향해 나아가는 데 어떻게 방해가 되는지 집중한다. 이 패턴을 깨려면 미루고 있는 일들을 가장 덜 힘든 일부터 가장 어려운 일 순서로 정리한 다음, 제일 쉽게 느껴지는 일부터 시작하는 것이다(예: 보고서를 쓰기 위해 백지 상태의 워드 화면을 여는 것부터 시작하기). 그 작업을 하는 동안 자신을 산만하게 하는 생각을 동기 부여가 되는 생각으로 바꾼다(예: '너무 많아!'라는 생각을 '타이머를 10분으로 설정해두고 일단 시작하자'로 바꾸기). 자신의 경험을 기록하며 동기를 유지한다. 혹은 다음 페이지에 나오는 도표를 사용할 수도 있다.

목표를 향해 조금씩 움직이면서 일어나는 변화를 기록하는 것도 도움이 된다. 실제로 일어난 일 자체보다는 두려운 감정을 기억하기가 쉽기 때문이다. 경험의 기록은 초기의 어려움을 극복하는 것이 가치가 있음을 기억하는 좋은 방법이기도 하다.

내가 피하고 있던 일	건강하지 못한 가정	응원이 되는 생각	내가 시도했던 단계(들)	삭제한 일(들)

근거 비이성적으로 회피하려는 일을 반복적으로 대면하는 노출 요법은 불안을 치료하는 최적의 방법이다. 궁극적으로는 스트레스를 일으키는 근본 요인에 대처하고, 그 방식을 바꾸는 능력에 대한 믿음을 변화시키는 유일한 방법이기도 하다. 나는 수년간 과거의 부정적인 경험 때문에 운전을 피하는 여러 내담자를 치료해왔다. 그들은 신뢰할 수 없는 카풀 앱에 의존해야 하는 상황이 엄청난 스트레스를 준다고 말했다. 그들은 운전 학원에 등록한 뒤 한적한 주택가에서만 운전을 하고, 이후에는 붐비지 않는 시간대에 복잡한 도로로 나가보는 등의 점진적인 과정을 거쳤다. 비록 그 순간에는 두려움을 느꼈으나 스스로 해낼 수 있다는, 값으로 매길 수 없는 경험을 하게 되었다. 피하고 싶은 일에 먼저 다가가는 것은 두려움을 없애려는 것이 아니라, 자신의 마음을 확장하고 조금 더 자유로운 삶을 만들어 내는 데 그 목적이 있다. 자동차 사고를 목격하면 엄청난 두려움을 경험하는 것이 정상이다. 하지만 그 두려움에서 벗어나기 위해 곧바로 고속도로에서 벗어나는 대신, 두려움을 느끼더라도 멈추지 않고 운전을 하면 안전하게 갈 수 있음을 깨닫게 된다. 거절을 감내할 수

없을까 걱정하느라 새로운 직장에 지원하는 등의 희망적인 기회를 회피하는 내담자가 많다. 그러나 회피는 불편함을 피하는 것이 아니라, 자신이 할 수 있는 일과 삶에 펼쳐질 가능성을 잘라 버리는 일이다.

행동 버퍼

No. **31**

반항하되, 제대로!

상황 자신의 자율성을 표현하려는 욕구가 있지만, 그대로 행동한다면 나중에 후회할 수도 있는 충동을 느낄 때.

방법 어떠한 손상 없이 보다 진정성 있는 삶을 살 수 있도록 돕는 변증법적 행동치료 전략인 '대체 반항'을 시도해본다. 자유를 맛볼 수 있는 사소한 반항이나 자신의 독특함을 표현하는 방법을 목록으로 작성한다. 거실의 정리 방식 뒤엎기, 익명으로 임의의 선행 해보기, 특이한 의상을 입고 놀이공원 가기, 새로운 색으로 일회용 염색 시도해보기, 자동차 안에서 음악에 맞춰 춤추기처럼 말이다. 도움이 되지 않는 방식으로 반항하고 싶은 충동이 드는 순간, 목록 중 한 가지를 시도해본다. 내용의 참신함을 위해 지속적으로 업데이트한다.

근거 자신의 개성을 표현할 방법이 없다고 느끼는 순간, 스트레스가 발생한다. 해방감을 느끼는 유일한 방법이 극단적인 행동이라 단정 짓는 것 역시 자신을 제한하는 일이다. 자신의 자율성을 표현하려는 욕구와 반항적인 행동을 매우 짜릿한 일이라고 생각하는 사람들이 있다. 하지만 이 경우에는 자기 자신이나 타인에게 상처를 주지 않으면서 반항하고 싶은 욕구를 존중할 수 있는 중간 지점을 찾는 것이 중요하다. 내 친구 중에는 대학에서 치열하게 강의를 듣는 동안 너무 답답해서, 계절에 맞는 패션을 거부하고 일 년 내내 울 양말에 아디다스 슬리퍼를 신기로 결정한 사람이 있다. 반항적 기질과 유머 감각을 어이없는 장난을 준비하는 데 쓰시는 우리 어머니는 누군가 바퀴벌레를 무서워한다는 이야기를 들으면, 플라스틱 바퀴벌레를 숨겨 놓는다. 나는 특별히 반항심이 강한 사람은 아니지만, 공식적인 자리에 반짝이 운동화를 신거나 대부분의 이메일을 소문자로만 작성해서 보내는 것을 즐긴다. 이번 버퍼의 핵심은 바로 규칙을 따르지 않으려는 자신의 욕구를 자기파괴 없이 해소하는 것이다.

행동 버퍼

No. 32 건강검진과 건강 관련 상담은 미루지 말라

상황 1년마다 받아야 하는 정기 검진을 놓쳤을 때. 특히 컨디션이 최상이 아니거나 애써 외면해온 부상이 있을 때.

방법 건강 관련 예약일이 지나지 않았는지 확인한다. 신체 건강검진과 정신 건강검진 모두를 포함한다. 혹은 지금 바로 관련 상담사와 예약을 잡아도 좋다.

근거 스트레스와의 관계를 개선하면 두통이나 위장 장애와 같이 사라지지 않는 신체적 문제를 완화하는 데 도움이 된다. 그러나 예방적인 신체 검진을 하고 근본적인 건강 문제를 놓친 것은 없는지 확인하는 것 역시 중요하다. 치료되지 않은 건강 문제는 정신적, 신체적, 그리고 감정적 상태에 큰 피해를 주기 때문이다. 치료에 반응하지 않던 정신적 증상의 원인이 라임병, 수면 장애, 갑상선 질환, 자가면역 질환, 비타민 결핍 등 진단받지 못했던 질병에 있었음을 알게 된 사례들이 셀 수 없이 많다. 치과 정기검진을 건너뛰면 치료 비용이 많이 들고 통증도 심한 신경 치료를 하게 될 수 있고, 잘못하면 심혈관 질환으로 발전할 수도 있다. 그러니 문제가 극도로 악화될 때까지 기다리지 말고, 자신의 신체 및 정신 건강을 위해 규칙적으로 검진받도록 하자.

행동 버퍼 No. 33

재정 문제를 직시하라

상황 부채에 짓눌려 있거나, 월급으로 기본 생활만 하는 상황이거나, 어린 시절의 영향으로 자신의 재정 상태에 대해 비이성적인 불안감을 느끼면서 돈 걱정을 할 때.

방법 자신의 신용카드 명세서, 은행 계좌 등의 확인을 피하고 있었다면, 시간을 정해두고 다음의 목록을 실행한다.

- 고정 비용이 지속 가능한 수준인지 확인한다.
- 현 상황에서 가능하다면, 청구서 납부 방식을 자동이체로 전환한다.
- 부채 총액을 계산하고 상환 옵션을 알아본다.
- 현실적인 지출 계획을 세우고 자신의 재정 상태를 정기적으로 점검하는 시간을 세운다.
- 지출 혹은 재정 계획을 위한 앱을 활용하여 자신의 소비 패턴을 정확하게 파악한다.

약간의 재정적 여유가 있다면 『부자 되는 법을 가르쳐 드립니다』의 저자 라밋 세티Ramit Sethi가 제시한대로 의식적 지출 계획을 세워 재정 능력을 기를 수도 있다. '의식적 지출 계획'은 자신의 재정을 고정 비용, 저축, 투자, 죄책감 없는 지출, 네 범주로 나누는 것이다. 자신의 고정 비용(예: 자동차 할부금과 월세)을 세후 수입의 60% 이하로 맞추는 것이 가장 이상적이다. 60%가 넘는다면, 해당 비용을 줄이거나 자신의 소득을 늘려야 한다. 라밋 세티는 고정 비용이 과하면 다른 모든 지출이 빠듯해진다고 말한다. 그는 반복적 지출 비용을 충당한 다음에는 소득의 5~10%를 401k(미국의 근로소득자 퇴직연금 - 옮긴이)에 저축하고, 5~10%를 Roth IRA(미국의 은퇴연금 - 옮긴이)에 투자하는 것을 목표로 하라고 권한다.

만약 재정 상태가 너무 심각해서 혼자서 처리하기 어렵다면, 각종 신용기관과 정부기관에서 제공하는 무료 재정 상담 서비스를 활용하면 된다.

근거 미국 심리학회의 최근 스트레스 연구에 따르면, 미국 성인의 72%가 돈에 관한 걱정을 한다. 소득 불평등과 생활비 상승을 고려하면 당연한 수치다. 그러나 라밋 세티가 "사람들 대부분이 재정의 기본을 모른다. 부채가 있는 사람들과 이야기해보니, 그들의 90%가 자신의 정확한 부채 액수를 모르고 있었다"고 말했던 사실에 나 역시 충격을 받았다. 지출을 자세히 들여다볼 때 불안이 생기지만, 이를 받아들임으로써 더 큰 마음의 평화를 만드는 변화가 시작된다. 저소득층 부모에게 재정 전문가를 연결해줌으로써 소득과 저축의 증가는 물론이고 소아과 방문도 높아졌다는 놀라운 연구 결과도 있다.

 많은 사람이 쉬지 않고 일을 하는데도 편안한 삶을 누리지 못하는 가슴 아픈 현실을 축소하고 싶지는 않다. 그러나 여유가 있다면 수입과 지출을 확인하고 계획을 세우자. 그럼으로써 비현실적인 걱정을 하면서 자신의 계좌를 비정상적으로 들여다보거나 재정 문제를 불가능한 미스테리로 여기는 일을 줄일 수 있다.

행동 버퍼

No. 34 실수를 검토해 지속적인 변화를 일으켜라

상황 실패를 겪은 후에 회복이 어렵다고 단정하면서 스스로를 자책하거나 그 실수를 남의 탓으로 돌리거나 포기하려 할 때.

방법 검토하고 싶은 최근의 실패를 떠올린다(예: 중요한 모임에 지각해서 친구의 중요한 이야기를 놓침). 기억을 되돌려 '연쇄 행동 분석'으로 자세히 들여다본다. 연쇄 행동 분석은 변증법적 행동치료에서 바꾸고 싶은 행동을 교정하는 데 사용되는 기법이다. 종이의 왼쪽에는 실제로 일어났던 일을 정확하게 단계별로 적는다. 지각의 유혹에 더 쉽게 넘어가게 만든 일(전날 잠을 제대로 못 잠, 커피를 미리 준비해두지 않음), 구체적인 촉발 사건(출발 시간을 미리 정해두지 않음), 실수의 원인이 된 연결 고리(감정, 행동, '나가기 전에 한 가지 일을 해도 되겠다' 등의 생각), 마지막으로 결과(도착할 때까지 스트레스를 받음, 죄책감 때문에 그 시간을 제대로 즐기지 못함, 집에 돌아와서 배우자에게 잔소리를 함)를 생각해본다. 다음 페이지에 나오는 표를 사용하면 편리하다.

실수의 원인이 되었던 핵심 요인을 명확하게 분석한 뒤, 스스로를 어떻게 느끼든 절대 일을 제대로 할 줄 모르는 멍청이가 아님을 기억하자. 그

	발생한 일	다르게 할 수 있는 행동
취약했던 점		
촉발 행동		
연결 고리 (생각, 감정, 행동을 자세하게)		
결과		

러면서 매 순간 실수를 반복하지 않도록 막아 주는 해결책을 만든다. 그렇게 하면 유사한 상황이 생기더라도 더 효과적으로 대처할 수 있게 된다. 이 기법을 사용하여 바꾸고 싶은 행동을 지속적으로 점검하자.

근거 실수를 한 상황에서는 변화를 위해 할 수 있는 것이 없다고 평가하면서 포기해버리는 '절제 위반 효과'에 빠지기 쉬운데, 변화는 직선의 과정이 아님을 기억하는 것이 중요하다. 이것이 우리가 실수를 할 때 전략적으로 유연하게 반응하면서 계속해서 성장하는 것이 중요한 이유다. 엉망이 되어 버린 원인을 파악하고 이해하면, 다음에 더 나은 선택을 할 수

있다. 우리 삶에는 같은 요인이 반복적으로 등장하면서 비슷한 실수를 만들어 낸다. 자신을 주저하게 만드는 행동들을 포괄적인 목록으로 작성해서 분석하고 이해하면, 의미 있고 지속적인 변화를 만들어 낼 수 있을 것이다.

A Final Note:
Stress Is Also an Opportunity

마치며:

스트레스는 기회의 또 다른 이름이다

지난 여러 해 동안, 나는 내게 만남의 영광을 허락해주었던 첫 내담자를 자주 떠올렸다. 우리가 처음 만난 날, 나는 정말 긴장하고 있었다. 그때 나는 심리학과 사회복지학을 전공하며 상담실 인턴을 하던 대학 졸업반 학생이었으니까. 40대였던 디온은 뉴욕시 벨뷰 병원과 연계된 남성 보호소에 살면서, 감정에 영향을 미쳐 정신병을 일으키는 증상인 분열정동장애와 약물 남용 치료를 받고 있었다. 첫 번째 상담 회차에서 나는 그의 배경과 목표를 물었다. 디온은 자신의 트라우마 이력과 마약 의존에 대해 이야기하며, 감정적 고통에서 벗어나려고 10세 이전부터 마약을 시작했다고 했다. 나는 그를 돕고 싶은 마음이 간절했지만, 나의 경험 부족과 그의 복잡한 상황을 고려하니, 내가 무엇을 전한다 해도 그의 괴로움을 덜어 줄 수는 없을 거라는 생각이 들었다. 그럼에도 나는 계속 질문을 던졌다. "30년 동안 약물을 사용하면서, 한 번이라도 맨 정신이었던 때가 있었나요?" 그러자 그가 품위 있게 답했다. "반스앤노블스." 의아한 눈빛으로 그를 바라보며 그 서점이 맑은 정신으로 지내는 것과 어떤 관련이 있다는 것인지 이해하려는 내게, 그는 이렇게 말했다. "난 그곳이 마치 내 일터인 것처럼 매일, 문을 여는 시간부터 폐장 시간까지 머뭅니다. 거기서 책을 읽으며 시간을 보내죠." 이 습관이 맑은 정신을 유지하는 시간을 가장 길게 만들어 주었다고 설명했다. 무려 6개월이나, 어떤 체계적인 프로그램에도 참여하지 않은 상태로 말이다. 그는 현실적으로 가능한 목표, 즉 자신을 유혹에서 멀어지게 하고 타인의 존재와 함께하는 즐거움과 성장을 경험하도록 함으로써 그 성공을 이뤄 냈다.

그 누구도 디온이 견뎠던 어려움을 절대 겪어서는 안 되지만, 정말 많은 사람들이 위기로 이어질 수 있는 끔찍한 스트레스 요인을 마주하고 있다. 스트레스를 일으키는 사회적 토대도 해결해야 하겠지만, 당장 잡을 수 있는 생명줄에 의지하는 것만으로도 변화를 만들 수 있다는 것을 디온의 경험을 통해 알 수 있었다. 그에게는 트라우마를 다룰 전문가의 도움과 질병의 약물 치료가 필요했을 것이다. 하지만 그가 말한 것은, 손이 닿는 범위 내에서 변화를 만들어 냄으로써 자신의 정신 건강에 영향을 미치는 내면의 힘이었다.

회피하거나, 도망치거나, 스트레스로 인한 행동을 반복하면서 더 많은 스트레스를 유발하는 악순환이 시작되는 지점에 서 있다면, 사소한 것이든 부담스러운 것이든 리셋을 할 수 있음을 기억하자. 그렇게 선순환이 시작되면, 스트레스를 줄이고 자기가치감(self-worth)을 극대화하는 전략으로 대응하는 일이 많아질 것이다. 스트레스 리셋의 숨은 의도는 도리어 뭔가를 더 하게 만드는 것이 아니라 힘겨운 싸움을 줄이고 자신의 가치가 삶을 빛나게 하는 것임을 잊지 말자.

나는 내담자들이 이전에는 절대 가능하다고 상상할 수 없었던 능숙함으로, 좌절감을 주는 삶의 경험과 부당함을 극복하는 방식을 보며 자주 힘을 얻는다. 이 책에서 소개한 전략을 행동으로 옮기는 것이 순간적으로 부담스럽거나 자신에게 맞지 않는 것처럼 느껴질 수 있다. 그러나 자신의 생각과 감정과 신체적 감각과의 관계를 개선하는 것은 물론, 새로운 행동을 시도하는 일이 반드시 거대한 목표일 필요는 없음을 기억하자. 어떻게 살고 싶은가 고민하고, 자신의 집중력을 이용하며, 사람들과 연결되고, 호흡과 행동을 늦추는 일 등은 어떻게 보면 시시해 보일지 몰라도 '나'를 더 편안하게 해주는 비결이 될 것이다. 구슬을 꿰어 목걸이를 만들듯 이 책에서 다룬 '스트레스 리셋'과 '스트레스 버퍼'를 차곡차곡 쌓아 올리면, 오래가는 습관을 만들게 되고 결국 가능성으로 가득한 삶을 이루게 될 것이다.

나는 기운이 다 빠진 것 같거나 나중에 후회할 충동적인 일을 하려는 순간에 이 책에서 다룬 전략들을 꺼내 쓰면서 깨닫곤 한다. 악몽을 꾼 우리 꼬맹이를 달래느라 잠을 못 이루거나, 실망스러운 소식을 듣거나, 위기 상황의 내담자를 연이어 만나는 날이면, 이러한 전략들을 가지고 있음에 감사한다. 우리는, 또 주변 모두는 각자의 '최고 버전'을 누릴 자격이 있기 때문이다. 나는 내가 개인적으로 실천해보지 않은 것은 그 어떤 것도 내담자에게 절대 권하지 않는다. 그래서 이 책에서 다룬 기술들이 오랜 시간에 걸쳐 내가 어려운 순간을 버티도록 도왔고, 훨씬 더 긍정적인 변화의 촉매제가 되어 주었으며, 내 삶에 더 많은 의미를 가져다주었다고 당당히 말할 수 있다. 수십 년간 삶을 위한 최고의 방법을 연구할 수 있었던 행운에 감사하며, 나의 일상을 바꿔 놓은 이 도구들이 당신의 일상도 완전히 바꿔 주길 바란다. 이 스트레스 리셋과 스트레스 버퍼는 우리 안에 폭포수처럼 쏟아지는 진짜 변화를 만들어 내어, 우리의 몸과 우리의 앞날을 바꿔 놓게 될 것이다.

자립의 목표는 단순히 더 나은 자신을 만드는 것이 아니라, 타인과 관계를 맺는 것이기도 하다. 그러므로 아무리 작은 노력이라도 그것이 주변에 진짜 변화를 만들 수 있음을 기억하자. 정신과 전문의인 제롬 모토 Jerome Motto가 800명 이상을 대상으로 추적한 유명한 연구에 따르면, 정신적 위기를 경험한 누군가에게 짧은 안부 편지를 보내는 단순한 행위를 함으로써 자살로 인한 사망 위험이 현저히 낮아졌다. 이는 타인에게 그들이 중요한 존재이며 당신이 신경 쓰고 있다고 전하는 것이 얼마나 큰 영향을 미치는지 보여 준다. 그들이 평온한 시기에 있든, 힘든 시기에 있든 상관없이 말이다.

나는 당신이 삶의 과정을 바꾸고 타인의 삶에도 긍정적인 파급 효과를 일으킬 수 있는 의도적 행동의 힘을 절대로 과소평가하지 않기를 바란다. 지금 당장 시작하는 것만큼 자유로워지는 일이 어디 있겠는가?

Acknowledgments
감사의 글

평범한 아이디어 하나를 아름다운 책으로 빚어지기까지 가장 적은 스트레스와 가장 큰 기쁨을 안겨준 분들께, 한없는 감사의 마음을 전합니다. 레이철 마운트 플레전트, 이 프로젝트에 보내준 믿음, 날카로운 편집, 세심한 배려와 따뜻함에 말로 다 표현할 수 없는 감사를 드립니다. 리아 로넨, 세라 스미스, 바버라 페라진, 킴 데일리, 에리카 히메네스, 소피아 쿠, 재클린 허드슨, 레베카 칼라일, 모이라 케리건, 신디 리, 일라나 골드, 여러분 모두 기대 이상으로 헌신해주셨습니다. 워크맨Workman 출판사와 함께 책을 출간할 수 있었던 건 꿈같은 일이었어요. 린지 엣지컴브, 늘 감탄하게 되던 침착함과 강인함을 가진 당신이 나의 담당자였음에 진심으로 감사하고 있습니다. 폴라 데로우, 좋은 글쓰기란 무엇인지, 그리고 진정한 너그러움이란 무엇인지를 당신에게서 배웠습니다.

이 책은 로버타 제프가 뉴욕 타임스에 저의 「5분 스트레스 리셋」을 실어주면서 시작되었죠. 그녀에게도, 수년간 함께해온 편집자들, 특히 팀

에레라와 아담 커시에게도 진심으로 감사를 전합니다. 또한 이 책에 따뜻함과 생기를 불어넣어 준 아름다운 일러스트의 작가, 로잘리나 부르코바 Rozalina Burkova에게도 고마움을 전합니다.

이 책을 쓰며 얻은 가장 큰 기쁨 중 하나는 수많은 전문가, 멘토, 그리고 흥미로운 분들과의 대화를 통해 그들의 지혜와 너그러움을 나눌 수 있었다는 점입니다. 코리 뉴먼, 제레미 제이미슨, 샤론 샐즈버그, 에드 왓킨스, 제시카 슐라이더, 리처드 브라운, 패트리샤 거버그, 톨라 차루미, 아서 로빈 윌리엄스, 로버트 휘태커, 조슈아 스마이스, 제임스 페니베이커, 윌리엄 게린, 조지 슬라비치, 잭 펠드먼, BJ 밀러, 조너선 페이더, 피터 쇼어, 닐 브레넌, 웬디 베리 멘데스, 호손 스미스, 마이클 펄리스, 라밋 세티, 존 모이니헌, 킬리 에이브럼, 제니퍼 에이커, 나오미 백도나스, 그리고 셀레스트 헤들리, 이분들께 특별히 감사의 인사를 전합니다.

저를 오랜 시간 동안 영감을 주시고 응원해주신 많은 동료들과 분들께 깊은 감사를 드립니다. 특히 애담 그랜트, 커스틴 톰프슨, 세라 밀러 럽턴, 매트 케이건, 로이스 버먼, 트레이시 키스너, 댄 굿맨, 이매뉴얼 메이든버그, 사리 아이처스, 데이스 그린버거, 애널리스 캐런, 사이먼 레고, 줄리 프라가, 엘리너 골드버그, 아만다 세튼, 데이비드 비엘로, 조너선 코헨, 마임 비아릭, 알렉스 쿠퍼, 그리고 메건 킨, 고맙습니다. 수많은 초고를 기꺼이 읽어주고 실질적인 피드백을 나눠주셨던 니티 쿠퍼 베이커, 테이트 배런, 그리고 소니아 타이츠에게도 특별한 감사의 마음을 전합니다. 여러분이 늘 곁에 있다는 사실이 제게 어찌나 큰 힘이 되었던지요.

또 뛰어난 안목과 디자인 조언은 물론, 공감 어린 기쁨까지 함께 나눠주셨던 다니엘라 카한과 제나 스트롱워터에게도 진심으로 고마움을 전합니다.

저의 내담자들과 함께할 수 있다는 사실에도 끝없이 감사한 마음을 갖고 있습니다. 여러분을 알게 되고, 여러분의 용기와 성장을 지켜볼 수 있다는 것은 믿기 어려울 만큼 큰 행운입니다. 심리학 분야의 선구자들, 특히 마샤 리네한, 스티브 헤이즈, 아론 벡, 진델 시걸, 그리고 데이브 바로우께도 깊은 감사를 드립니다. 저는 지금도 이분들의 사상과 연구를 참고하고 있어요. 제게 소중한 이정표를 보여 주셨죠. 내담자의 고통 경감에 쏟은 헌신에 한없는 감사를 드립니다.

돌아가신 나의 조부모님, 에밀 셀레츠 박사님과 실비아 셀레츠는 제게 '지금 이 순간에 존재하기'의 힘, 창조적 활동에 있어 인내심을 가지는 태도, 그리고 타인을 소중히 여기게 하는 마음의 중요성을 알게 해주셨고, 임상심리학의 길로 나아가도록 이끌어 주셨습니다. 홀로코스트 생존자인 사이먼과 기타 테이츠는 회복탄력성의 의미를 제 삶에 깊이 새겨주신 분들이고요. 항상 각별히 신경써주시는 제 부모님, 이매뉴얼 테이츠와 조세파 셀레츠 박사님께도 감사드립니다. 최고의 이모들이 되어주는 사랑하는 나의 자매 미셸과 레베카, 헌신적인 조부모님의 사랑을 보여주시는 나의 시부모님, 카렌과 빌께도 감사의 마음을 전합니다. 지미, 소니아와 폴, 모셰, 당신들이 가족이라는 것이 참 행복합니다. 그리고 아나와 말리, 가족처럼 느껴지는 두 사람에게도 진심으로 고마움을 전합니다.

실비, 엘리, 그리고 애셔. 내가 너희들의 엄마라는 사실이 얼마나 큰 축복인지 말로 다 표현할 수 없어. 따뜻한 마음을 가지고 옳은 일을 하려는 노력을 아끼지 않는 너희들을 인도할 수 있는 기회를 갖게 되어 얼마나 감사한지 모른단다. 그리고 아담, 내가 이 책에 당신의 '최악의 하루' 이야기를 써도 되냐고 물었을 때, 망설임 없이 웃으며 "좋아"라고 해주던 그 순간부터 내가 글을 쓸 수 있도록 수많은 일요일을 즐거움으로 채워준 당신의 배려까지, 당신이 나의 배우자라는 것이 얼마나 벅찬 행운인지. 당신의 꿈이 곧 나의 꿈이듯, 나의 꿈도 당신의 꿈이야.

친구들, 그리고 내 삶을 함께하는 모든 동료와 공동체 여러분. 제가 누구를 떠올리는지 아시죠? 여러분의 존재와 지지에 깊이 감동하고 있어요. 사회적 지지가 큰 힘이 된다는 말은 사실이었어요.

그리고 마지막으로 독자 여러분께 감사드립니다. 당신이 이 글을 읽고 있을 거라고 상상하면서 이 책을 계속 쓸 수 있었어요. 당신의 그 '기꺼이 하는 마음'에 제 마음이 움직입니다.

참고자료

시작하며

American Psychological Association. 2022. More than a quarter of US adults say they're so stressed they can't function. https://www.apa.org/news/press/releases/2022/10/multiple-stressors-no-function

Carlucci, L., Saggino, A., and Balsamo, M. 2021. On the efficacy of the Unified Protocol for transdiagnostic treatment of emotional disorders: A systematic review and meta-analysis. *Clinical Psychology Review, 87*, 10199.

Ettman, C. K., Cohen, G. H., Abdalla, S. M., Sampson, L., Trinquart, L., Castrucci, B. C., Bork, R. H., Clark, M. A., Wilson, I., Vivier, P. M., and Galea, S. 2022. Persistent depressive symptoms during COVID-19: A national, population-representative, longitudinal study of U.S. adults. *Lancet Regional Health, Americas, 5*, 100091.

Kiecolt-Glaser, J. K., and Wilson, S. J. 2017. Lovesick: How couples' relationships influence health. *Annual Review of Clinical Psychology, 13*, 421–443.

Lazarus, R. S., and Folkman S. 1984. *Stress, appraisal, and coping*. Berlin: Springer.

Reid Finlayson, A. J., Macoubrie, J., Huff, C., Foster, D. E., and Martin, P. R. 2022. Experiences with benzodiazepine use, tapering, and discontinuation: An internet survey. *Therapeutic Advances in Psychopharmacology, 12*, 20451253221082386.

Sandi, C. 2013. Stress and cognition. *Wiley Interdisciplinary Reviews: Cognitive Science, 4*, 245–261.

Sarangi, A., McMahon, T., and Gude, J. 2021. Benzodiazepine misuse: An epidemic within a pandemic. *Cureus, 13*, e15816. https://doi.org/10.7759/cureus.15816

Sauer-Zavala, S., Rosellini, A. J., Bentley, K. H., Ametaj, A. A., Boswell, J. F., Cassiello-Robbins, C., Wilner Tirpak, J., Farchione, T. J., and Barlow, D. H. 2021. Skill acquisition during transdiagnostic treatment with the Unified Protocol. *Behavior Therapy, 52*, 1325–1338.

Selye, H. 1974. Stress without distress. In G. Serban (Ed.), *Psychopathology of human adaptation* (pp. 137–146). Boston, MA: Springer.

Twenge, J. M., and Joiner, T. E. 2020. U.S. Census Bureau-assessed prevalence of anxiety and depressive symptoms in 2019 and during the 2020 COVID-19 pandemic.

Depression and Anxiety, 37, 954–956.

World Health Organization. 2022. COVID-19 pandemic triggers 25% increase in prevalence of depression and anxiety worldwide. https://www.who.int/news/item/02-03-2022-covid-19-pandemic-triggers-25-increase-in-prevalence-of-anxiety-and-depression-worldwide

제1부

제1장

Baumeister, R. F., Vohs, K. D., Aaker, J. L., and Garbinsky, E. N. 2013. Some key differences between a happy life and a meaningful life. *The Journal of Positive Psychology, 8,* 505–516.

Beck A. T., Epstein, N., Brown, G., and Steer, R. A. 1988. An inventory for measuring clinical anxiety: Psychometric properties. *Journal of Consulting and Clinical Psychology, 56,* 893.

Beltzer, M. L., Nock, M. K., Peters, B. J., and Jamieson, J. P. 2014. Rethinking butterflies: The affective, physiological, and performance effects of reappraising arousal during social evaluation. *Emotion, 14,* 761–768.

Brooks, A. W. 2013. Get excited: Reappraising pre-performance anxiety as excitement. *Journal of Experimental Psychology, 143,* 1144–1158.

Bystritsky, A. and Kronemyer, D. 2014. Stress and anxiety: Counterpart elements of the stress/anxiety complex. *Psychiatric Clinics of North America, 37,* 489–518.

Carver, C. S., and Conner-Smith, J. 2010. Personality and coping. *Annual Review of Psychology, 61,* 679–704.

Cohen S., Janicki-Deverts, D., and Miller, G. E. 2007. Psychological stress and disease. *JAMA, 298,* 1685–1687.

Cohen, S., Kamarck, T., and Mermelstein, R. 1983. A global measure of perceived stress. *Journal of Health and Social Behavior, 24,* 385–396.

Crum, A. J., Jamieson, J. P., and Akinola, M. 2020. Optimizing stress: An integrated intervention for regulating stress responses. *Emotion, 20,* 120–125.

Dweck, C. S. 2007. *Mindset: The new psychology of success.* New York: Ballantine Books.

Jamieson, J. P., Black, A. E., Pelaia, L. E., Gravelding, H., Gordis, J., and Reis, H. T. 2022. Reappraising stress arousal improves affective, neuroendocrine, and academic performance outcomes in community college classrooms. *Journal of Experimental Psychology, 151,* 197–212.

Jamieson, J. P., Mendes, W. B., Blackstock, E., and Schmadar, T. 2010. Turning the knots in your stomach into bows: Reappraising arousal improves performance on the GRE. *Journal of Experimental Social Psychology, 46*, 208–212.

Kassam, K. S., Koslov, K., and Mendes, W. B. 2009. Decisions under distress: Stress profiles influence anchoring and adjustment. *Psychological Science, 20*, 1394–1399.

Keller, A., Litzelman, K., Wisk, L. E., Maddox, T., Cheng, E. R., Creswell, P. D., and Witt, W. P. 2012. Does the perception that stress affects health matter? The association with health and mortality. *Health Psychology, 31*, 677–684.

Kiecolt-Glaser, J. K., Renna, M. E., Shrout, M. R., and Madison, A. A. 2020. Stress reactivity: What pushes us higher, faster and longer—And why it matters. *Current Directions in Psychological Science, 29*, 492–498.

Lazarus, R. S., and Folkman, S. 1984. *Stress, appraisal, and coping*. Berlin: Springer.

Leyro, T. M., Zvolensky, M. J., and Bernstein, A. 2010. Distress tolerance and psychopathological symptoms and disorders: A review of the empirical literature among adults. *Psychological Bulletin, 136*, 576–600.

McEwen, B. 2000. Allostasis and allostatic load: Implications for neuropsychopharmacology. *Neuropsychopharmacology, 22*, 108–124.

Mendes, W. B., Blascovich, J., Hunter, S. B., Lickel, B., and Jost, J. T. 2007. Threatened by the unexpected: Physiological responses during social interactions with expectancy-violating partners. *Journal of Personality and Social Psychology, 92*, 698–716.

Oveis, C., Gu, Y., Ocampo, J. M., Hangen, E. J., and Jamieson, J. P. 2020. Emotion regulation contagion: Stress reappraisal promotes challenge responses in teammates. *Journal of Experimental Psychology, 149*, 2187–2205.

Ritschel, L. A., Lim, N. E., and Stewart, L. M. 2015. Transdiagnostic applications of DBT for adolescents and adults. *The American Journal of Psychotherapy, 69*, 111–128.

Sakiris, N., and Berle, D. 2019. A systematic review and meta-analysis of the Unified Protocol as a transdiagnostic emotion regulation based intervention. *Clinical Psychology Review, 72*, 101751.

Seery, M. D. 2011. Resilience: A silver lining to experiencing adverse life events? *Current Directions in Psychological Science, 20*, 390–394.

Seery, M. D., Leo, R. J., Lupien, S. P., Kondrak, C. L., and Almonte, J. L. 2013. An upside to adversity? Moderate cumulative lifetime adversity is associated with resilient responses in the face of controlled stressors. *Psychological Science, 24*, 1181–1189.

Tomaka, J., Blascovich, J., Kelsey, R. M., and Leitten, C. L. 1993. Subjective, physiological, and behavioral effects of threat and challenge appraisal. *Journal of Personality and Social Psychology, 65*, 248–260.

Yeager, D. S., Bryan, C. J., Gross, J. J., Murray, J., Krettek, D., Santos, P., Graveling, H.,

Johnson, M., and Jamieson, J. P. 2022. A synergistic mindsets intervention protects adolescents from stress. *Nature, 607,* 512–520.

Yeager, D. S., Walton, G. M., Brady, S. T., Akcinar, E. N., Paunesku, D., Keane, L., Kamentz, D., Ritter, G., Duckworth, A. L., Urstein, R., Gomez, E. M., Markus, H. R., Cohen, G. L., and Dweck, C. S. 2016. Teaching a lay theory before college narrows achievement gaps at scale. *Proceedings of the National Academy of Sciences of the United States of America, 113,* E3341–E3348.

제 2 장

Aldao, A. 2013. The future of emotion regulation research: Capturing context. *Perspectives in Psychological Science, 8,* 155–172.

Barlow, D. H., Farchione, T. J., Bullis, J. R., Gallagher, M. W., Murray-Latin, H., Sauer-Zavala, S., Bentley, K. H., Thompson-Hollands, J., Conklin, L. R., Boswell, J. F., Ametaj, A., Carl, J. R., Boettcher, H. T., and Cassiello-Robbins, C. 2017. The Unified Protocol for transdiagnostic treatment of emotional disorders compared with diagnosis-specific protocols for anxiety disorders: A randomized clinical trial. *JAMA Psychiatry, 74,* 875–884.

Barlow, D. H., Sauer-Zavala, S., Farchione, T. J., Latin, H. M., Ellard, K. K., Bullis, J. R., Bentley, K. H., Boettcher, H. T., and Cassiello-Robbins, C. 2018. *Unified Protocol for transdiagnostic treatment of emotional disorders,* (2nd ed.). New York: Oxford University Press.

Carlucci, L., Saggino, A., and Balsamo, M. 2021. On the efficacy of the Unified Protocol for transdiagnostic treatment of emotional disorders: A systematic review and meta-analysis. *Clinical Psychology Review, 87,* 101999.

Craske, M. G., Treanor, M., Conway, C. C., Zbozinek, T., and Vervliet, B. 2014. Maximizing exposure therapy: An inhibitory learning approach. *Behaviour Research and Therapy, 58,* 10–23.

De Castella, K., Platow, M. J., Tamir, M., and Gross, J. J. 2018. Beliefs about emotion: Implications for avoidance-based emotion regulation and psychological health. *Cognition & Emotion, 32,* 773–795.

Dimidjian, S., Hollon, S. D., Dobson, K. S., Schmaling, K. B., Kohlenberg, R. J., Addis, M. E., Gallop, R., McGlinchey, J. B., Markley, D. K., Gollan, J. K., Atkins, D. C., Dunner, D. L., and Jacobson, N. S. 2006. Randomized trial of behavioral activation, cognitive therapy, and antidepressant medication in the acute treatment of adults with major depression. *Journal of Consulting and Clinical Psychology, 74,* 658–670.

Folkman, S., and Lazarus, R. S. 1988. Coping as a mediator of emotion. *Journal of Personality and Social Psychology, 54,* 466–475.

Ford, B. Q., and Gross, J. J. 2019. Why beliefs about emotion matter: An emotion-regulation perspective. *Current Directions in Psychological Science, 28*, 74–81.

Goldin, P. R., McRae, K., Ramel, W., and Gross, J. J. 2008. The neural bases of emotion regulation: Reappraisal and suppression of negative emotion. *Biological Psychiatry, 63*, 577–586.

Gross, J. J. 2015. The extended process model of emotion regulation: Elaborations, applications, and future directions. *Psychological Inquiry, 26*, 130–137.

Hayes, S. C., Ciarrochi, J., Hoffman, S. G., Chin, F., and Sahdra, B. 2022. Evolving an idionomic approach to processes of change: Towards a unified personalized science of human improvement. *Behaviour Research and Therapy, 156*, 104155.

Lindsay, E. K., Young, S., Smyth, J. M., Brown, K. W., and Creswell, J. D. 2018. Acceptance lowers stress reactivity: Dismantling mindfulness training in a randomized controlled trial. *Psychoneuroendocrinology, 87*, 63–73.

Linehan, M. M. 2015. *DBT skills training manual*, (2nd ed.). New York: Guilford Press.

Moore, S. A., Zoellner, L. A., and Mollenholt, N. 2008. Are expressive suppression and cognitive reappraisal associated with stress-related symptoms? *Behaviour Research and Therapy, 46*, 993–1000.

Roberts, N. A., Levenson, R. W., and Gross, J. J. 2008. Cardiovascular costs of emotion suppression cross ethnic lines. *International Journal of Psychophysiology, 70*, 82–87.

Schleider, J. L., Mullarkey, M. C., Fox, K. R., Dobias, M. L., Shroff, A., Hart, E. A., and Roulston, C. A. 2022. A randomized trial of online single-session interventions for adolescent depression during COVID-19. *Nature Human Behavior, 6*, 258–268.

Tamir, M., and Bigman, Y. E. 2018. Expectations influence how emotions shape behavior. *Emotion, 18*, 15–25.

Tamir, M., John, O. P., Srivastava, S., and Gross, J. J. 2007. Implicit theories of emotion: Affective and social outcomes across a major life transition. *Journal of Personality and Social Psychology, 92*, 731–744.

Tamir, M., Vishkin, A., and Gutentag, T. 2020. Emotion regulation is motivated. *Emotion, 20*, 115–119.

Troy, A. S., Shallcross, A. J., and Mauss, I. B. 2013. A person-by-situation approach to emotion regulation: Cognitive reappraisal can either help or hurt, depending on the context. *Psychological Science, 24*, 2505–2514.

제3장

Boren, J. P. 2014. The relationships between co-rumination, social support, stress, and burnout among working adults. *Management Communication Quarterly, 28*, 3–25.

Borkovec, T. D., Robinson, E., Pruzinsky, T., and DePree, J. A. 1983. Preliminary exploration of worry: Some characteristics and processes. *Behaviour Research and Therapy, 21*, 9–16.

Brosschot, J. F. 2017. Ever at the ready for events that never happen. *European Journal of Psychotraumatology, 8*, 1309934.

Brosschot, J. F., Van Dijk, E., and Thayer, J. F. 2007. Daily worry is related to low heart rate variability during waking and the subsequent nocturnal sleep period. *International Journal of Psychophysiology, 63*, 39–47.

Callesen, P., Reeves, D., Heal, C., and Wells, D. 2020. Metacognitive therapy versus cognitive behaviour therapy in adults with major depression: A parallel single-blind randomised trial. *Scientific Reports, 10*, 7878.

Chung, M-S. 2014. Pathways between attachment and marital satisfaction: The mediating roles of rumination, empathy, and forgiveness. *Personality and Individual Differences, 70*, 246–251.

Elhai, J. D., Rozgonjuk, D., Alghraibeh, A. M., Levine, J. C., Alafnan, A. A., Aldraiweesh, A. A., Aljomaa, S. S., and Hall, B. J. 2020. Excessive reassurance seeking mediates relations between rumination and problematic smartphone use. *Bulletin of the Menninger Clinic, 84*, 137–155.

Gerin, W., Davidson, K. W., Christenfeld, N. J. S., Goyal, T., and Schwartz, J. E. 2006. The role of angry rumination and distraction in blood pressure recovery from emotional arousal. *Psychosomatic Medicine, 68*, 64–72.

Gerin, W., Zawadzki, M.J., Brosschot, J. F., Thayer, J. F., Christenfeld, N. J. S., Campbell, T. S., and Smyth, J. M. 2012. Rumination as a mediator of chronic stress effects on hypertension: A causal model. *International Journal of Hypertension, 2012*, 453465.

Gortner, E. M., Rude, S. S., and Pennebaker, J. W. 2006. Benefits of expressive writing in lowering rumination and depressive symptoms. *Behavior Therapy, 37*, 292–303.

Killingsworth, M. A., and Gilbert, D. T. 2010. A wandering mind is an unhappy mind. *Science, 330*, 932.

King, A. P., and Fresco, D. M. 2019. A neurobehavioral account for decentering as the salve for the distressed mind. *Current Opinion in Psychology, 28*, 285–293.

Kross, E., and Ayduk, O. 2017. Self-distancing: Theory, research, and current directions. In J. M. Olson (Ed.), *Advances in experimental social psychology* (pp. 81–136). Cambridge, Massachusetts: Elsevier Academic Press.

la Cour, P., and Petersen, M. 2015. Effects of mindfulness meditation on chronic pain: A randomized controlled trial. *Pain Medicine, 16*, 641–652.

McLaughlin, K.A., and Nolen-Hoeksema, S. 2011. Rumination as a transdiagnostic factor in depression and anxiety. *Behavior Research and Therapy, 49*, 186–193.

Nolen-Hoeksema, S., and Morrow, J. 1991. A prospective study of depression and post-traumatic stress symptoms after a natural disaster: The 1989 Loma Prieta earthquake. *Journal of Personality and Social Psychology, 1,* 115–121.

Nolen-Hoeksema, S., Stice, E., Wade, E., and Bohon, C. 2007. Reciprocal relations between rumination and bulimic, substance abuse, and depressive symptoms in female adolescents. *Journal of Abnormal Psychology, 116,* 198–207.

Nolen-Hoeksema, S., Wisco B. E., and Lyubomirsky, S. 2008. Rethinking rumination. *Perspectives on Psychological Science, 3,* 400–424.

Ottaviani, C., Shapiro, D., and Fitzgerald, L. 2011. Rumination in the laboratory: What happens when you go back to everyday life? *Psychophysiology, 48,* 453–461.

Ottaviani, C., Thayer, J. F., Verkuil, B., Lonigro, A., Medea, B., Couyoumdjian, A., and Brosschot, J. F. 2016. Physiological concomitants of perseverative cognition: A systematic review and meta-analysis. *Psychological Bulletin, 142,* 231–259.

Palmieri, S., Mansueto, G., Scaini, S., Caselli, G., Sapuppo, W., Spada, M. M., Sassaroli, S., et al. 2021. Repetitive negative thinking and eating disorders: A meta-analysis of the role of worry and rumination. *Journal of Clinical Medicine, 10,* 2448.

Pedersen, H., Grønnæss, I., Bendixen, M., Hagen, R., and Kennair, L. E. O. 2022. Metacognitions and brooding predict depressive symptoms in a community adolescent sample. *BMC Psychiatry, 22,* 157.

Pennebaker, J. W. 1997. Writing about emotional experiences as a therapeutic process. *Psychological Science, 8,* 162–166.

Salzberg, S. 2023. *Real life: The journey from isolation to openness and freedom.* New York: Flatiron Books.

Sloan, D. M., Marx, B. P., Epstein, E. M., and Dobbs, J. L. 2008. Expressive writing buffers against maladaptive rumination. *Emotion, 8,* 302–306.

Smyth, J., and Helm, R. 2003. Focused expressive writing as self-help for stress and trauma. *Journal of Clinical Psychology, 59,* 227–235.

Smyth, J., Zawadzki, M., and Gerin, W. 2013. Stress and disease: A structural and functional analysis. *Social and Personality Psychology Compass, 7,* 217–227.

Watkins, E. R. 2016. *Rumination-focused cognitive-behavioral therapy for depression.* New York: Guilford Press.

Wells, A. 2009. *Metagcognitive therapy for anxiety and depression.* New York: Guilford Press.

White, R. E., Kuehn, M. M., Duckworth, A. L., Kross, E., and Ayduk, Ö. 2019. Focusing on the future from afar: Self-distancing from future stressors facilitates adaptive coping. *Emotion, 19,* 903–916.

Zawadzki, M. J., Graham, J. E., and Gerin, W. 2013. Rumination and anxiety mediate the effect of loneliness on depressed mood and sleep quality in college students. *Health Psychology, 32,* 212–222.

제4장

Aaker, J., and Bagdonas, N. 2021. *Humor, seriously: Why humor is a secret weapon in business and life.* New York: Currency.

Albrecht, B., Staiger, P. K., Hall, K., Miller, P., Best, D., and Lubman, D. I. 2014. Benzodiazepine use and aggressive behaviour: A systematic review. *The Australian and New Zealand Journal of Psychiatry, 48,* 1096–1114.

Berwid, O. G., and Halperin, J. M. 2012. Emerging support for a role of exercise in attention-deficit/hyperactivity disorder intervention planning. *Current Psychiatry Reports, 14,* 543–551.

Burns, D. D. 1999. *Feeling good: The new mood therapy.* New York: William Morrow.

Carpenter, J. K., Andrews, L. A., Witcraft, S. M., Powers, M. B., Smits, J., and Hofmann, S. G. 2018. Cognitive behavioral therapy for anxiety and related disorders: A meta-analysis of randomized placebo-controlled trials. *Depression and Anxiety, 35,* 502–514.

Craske, M. G., Treanor, M., Conway, C. C., Zbozinek, T., and Vervliet, B. 2014. Maximizing exposure therapy: An inhibitory learning approach. *Behaviour Research and Therapy, 58,* 10–23.

DeRubeis, R. J., Siegle, G. J., and Hollon, S. D. 2008. Cognitive therapy versus medication for depression: Treatment outcomes and neural mechanisms. *Nature Reviews. Neuroscience, 9,* 788–796.

Grant. A. 2021. There's a name for the blah that you're feeling: It's called languishing. *New York Times.* https://www.nytimes.com/2021/04/19/well/mind/covid-mental-health-languishing.html

He, Q., Chen, X., Wu, T., Li, L., and Fei, X. 2019. Risk of dementia in long-term benzodiazepine users: Evidence from a meta-analysis of observational studies. *Journal of Clinical Neurology, 15,* 9–19.

Huijbers, M. J., Spinhoven, P., Spijker, J., Ruhé, H. G., van Schaik, D. J., van Oppen, P., Nolen, W. A., Ormel, J., Kuyken, W., van der Wilt, G. J., Blom, M. B., Schene, A. H., Rogier, A., Donders, T., and Speckens, A. E. 2016. Discontinuation of antidepressant medication after mindfulness-based cognitive therapy for recurrent depression: Randomised controlled non-inferiority trial. *The British Journal of Psychiatry, 208,* 366–373.

Jacob, J. A. 2015. Marijuana use has doubled among US adults. *JAMA, 314,* 2607.

Lac, A., and Luk, J. W. 2018. Testing the amotivational syndrome: Marijuana use longitudinally predicts lower self-efficacy even after controlling for demographics, personality, and alcohol and cigarette use. *Prevention Science, 19*, 117–126.

Lann, M. A., and Molina, D. K. 2009. A fatal case of benzodiazepine withdrawal. *The American Journal of Forensic Medicine and Pathology, 30*, 177–179.

Lopez-Quintero, C., Pérez de los Cobos, J., Hasin, D. S., Okuda, M., Wang, S., Grant, B. F., and Blanco, C. 2011. Probability and predictors of transition from first use to dependence on nicotine, alcohol, cannabis, and cocaine: Results of the National Epidemiologic Survey on Alcohol and Related Conditions (NESARC). *Drug and Alcohol Dependence, 115*, 120–130.

Maust, D. T., Lin, L. A., and Blow, F. C. 2019. Benzodiazepine use and misuse among adults in the United States. *Psychiatric Services, 70*, 97–106.

Miller, W. R., and Rollnick, S. 2012. *Motivational interviewing: Preparing people for change.* (3rd ed.). New York: Guilford Press.

Pélissolo, A., Maniere, F., Boutges, B., Allouche, M., Richard-Berthe, C., and Corruble, E. 2007. Anxiety and depressive disorders in 4,425 long term benzodiazepine users in general practice. *L'encephale, 33*, 32–38.

Roshanaei-Moghaddam, B., Pauly, M. C., Atkins, D. C., Baldwin, S. A., Stein, M. B., and Roy-Byrne, P. 2011. Relative effects of CBT and pharmacotherapy in depression versus anxiety: Is medication somewhat better for depression, and CBT somewhat better for anxiety? *Depression and Anxiety, 28*, 560–567.

Santo, L., Rui, P., and Ashman, J. J. 2020. Physician office visits at which benzodiazepines were prescribed: Findings from 2014–2016 National Ambulatory Medical Care Survey. National Health Statistics Reports ; No. 137; DHHS publication; No. 2020-1250.

Sarangi, A., McMahon, T., and Gude, J. 2021. Benzodiazepine misuse: An epidemic within a pandemic. *Cureus, 13*, e15816.

Soyka, M. 2017. Treatment of benzodiazepine dependence. *The New England Journal of Medicine, 376*, 1147–1157.

Volkow, N. D., Wang, G. J., Telang, F., Fowler, J. S., Alexoff, D., Logan, J., Jayne, M., Wong, C., and Tomasi, D. 2014. Decreased dopamine brain reactivity in marijuana abusers is associated with negative emotionality and addiction severity. *Proceedings of the National Academy of Sciences of the United States of America, 111*, E3149–E3156.

Whitaker, R. 2010. *Anatomy of an epidemic: Magic bullets, psychiatric drugs, and the astonishing rise of mental illness in America.* New York: Crown Publishers.

Williams, A. R., and Hill, K. P. 2020. Care of the patient using cannabis. *Annals of Internal Medicine, 173*, ITC65–ITC80.

제5장

Cohen, G. L., Garcia, J., Apfel, N., and Master, A. 2006. Reducing the racial achievement gap: A social-psychological intervention. *Science, 313*, 1307-1310.

Cohen, G. L., and Sherman, D. K. 2014. The psychology of change: Self-affirmation and social psychological intervention. *Annual Review of Psychology, 65*, 333-371.

Cohen, S., Doyle, W. J., Skoner, D. P., Rabin, B. S., and Gwaltney, J. M., Jr. 1997. Social ties and susceptibility to the common cold. *JAMA, 277*, 1940-1944.

Cohen, S., Gianaros, P. J., and Manuck, S. B. 2016. A stage model of stress and disease. *Perspectives on Psychological Science, 11*, 456-463.

Cohen, S., and Wills, T. A. 1985. Stress, social support, and the buffering hypothesis. *Psychological Bulletin, 9*, 310-357.

Daly, M., Baumeister, R.F., Delaney, L., and MacLachlan, M. 2014. Self-control and its relation to emotions and psychobiology: Evidence from a day reconstruction method study. *Journal of Behavioral Medicine, 37*, 81-93.

de Shazer, S., Dolan, Y., Korman, H., Trepper, T., McCollum, E., and Berg, I. K. 2007. *More than miracles: The state of the art of solution-focused brief therapy*. New York: Routledge.

Goyer, J. P., Garcia, J., Purdie-Vaughns, V., Binning, K. R., Cook, J. E., Reeves, S. L., Apfel, N., Taborsky-Barba, S., Sherman, D. K., and Cohen, G. L. 2017. Self-affirmation facilitates minority middle schoolers' progress along college trajectories. *Proceedings of the National Academy of Sciences of the United States of America, 114*, 7594-7599.

Hirsh, J. B., Mar, R. A., and Peterson, J. B. 2012. Psychological entropy: A framework for understanding uncertainty-related anxiety. *Psychological Review, 119*, 304-320.

Lundgren, T., Luoma, J. B., Dahl, J., Strosahl, K., and Melin, L. 2012. The bull's-eye values survey: A psychometric evaluation. *Cognitive and Behavioral Practice, 19*, 518-526.

McCracken, L. M., and Vowles, K. E. 2014. Acceptance and commitment therapy and mindfulness for chronic pain: Model, process, and progress. *American Psychologist, 69*, 178-187.

Ostafin, B. D., and Proulx, T. 2020. Meaning in life and resilience to stressors. *Anxiety, Stress, and Coping, 33*, 603-622.

Park, J., and Baumeister, R. F. 2017. Meaning in life and adjustment to daily stressors. *The Journal of Positive Psychology, 12*, 333-341.

Polk, K. L., Schoendorff, B., Webster, M., and Olaz, F. O. 2016. *The essential guide to the ACT matrix*. Oakland, CA: Context Press.

Schaefer, S. M., Morozink Boylan, J., van Reekum, C. M., Lapate, R. C., Norris, C. J., Ryff, C. D., and Davidson, R. J. 2013. Purpose in life predicts better emotional recovery from negative stimuli. *PLoS ONE, 8*, e80329.

Sung, J. Y., Bugatti, M., Vivian, D., and Schleider, J. L. 2023. Evaluating a telehealth single-session consultation service for client on psychotherapy wait-lists. *Practice Innovations, 8*, 141–161.

Tangney, J. P., Baumeister, R. F., and Boone, A. L. 2004. High self-control predicts good adjustment, less pathology, better grades, and interpersonal success. *Journal of Personality, 72*, 271–322.

Tifft, E. D., Underwood, S. B., Roberts, M. Z., and Forsyth, J. P. 2022. Using meditation in a control vs. acceptance context: A preliminary evaluation of relations with anxiety, depression, and indices of well-being. *Journal of Clinical Psychology, 78*, 1407–1421.

Zhang, A., Franklin, C., Currin-McCulloch, J., Park, S., and Kim, J. 2018. The effectiveness of strength-based, solution-focused brief therapy in medical settings: A systematic review and meta-analysis of randomized controlled trials. *Journal of Behavioral Medicine, 41*, 139–151.

제 2 부

Allen, A. B., and Leary, M. R. 2010. Self-compassion, stress, and coping. *Social and Personality Psychology Compass, 4*, 107–118.

Aytur, S. A., Ray, K. L., Meier, S. K., Campbell, J., Gendron, B., Waller, N., and Robin, D. A. 2021. Neural mechanisms of acceptance and commitment therapy for chronic pain: A network-based fMRI approach. *Frontiers in Human Neuroscience, 15*, 587018.

Balban, M. Y., Neri, E., Kogon, M. M., Weed, L., Nouriani, B., Jo, B., Holl, G., Zeitzer, J. M., Spiegel, D., and Huberman, A. D. 2023. Brief structured practices enhance mood and reduce physiological arousal. *Cell Reports Medicine, 4*, 100895.

Barlow, D. H., Sauer-Zavala, S., Farchione, T. J., Latin, H. M., Ellard, K. K., Bullis, J. R., Bentley, K. H., Boettcher, H. T., and Cassiello-Robbins, C. 2018. *Unified Protocol for transdiagnostic treatment of emotional disorders,* (2nd ed.). New York: Oxford University Press.

Basso, J. C., and Suzuki, W. A. 2017. The effects of acute exercise on mood, cognition, neurophysiology, and neurochemical pathways: A review. *Brain Plasticity, 2*, 127–152.

Baumeister, R. F., Bratslavsky, E., Finkenauer, C., and Vohs, K. D. 2001. Bad is stronger than good. *Review of General Psychology, 5*, 323–370.

Baumeister, R. F., Tice, D. M., and Vohs, K. D. 2018. The strength model of self-regulation: Conclusions from the second decade of willpower research. *Perspectives on*

Psychological Science, 13, 141–145.

Beames, J. R., Schofield, T. P., and Denson, T. F. 2018. A meta-analysis of improving self-control with practice. In D. de Ridder, M. Adriaanse, and K. Fujita (Eds.), *The Routledge international handbook of self-control in health and well-being* (pp. 405–417). New York: Routledge/Taylor & Francis Group.

Bell, A. C., and D'Zurilla, T. J. 2009. Problem-solving therapy for depression: A meta-analysis. *Clinical Psychology Review, 29,* 348–353.

Bellissimo, G. F., Ducharme, J., Mang, Z., Millender, D., Smith, J., Stork, M. J., Little, J. P., Deyhle, M. R., Gibson, A. L., de Castro Magalhaes, F., and Amorim, F. 2022. The acute physiological and perceptual responses between bodyweight and treadmill running high-intensity interval exercises. *Frontiers in Physiology, 13,* 824154.

Berk, M. S., Henriques, G. R., Warman, D. M., Brown, G. K., and Beck, A. T. 2004. A cognitive therapy intervention for suicide attempters: An overview of the treatment and case examples. *Cognitive and Behavioral Practice, 11,* 265–277.

Boren, J. P. 2013. The relationships between co-rumination, social support, stress, and burnout among working adults. *Management Communication Quarterly, 28,* 3–25.

Bowen, S., Chawla, N., Collins, S. E., Witkiewitz, K., Hsu, S., Grow, J., Clifasefi, S., Garner, M., Douglass, A., Larimer, M. E., and Marlatt, A. 2009. Mindfulness-based relapse prevention for substance use disorders: A pilot efficacy trial. *Substance Abuse, 30,* 295–305.

Brach, T. 2004. *Radical acceptance: Embracing your life with the heart of a Buddha.* New York: Random House.

Brailovskaia, J., Delveaux, J., John, J., Wicker, V., Noveski, A., Kim, S., Schillack, H., and Margraf, J. 2023. Finding the "sweet spot" of smartphone use: Reduction or abstinence to increase well-being and healthy lifestyle?! An experimental intervention study. *Journal of Experimental Psychology, 29,* 149–161.

Bratman, G. N., Hamilton, J. P., Hahn, K. S., Daily, G. C., and Gross, J. J. 2015. Nature experience reduces rumination and subgenual prefrontal cortex activation. *Proceedings of the National Academy of Sciences of the United States of America, 112,* 8567–8572.

Bratman, G. N., Olvera-Alvarez, H. A., and Gross, J. J. 2021. The affective benefits of nature exposure. *Social and Personality Psychology Compass, 15,* e12630.

Bratman, G. N., Young, G., Mehta, A., Lee Babineaux, I., Daily, G. C., and Gross, J. J. 2021. Affective benefits of nature contact: The role of rumination. *Frontiers in Psychology, 12,* 643866.

Breines, J. G., and Chen, S. 2012. Self-compassion increases self-improvement motivation. *Personality and Social Psychology Bulletin, 38,* 1133–1143.

Brown, R. P., and Gerbarg, P. L. 2012. *The healing power of the breath: Simple techniques to reduce stress and anxiety, enhance concentration, and balance your emotions.* Boulder, Colorado: Shambhala Publications.

Brown, S. L., Nesse, R. M., Vinokur, A. D., and Smith, D. M. 2003. Providing social support may be more beneficial than receiving it: Results from a prospective study of mortality. *Psychological Science, 14,* 320–327.

Bush, N. E., Smolenski, D. J., Denneson, L. M., Williams, H. B., Thomas, E. K., and Dobscha, S. K. 2017. A virtual hope box: Randomized controlled trial of a smartphone app for emotional regulation and coping with distress. *Psychiatric Services, 68,* 330–336.

Byun, K., Hyodo, K., Suwabe, K., Ochi, G., Sakairi, Y., Kato, M., Dan, I., and Soya, H. 2014. Positive effect of acute mild exercise on executive function via arousal-related prefrontal activations: An fNIRS study. *NeuroImage, 98,* 336–345.

Campbell-Sills, L., Barlow, D. H., Brown, T. A., and Hofmann, S. G. 2006. Effects of suppression and acceptance on emotional responses of individuals with anxiety and mood disorders. *Behaviour Research and Therapy, 44,* 1251–1263.

Carey, B. 2011. Expert on mental illness reveals her own fight. *New York Times.* https://www.nytimes.com/2011/06/23/health/23lives.html

Casement, M. D., and Swanson, L. M. 2012. A meta-analysis of imagery rehearsal for post-trauma nightmares: Effects on nightmare frequency, sleep quality, and posttraumatic stress. *Clinical Psychology Review, 32,* 566–574.

Ceccato, S., Kudielka, B. M., and Schwieren, C. 2016. Increased risk taking in relation to chronic stress in adults. *Frontiers in Psychology, 6,* 2036.

Chaudhuri, A., Manna, M., Mandal, K., and Pattanayak, K. 2020. Is there any effect of progressive muscle relaxation exercise on anxiety and depression of the patient with coronary artery disease? *International Journal of Pharma Research and Health Sciences, 8,* 3231–3236.

Cohen, G. L. 2022. *Belonging: The science of creating connection and bridging divides.* New York: W. W. Norton.

Cohen, S., Janicki-Deverts, D., Turner, R. B., and Doyle, W. J. 2015. Does hugging provide stress-buffering social support? A study of susceptibility to upper respiratory infection and illness. *Psychological Science, 26,* 135–147.

Cohen, S., and Wills, T. A. 1985. Stress, social support, and the buffering hypothesis. *Psychological Bulletin, 98,* 310–357.

Coles, N. A., March, D. S., Marmolejo-Ramos, F., Larsen, J. T., Arinze, N. C., Ndukaihe, I. L. G., Willis, M. L., Foroni, F., Reggev, N., Mokady, A., et al. 2022. A multi-lab test of the facial feedback hypothesis by the Many Smiles Collaboration. *Nature Human Behavior.* https://doi.org/10.1038/s41562-022-01458-9

Cunningham, J. E. A., and Shapiro, C. M. 2018. Cognitive behavioural therapy for insomnia (CBT-I) to treat depression: A systematic review. *Journal of Psychosomatic Research, 106*, 1-12.

Dalgin, R. S., Dalgin, M. H., and Metzger, S. J. 2018. A longitudinal analysis of the influence of a peer run warm line phone service on psychiatric recovery. *Community Mental Health Journal, 54*, 376-382.

De Couck, M., Caers, R., Musch, L., Fliegauf, J., Giangreco, A., and Gidron, Y. 2019. How breathing can help you make better decisions: Two studies on the effects of breathing patterns on heart rate variability and decision-making in business cases. *International Journal of Psychophysiology, 139*, 1-9.

de Witte, M., Spruit, A., van Hooren, S., Moonen, X., and Stams, G. J. 2020. Effects of music interventions on stress-related outcomes: A systematic review and two meta-analyses. *Health Psychology Review, 14*, 294-324.

Diel, K., Grelle, S., and Hofmann, W. 2021. A motivational framework of social comparison. *Journal of Personality and Social Psychology, 120*, 1415-1430.

Diener, E., Lucas, R. E., and Scollon, C. N. 2006. Beyond the hedonic treadmill: Revising the adaptation theory of well-being. *The American Psychologist, 61*, 305-314.

Ditzen, B., and Heinrichs, M. 2014. Psychobiology of social support: The social dimension of stress buffering. *Restorative Neurology and Neuroscience, 32*, 149-162.

Dixon, S. 2022. Average daily time spent on social media worldwide 2012-2022. https://www.statista.com/statistics/433871/daily-social-media-usage-worldwide/

Dreisoerner, A., Junker, N. M., Scholtz, W., Heimrich, J., Bloemeke, S., Ditzen, B., and van Dick, R. 2021. Self-soothing touch and being hugged reduce cortisol responses to stress: A randomized controlled trial on stress, physical touch, and social identity. *Comprehensive Psychoneuroendocrinology, 8*, 100091.

Duggleby, W. D., Degner, L., Williams, A., Wright, K., Cooper, D., Popkin, D., and Holtslander, L. 2007. Living with hope: Initial evaluation of a psychosocial hope intervention for older palliative home care patients. *Journal of Pain and Symptom Management, 33*, 247-257.

Dunn, E. W., Aknin, L. B., and Norton, M. I. 2014. Prosocial spending and happiness: Using money to benefit others pays off. *Current Directions in Psychological Science, 23*, 41-47.

Dwyer, R., Kushlev, K., and Dunn, E. W. 2018. Smartphone use undermines the enjoyment of face-to-face interactions. *Journal of Experimental Social Psychology, 78*, 233-239.

Edwards, M. K., and Loprinzi, P. D. 2018. Experimental effects of brief, single bouts of walking and meditation on mood profile in young adults. *Health Promotion*

Perspectives, 8, 171–178.

Finkel, E. J., Slotter, E. B., Luchies, L. B., Walton, G. M., and Gross, J. J. 2013. A brief intervention to promote conflict reappraisal preserves marital quality over time. *Psychological Science, 24,* 1595–1601.

Fredrickson, B. L., Cohn, M. A., Coffey, K. A., Pek, J., and Finkel, S. M. 2008. Open hearts build lives: Positive emotions, induced through loving-kindness meditation, build consequential personal resources. *Journal of Personality and Social Psychology, 95,* 1045–1062.

Garcia, L., Pearce, M., Abbas, A., Mok, A., Strain, T., Ali, S., Crippa, A., Dempsey, P. C., Golubic, R., Kelly, P., Laird, Y., McNamara, E., Moore, S., de Sa, T. H., Smith, A. D., Wijndaele, K., Woodcock, J., and Brage, S. 2023. Non-occupational physical activity and risk of cardiovascular disease, cancer and mortality outcomes: A dose-response meta-analysis of large prospective studies. *British Journal of Sports Medicine,* bjsports-2022-105669. https://doi.org/10.1136/bjsports-2022-105669.

Goldin, P. R., McRae, K., Ramel, W., and Gross, J. J. 2008. The neural bases of emotion regulation: Reappraisal and suppression of negative emotion. *Biological Psychiatry, 63,* 577–586.

Gooding, L., Swezey, S., and Zwischenberger, J. B. 2012. Using music interventions in perioperative care. *Southern Medical Journal, 105,* 486–490.

Graff, V., Cai, L., Badiola, I., and Elkassabany, N. M. 2019. Music versus midazolam during preoperative nerve block placements: A prospective randomized controlled study. *Regional Anesthesia and Pain Medicine,* rapm-2018-100251.

Gross, J. J., and John, O. P. 2003. Individual differences in two emotion regulation processes: Implications for affect, relationships, and well-being. *Journal of Personality and Social Psychology, 85,* 348–362.

Haber, M. G., Cohen, J. L., Lucas, T., and Baltes, B. B. 2007. The relationship between self-reported received and perceived social support: A meta-analytic review. *American Journal of Community Psychology, 39,* 133–144.

Hann, K. E. J., and McCracken, L. M. 2014. A systematic review of randomized controlled trials of acceptance and commitment therapy for adults with chronic pain: Outcome domains, design quality, and efficacy. *Journal of Contextual Behavioral Science, 3,* 217–227.

He, Z., Lin, Y., Xia, L., Liu, Z., Zhang, D., and Elliott, R. 2018. Critical role of the right VLPFC in emotional regulation of social exclusion: A tDCS study. *Social Cognitive and Affective Neuroscience, 13,* 357–366.

Hill, P. L., Sin, N. L., Turiano, N. A., Burrow, A. L., and Almeida, D. M. 2018. Sense of purpose moderates the associations between daily stressors and daily well-being.

Annals of Behavioral Medicine, 52, 724–729.

Jacobson, E. 1938. *Progressive relaxation*. Chicago: University of Chicago Press.

Kabat-Zinn, J. 2013. *Full-catastrophe living: Using the wisdom of your body and mind to face stress, pain, and illness*. New York: Bantam Press.

Kassam, K. S., and Mendes, W. B. 2013. The effects of measuring emotion: Physiological reactions to emotional situations depend on whether someone is asking. *PLoS ONE, 8*, e64959.

Kircanski, K., Lieberman, M. D., and Craske, M. G. 2012. Feelings into words: Contributions of language to exposure therapy. *Psychological Science, 23*, 1086–1091.

Kotsou, I., Leys, C., and Fossion, P. 2018. Acceptance alone is a better predictor of psychopathology and well-being than emotional competence, emotion regulation and mindfulness. *Journal of Affective Disorders, 226*, 142–145.

Krause, N., Pargament, K. I., Hill, P. C., and Ironson, G. 2016. Humility, stressful life events, and psychological well-being: Findings from the landmark spirituality and health survey. *The Journal of Positive Psychology, 11*, 499–510.

Krüger, T. H., Schulze, J., Bechinie, A., Neumann, I., Jung, S., Sperling, C., Engel, J., et al. 2022. Neuronal effects of glabellar botulinum toxin injections using a valanced inhibition task in borderline personality disorder. *Scientific Reports, 12*, 14197.

Kushlev, K., and Dunn, E. W. 2015. Checking email less frequently reduces stress. *Computers in Human Behavior, 43*, 220–228.

Kushlev, K., and Dunn, E. W. 2019. Smartphones distract parents from cultivating feelings of connection when spending time with their children. *Journal of Social and Personal Relationships, 36*, 1619–1639.

Lambert, J., Barnstable, G., Minter, E., Cooper, J., and McEwan, D. 2022. Taking a one-week break from social media improves well-being, depression, and anxiety: A randomized controlled trial. *Cyberpsychology, Behavior, and Social Networking, 25*, 287–293.

Lanctot, A., and Duxbury, L. 2021. When everything is urgent! Mail use and employee well-being. *Computers in Human Behavior Reports, 4*, 100152.

Larsson, A., Hooper, N., Osborne, L. A., Bennett, P., and McHugh, L. 2016. Using brief cognitive restructuring and cognitive defusion techniques to cope with negative thoughts. *Behavior Modification, 40*, 452–482.

LeMarr, J. D., Golding, L. A., and Crehan, K. D. 1983. Cardiorespiratory responses to inversion. *The Physician and Sportsmedicine, 11*, 51–57.

Leproult, R., Copinschi, G., Buxton, O., and Van Cauter, E. 1997. Sleep loss results in an elevation of cortisol levels the next evening. *Sleep, 20*, 865–870.

Lieberman, M. D. 2019. Affect labeling in the age of social media. *Nature Human*

Behaviour, *3*, 20–21.

Lieberman, M. D., Eisenberger, N. I., Crockett, M. J., Tom, S., Pfeifer, J. H., and Way, B. M. 2007. Putting feelings into words: Affect labeling disrupts amygdala activity to affective stimuli. *Psychological Science*, *18*, 421–428.

Light, K. C., Grewen, K. M., and Amico, J. A. 2005. More frequent partner hugs and higher oxytocin levels are linked to lower blood pressure and heart rate in premenopausal women. *Biological Psychology*, *69*, 5–21.

Linehan, M. M. 1993. *Cognitive-behavioral treatment of borderline personality disorder*. New York: Guilford Press.

Linehan, M. M. 1997. Validation and psychotherapy. In A. C. Bohart and L. S. Greenberg (Eds.). *Empathy reconsidered: New directions in psychotherapy*. Washington, DC: American Psychological Association; pp. 353–92.

Linehan, M. M. 2015. *DBT skills training manual*, (2nd ed.). New York: Guilford Press.

Liu, K., Chen, Y., Wu, D., Lin, R., Wang, Z., and Pan, L. 2020. Effects of progressive muscle relaxation on anxiety and sleep quality in patients with COVID-19. *Complementary Therapies in Clinical Practice*, *39*, 101132.

Margolis, S., and Lyubomirsky, S. 2020. Experimental manipulation of extraverted and introverted behavior and its effects on well-being. *Journal of Experimental Psychology*, *149*, 719–731.

Margolis, S., Stapley, A. L., and Lyubomirsky, S. 2020. The association between extraversion and well-being is limited to one facet. *Journal of Personality*, *88*, 478–484.

Mark, G., Iqbal, S., Czerwinski, M., and Johns, P. 2015. Focused, aroused, but so distractable: A temporal perspective on multitasking and communications. *Technologies in the Workplace*, 903–916.

Marlatt, G. A., and Gordon, J. R. 1985. *Relapse prevention*. New York: Guilford Press.

Masi, C. M., Chen, H. Y., Hawkley, L. C., and Cacioppo, J. T. 2011. A meta-analysis of interventions to reduce loneliness. *Personality and Social Psychology Review*, *15*, 219–266.

Master, S. L., Eisenberger, N. I., Taylor, S. E., Naliboff, B. D., Shirinyan, D., and Lieberman, M. D. 2009. A picture's worth: Partner photographs reduce experimentally induced pain. *Psychological Science*, *20*, 1316–1318.

Masuda, A., Hayes, S. C., Sackett, C. F., and Twohig, M. P. 2004. Cognitive defusion and self-relevant negative thoughts: Examining the impact of a ninety-year-old technique. *Behaviour Research and Therapy*, *42*, 477–485.

McRae, K., Jacobs, S. E., Ray, R. D., John, O. P., and Gross, J. J. 2012. Individual differences in reappraisal ability: Links to reappraisal frequency, well-being, and cognitive control. *Journal of Research in Personality*, *46*, 2–7.

Mongrain, M., and Trambakoulos, J. 2007. A musical mood induction alleviates dysfunctional attitudes in needy and self-critical individuals. *Journal of Cognitive Psychotherapy, 21*, 295–309.

Montag, C. and Diefenbach, S. 2018. Towards homo digitalis: Important research issues for psychology and the neurosciences at the dawn of the internet of things and the digital society. *Sustainability, 10*, 415.

Nayor, M., Shah, R. V., Miller, P. E., Blodgett, J. B., Tanguay, M., Pico, A. R., Murthy, V. L., Malhotra, R., Houstis, N. E., Deik, A., et al. 2020. Metabolic architecture of acute exercise response in middle-aged adults in the community. *Circulation, 142*, 1905–1924.

Nestor, J. 2020. *Breath: The new science of a lost art.* New York: Riverhead Books.

Nuckowska, M. K., Gruszecki, M., Kot, J., Wolf, J., Guminski, W., Frydrychowski, A. F., Wtorek, J., Narkiewicz, K., and Winklewski, P. J. 2019. Impact of slow breathing on the blood pressure and subarachnoid space width oscillations in humans. *Scientific Reports, 9*, 6232.

Oppezzo, M., and Schwartz, D. L. 2014. Give your ideas some legs: The positive effect of walking on creative thinking. *Journal of Experimental Psychology: Learning, Memory, and Cognition, 40*, 1142–1152.

Panneton, W. M. 2013. The mammalian diving response: An enigmatic reflex to preserve life? *Physiology, 28*, 284–297.

Perlis, M. L., Posner, D., Riemann, D., Bastien, C. H., Teel, J., and Thase, M. 2022. Insomnia. *The Lancet, 400*, 1047–1060.

Poletti, S., Razzini, G., Ferrari, R., Ricchieri, M. P., Spedicato, G. A., Pasqualini, A., Buzzega, C., Artioli, F., Petropulacos, K., Luppi, M., and Bandieri, E. 2019. Mindfulness-based stress reduction in early palliative care for people with metastatic cancer: A mixed-method study. *Complementary Therapies in Medicine, 47*, 102218.

Porcelli, A. J., and Delgado, M. R. 2017. Stress and decision making: Effects on valuation, learning, and risk-taking. *Current Opinion in Behavioral Sciences, 14*, 33–39.

Poulin, M. J., Brown, S. L., Dillard, A. J., and Smith, D. M. 2013. Giving to others and the association between stress and mortality. *American Journal of Public Health, 103*, 1649–1655.

Pumar, M. I., Gray, C. R., Walsh, J. R., Yang, I. A., Rolls, T. A., and Ward, D. L. 2014. Anxiety and depression—Important psychological comorbidities of COPD. *Journal of Thoracic Disease, 6*, 1615–1631.

Querstret, D., Morison, L., Dickinson, S., Cropley, M., and John, M. 2020. Mindfulness-based stress reduction and mindfulness-based cognitive therapy for psychological health and well-being in nonclinical samples: A systematic review and meta-analysis. *International Journal of Stress Management, 27*, 394–411.

Raposa, E. B., Laws, H. B., and Ansell, E. B. 2016. Prosocial behavior mitigates the effects of stress in everyday life. *Clinical Psychological Science*, 4, 691–698.

Reed, J., and Ones, D. S. 2006. The effect of acute aerobic exercise on positive activated affect: A meta-analysis. *Psychology of Sport and Exercise*, 7, 477–514.

Ribeiro, F. S., Santos, F. H., Albuquerque, P. B., and Oliveira-Silva, P. 2019. Emotional induction through music: Measuring cardiac and electrodermal responses of emotional states and their persistence. *Frontiers in Psychology*, 10, 451.

Roemer, L., Orsillo, S. M., and Salters-Pedneault, K. 2008. Efficacy of an acceptance-based behavior therapy for generalized anxiety disorder: Evaluation in a randomized controlled trial. *Journal of Consulting and Clinical Psychology*, 76, 1083–1089.

Ross, L., and Nisbett, R. E. 1991. *The person and the situation: Perspectives of social psychology*. New York: McGraw-Hill Book Company.

Russo, M. A., Santarelli, D. M., and O'Rourke, D. 2017. The physiological effects of slow breathing in the healthy human. *Breathe*, 13, 298–309.

Sacks, O. 2008. *Musicophilia: Tales of music and the brain*. New York: Vintage.

Savulich, G., Hezemans, F. H., van Ghesel Grothe, S., Dafflon, J., Schulten, N., Brühl, A. B., Sahakian, B. J., and Robbins, T. W. 2019. Acute anxiety and autonomic arousal induced by CO_2 inhalation impairs prefrontal executive functions in healthy humans. *Translational Psychiatry*, 9, 296.

Schulte, B. 2015. *Overwhelmed: How to work, love, and play when no one has the time*. New York: Picador.

Seppala, E. M., Hutcherson, C. A., Nguyen, D. T., Doty, J. R., and Gross, J. J. 2014. Loving-kindness mediation: A tool to improve healthcare provider compassion, resilience and patient care. *Journal of Compassionate Health Care*, 1, 5.

Severs, L. J., Vlemincx, E., and Ramirez, J. M. 2022. The psychophysiology of the sigh: I. The sigh from the physiological perspective. *Biological Psychology*, 170, 108313.

Shahar, B., Szsepsenwol, O., Zilcha-Mano, S., Haim, N., Zamir, O., Levi-Yeshuvi, S., and Levit-Binnun, N. 2015. A wait-list randomized controlled trial of loving-kindness meditation programme for self-criticism. *Clinical Psychology and Psychotherapy*, 22, 346–356.

Shapiro, S. L., Astin, J. A., Bishop, S. R., and Cordova, M. 2005. Mindfulness-based stress reduction for health care professionals: Results from a randomized trial. *International Journal of Stress Management*, 12, 164–176.

Sudimac, S., Sale, V., and Kühn, S. 2022. How nature nurtures: Amygdala activity decreases as the result of a one-hour walk in nature. *Molecular Psychiatry*. https://doi.org/10.1038/s41380-022-01720-6

Suppakittpaisarn, P., Wu, CC., Tung, YH., Yeh, YC., Wanitchayapaisit, C., Browning, M.

E. H., Chang, CY., and Sullivan, W. C. 2022. Durations of virtual exposure to built and natural landscapes impact self-reported stress recovery: Evidence from three countries. *Landscape and Ecological Engineering.* https://doi.org/10.1007/s11355-022-00523-9

Tangney, J. P. 2000. Humility: Theoretical perspectives, empirical findings and directions for future research. *Journal of Social and Clinical Psychology, 19,* 70–82.

Torre, J. B., and Lieberman, M. D. 2018. Putting feelings into words: Affect labeling as implicit emotion regulation. *Emotion Review, 10,* 116–124.

Toussaint, L., Nguyen, Q. A., Roettger, C., Dixon, K., Offenbächer, M., Kohls, N., Hirsch, J., and Sirois, F. 2021. Effectiveness of progressive muscle relaxation, deep breathing, and guided imagery in promoting psychological and physiological states of relaxation. *Evidence-based Complementary and Alternative Medicine: eCAM, 2021,* 5924040.

Tracy, M. F., Skaar, D. J., Guttormson, J. L., and Savik, K. 2013. Effects of patient-directed music intervention on anxiety and sedative exposure in critically ill patients receiving mechanical ventilatory support: A randomized clinical trial. *JAMA, 309,* 2335–2344.

Uhrig, M. K., Trautmann, N., Baumgärtner, U., Treede, R. D., Henrich, F., Hiller, W., and Marschall, S. 2016. Emotion elicitation: A comparison of pictures and films. *Frontiers in Psychology, 7,* 180.

Vahedi, Z., and Saiphoo, A. 2018. The association between smartphone use, stress, and anxiety: A meta-analytic review. *Stress and Health, 34.*

Vandekerckhove, M., and Wang, Y. L. 2017. Emotion, emotion regulation and sleep: An intimate relationship. *AIMS Neuroscience, 5,* 1–17.

van den Berg, M. M., Maas, J., Muller, R., Braun, A., Kaandorp, W., van Lien, R., van Poppel, M. N., van Mechelen, W., and van den Berg, A. E. 2015. Autonomic nervous system responses to viewing green and built settings: Differentiating between sympathetic and parasympathetic activity. *International Journal of Environmental Research and Public Health, 12,* 15860–15874.

van der Veek, P. P., van Rood, Y. R., and Masclee, A. A. 2007. Clinical trial: Short- and long-term benefit of relaxation training for irritable bowel syndrome. *Alimentary Pharmacology & Therapeutics, 26,* 943–952.

Wacks, Y., and Weinstein, A. M. 2021. Excessive smartphone use is associated with health problems in adolescents and young adults. *Frontiers in Psychiatry, 12,* 669042.

Walsh, L. C., Regan, A., Okabe-Miyamoto, K., and Lyubomirsky, S. 2021. Does putting away your smartphone make you happier? The effects of restricting digital media and social media on well-being. https://psyarxiv.com/c3phw/

Wapner, J. 2020. Vision and breathing may be the secrets to surviving 2020. *Scientific American.* https://www.scientificamerican.com/article/vision-and-breathing-may-be-the-secrets-to-surviving-2020/

Ward, A. F., Duke, K., Gneezy, A., and Bos, M. 2017. Brain drain: The mere presence of one's own smartphone reduces available cognitive capacity. *Journal of Association of Consumer Research, 2,* 140–154.

Wersebe, H., Lieb, R., Meyer, A. H., Hofer, P., and Gloster, A. T. 2018. The link between stress, well-being, and psychological flexibility during an acceptance and commitment therapy self-help intervention. *International Journal of Clinical and Health Psychology, 18,* 60–68.

Williams, M., Teasdale, J., Segal, Z., and Kabat-Zinn, J. 2007. *The mindful way through depression.* New York: Guilford Press.

Wilson, T. D., and Gilbert, D. T. 2003. Affective forecasting. In M. P. Zanna (Ed.), *Advances in experimental social psychology,* Vol. 35, pp. 345–411. Cambridge, Massachusetts: Elsevier Academic Press.

Woine, A., Mikolajczak, M., Gross, J., van Bakel, H., and Roskam, I. 2022. The role of cognitive appraisals in parental burnout: A preliminary analysis during the COVID-19 quarantine. *Current Psychology,* 1–14. Advance online publication. https://doi.org/10.1007/s12144-021-02629-z

Yanagisawa, H., Dan, I., Tsuzuki, D., Kato, M., Okamoto, M., Kyutoku, Y., and Soya, H. 2010. Acute moderate exercise elicits increased dorsolateral prefrontal activation and improves cognitive performance with Stroop test. *NeuroImage, 50,* 1702–1710.

Yang, H., Liu, B., and Fang, J. 2021. Stress and problematic smartphone use severity: Smartphone use frequency and fear of missing out as mediators. *Frontiers in Psychiatry, 12,* 659288.

Yimaz, M., and Huberman, A. D. 2019. Fear: It's all in your line of sight. *Current Biology, 29,* 1232–1234.

Zaccaro, A., Piarulli, A., Laurino, M., Garbella, E., Menicucci, D., Neri, B., and Gemignani, A. 2018. How breath-control can change your life: A systematic review on psycho-physiological correlates of slow breathing. *Frontiers in Human Neuroscience, 12,* 353.

Zeng, X., Chiu, C. P., Wang, R., Oei, T. P., and Leung, F. Y. 2015. The effect of loving-kindness meditation on positive emotions: A meta-analytic review. *Frontiers in Psychology, 6,* 1693.

Zhang, M., Yang, Z., Zhong, J., Zhang, Y., Lin, X., Cai, H., and Kong, Y. 2022. Thalamocortical mechanisms for nostalgia-induced analgesia. *Journal of Neuroscience, 42,* 2963–2972.

Zhenhong, H., Yiqin, L., Lisheng, X., Zhenli, L., Dandan, Z., and Elliott, R. 2018. Critical role of the right VLPFC in emotional regulation of social exclusion: A tDCS study. *Social Cognitive and Affective Neuroscience, 13,* 357–366.

제3부

Ans, A. H., Anjum, I., Satija, V., Inayat, A., Ashgar, Z., Akram, I., and Shrestha, B. 2018. Neurohormonal regulation of appetite and its relationship with stress: A mini literature review. *Cureus, 10*, e3032.

Balchin, R., Linde, J. V., Blackhurst, D. M., Rauch, H. L., and Schönbächler, G. 2016. Sweating away depression? The impact of intensive exercise on depression. *Journal of Affective Disorders, 200*, 218–221.

Barber, K. C., Michaelis, M. A. M., and Moscovitch, D. A. 2021. Social anxiety and the generation of positivity during dyadic interaction: Curiosity and authenticity are the keys to success. *Behavior Therapy, 52*, 1418–1432.

Barlow, D. H., Sauer-Zavala, S., Farchione, T. J., Latin, H. M., Ellard, K. K., Bullis, J. R., Bentley, K. H., Boettcher, H. T., and Cassiello-Robbins, C. 2018. *Unified protocol for transdiagnostic treatment of emotional disorders* (2nd ed.). New York: Oxford University Press.

Bartlett, L., Buscot, M. J., Bindoff, A., Chambers, R., and Hassed, C. 2021. Mindfulness is associated with lower stress and higher work engagement in a large sample of MOOC participants. *Frontiers in Psychology, 12*, 724126.

Baumeister, R. F., Bratslavsky, E., Finkenauer, C., and Vohs, K. D. 2001. Bad is stronger than good. *Review of General Psychology, 5*, 323–370.

Baumeister, R. F., and Leary, M. R. 1995. The need to belong: Desire for interpersonal attachments as a fundamental human motivation. *Psychological Bulletin, 117*, 497–529.

Beck, A. T., Rush, A. J., Shaw, B. F., and Emery, G. 1979. *Cognitive therapy of depression*. New York: Guilford Press.

Becker, L., Kaltenegger, H. C., Nowak, D., Rohleder, N., and Weigl, M. 2022. Differences in stress system (re-)activity between single and dual- or multitasking in healthy adults: A systematic review and meta-analysis. *Health Psychology Review, 17*, 78–103.

Berk, L. S., Tan, S. A., Fry, W. F., Napier, B. J., Lee, J. W., Hubbard, R. W., Lewis, J. E., and Eby, W. C. 1989. Neuroendocrine and stress hormone changes during mirthful laughter. *The American Journal of the Medical Sciences, 298*, 390–396.

Bhaskar, S., Hemavathy, D., and Prasad, S. 2016. Prevalence of chronic insomnia in adult patients and its correlation with medical comorbidities. *Journal of Family Medicine and Primary Care, 5*, 780–784.

Blaine, S. K., and Sinha, R. 2017. Alcohol, stress, and glucocorticoids: From risk to dependence and relapse in alcohol use disorders. *Neuropharmacology, 122*, 136–147.

Boggiss, A. L., Consedine, N. S., Brenton-Peters, J. M., Hofman, P. L., and Serlachius, A. S. 2020. A systematic review of gratitude interventions: Effects on physical health and health behaviors. *Journal of Psychosomatic Research, 135,* 110165.

Borkovec, T. D., Wilkinson, L., Folensbee, R., and Lerman, C. 1983. Stimulus control applications to the treatment of worry. *Behaviour Research and Therapy, 21,* 247–251.

Boswell, J. F., Farchione, T. J., Sauer-Zavala, S., Murray, H. W., Fortune, M. R., and Barlow, D. H. 2013. Anxiety sensitivity and interoceptive exposure: A transdiagnostic construct and change strategy. *Behavior Therapy, 44,* 417–431.

Brown, R. P., and Gerbarg, P. L. 2012. *The healing power of the breath.* Boulder, Colorado: Shambhala Publications.

Brunet, H. E., Banks, S. J., Libera, A., Willingham-Jaggers, M., and Almén, R. A. 2021. Training in improvisation techniques helps reduce caregiver burden and depression: Innovative practice. *Dementia, 20,* 364–372.

Cai, L., Liu, Y., and He, L. 2022. Investigating genetic causal relationships between blood pressure and anxiety, depressive symptoms, neuroticism and subjective well-being. *General Psychiatry, 35,* e10087.

Carlucci, L., Saggino, A., and Balsamo, M. 2021. On the efficacy of the Unified Protocol for transdiagnostic treatment of emotional disorders: A systematic review and meta-analysis. *Clinical Psychology Review, 87,* 101999.

Chen, C. Y., and Hong, R. Y. 2010. Intolerance of uncertainty moderates the relation between negative life events and anxiety. *Personality and Individual Differences, 49,* 49–53.

Cherpak C. E. 2019. Mindful eating: A review of how the stress-digestion-mindfulness triad may modulate and improve gastrointestinal and digestive function. *Integrative Medicine, 18,* 48–53.

Craske, M. G., Rowe, M., Lewin, M., and Noriega-Dimitri, R. 1997. Interoceptive exposure versus breathing retraining within cognitive-behavioural therapy for panic disorder with agoraphobia. *The British Journal of Clinical Psychology, 36,* 85–99.

Craske, M. G., Treanor, M., Conway, C. C., Zbozinek, T., and Vervliet, B. 2014. Maximizing exposure therapy: An inhibitory learning approach. *Behaviour Research and Therapy, 58,* 10–23.

Curry, S., Marlatt, G. A., and Gordon, J. R. 1987. Abstinence violation effect: Validation of an attributional construct with smoking cessation. *Journal of Consulting and Clinical Psychology, 55,* 145–149.

Dahne, J., Lejuez, C. W., Diaz, V. A., Player, M. S., Kustanowitz, J., Felton, J. W., and Carpenter, M. J. 2019. Pilot randomized trial of a self-help behavioral activation mobile app for utilization in primary care. *Behavior Therapy, 50,* 817–827.

Daviet, R., Aydogan, G., Jagannathan, K., Spilka, N., Koellinger, P. D., Kranzler, H. R., Nave, G., and Wetherill, R. R. 2022. Associations between alcohol consumption and gray and white matter volumes in the UK Biobank. *Nature Communications*, *13*, 1175.

Deacon, B., Kemp, J. J., Dixon, L. J., Sy, J. T., Farrell, N. R., and Zhang, A. R. 2013. Maximizing the efficacy of interoceptive exposure by optimizing inhibitory learning: A randomized controlled trial. *Behaviour Research and Therapy*, *51*, 588–596.

Demarinis, S. 2020. Loneliness at epidemic levels in America. *Explore*, *16*, 278–279.

De Weck, M., Perriard, B., Annoni, J. M., and Britz, J. 2022. Hearing someone laugh and seeing someone yawn: Modality-specific contagion of laughter and yawning in the absence of others. *Frontiers in Psychology*, *13*, 780665.

Dimidjian, S., Barrera, M., Jr., Martell, C., Muñoz, R. F., and Lewinsohn, P. M. 2011. The origins and current status of behavioral activation treatments for depression. *Annual Review of Clinical Psychology*, *7*, 1–38.

Ditzen, B., and Heinrichs, M. 2014. Psychobiology of social support: The social dimension of stress buffering. *Restorative Neurology and Neuroscience*, *32*, 149–162.

Dugas, M. J., Sexton, K. A., Hebert, E. A., Bouchard, S., Gouin, J. P., and Shafran, R. 2022. Behavioral experiments for intolerance of uncertainty: A randomized clinical trial for adults with generalized anxiety disorder. *Behavior Therapy*, *53*, 1147–1160.

Emmons, R. A. and McCullough, M. E. 2003. Counting blessings versus burdens: An experimental investigation of gratitude and subjective well-being in daily life. *Journal of Personality and Social Psychology*, *84*, 377–389.

Fekete, E. M., and Deichert, N. T. 2022. A brief gratitude writing intervention decreased stress and negative affect during the COVID-19 pandemic. *Journal of Happiness Studies*, *23*, 2427–2448.

Figueiro, M. G., Steverson, B., Heerwagen, J., Kampschroer, K., Hunter, C. M., Gonzales, K., Plitnick, B., and Rea, M. S. 2017. The impact of daytime light exposures on sleep and mood in office workers. *Sleep Health*, *3*, 204–215.

Fredrickson, B. L., Mancuso, R. A., Branigan, C., and Tugade, M. M. 2000. The undoing effect of positive emotions. *Motivation and Emotion*, *24*, 237–258.

Gass, J. C., Funderburk, J. S., Shepardson, R., Kosiba, J. D., Rodriguez, R., and Maisto, S. A. 2021. The use and impact of self-monitoring on substance use outcomes: A descriptive systematic review. *Substance Abuse*, *42*, 512–526.

Gates, P. J., Albertella, L., and Copeland, J. 2014. The effects of cannabinoid administration on sleep: A systematic review of human studies. *Sleep Medicine Reviews*, *18*, 477–487.

Gilman, T. L., Shaheen, R., Nylocks, K. M., Halachoff, D., Chapman, J., Flynn, J. J., Matt, L. M., and Coifman, K. G. 2017. A film set for the elicitation of emotion in research: A comprehensive catalog derived from four decades of investigation. *Behavior Research Methods, 49*, 2061–2082.

Gleichgerrcht, E., and Decety, J. 2013. Empathy in clinical practice: How individual dispositions, gender, and experience moderate empathic concern, burnout, and emotional distress in physicians. *PLoS ONE, 8*, e61526.

Gu, J., Strauss, C., Bond, R., and Cavanagh, K. 2015. How do mindfulness-based cognitive therapy and mindfulness-based stress reduction improve mental health and wellbeing? A systematic review and meta-analysis of mediation studies. *Clinical Psychology Review, 37*, 1–12.

Gu, Y., Ocampo, J. M., Algoe, S. B., and Oveis, C. 2022. Gratitude expressions improve teammates' cardiovascular stress responses. *Journal of Experimental Psychology, 151*, 3281–3291.

Guo, L. 2023. The delayed, durable effect of expressive writing on depression, anxiety and stress: A meta-analytic review of studies with long-term follow-ups. *The British Journal of Clinical Psychology, 62*, 272–297.

Hari, J. 2023. *Stolen focus: Why you can't pay attention—and how to think deeply again.* New York: Crown.

Hewig, J., Hagemann, D., Seifert, J., Gollwitzer, M., Naumann, E., and Bartussek, D. 2005. A revised film set for the induction of basic emotions. *Cognition and Emotion, 19*, 1095–1109.

Hilbert, A., and Tuschen-Caffier, B. 2007. Maintenance of binge eating through negative mood: A naturalistic comparison of binge eating disorder and bulimia nervosa. *The International Journal of Eating Disorders, 40*, 521–530.

Hill, D., Conner, M., Clancy, F., Moss, R., Wilding, S., Bristow, M., and O'Connor, D. B. 2022. Stress and eating behaviours in healthy adults: A systematic review and meta-analysis. *Health Psychology Review, 16*, 280–304.

Hoge, E. A., Bui, E., Mete, M., Dutton, M. A., Baker, A. W., and Simon, N. M. 2022. Mindfulness-based stress reduction vs escitalopram for the treatment of adults with anxiety disorders: A randomized clinical trial. *JAMA Psychiatry.* doi:10.1001/jamapsychiatry.2022.3679

Huberman, A. 2021. Toolkit for sleep. *Huberman Lab.* https://hubermanlab.com/toolkit-for-sleep/

Kahneman, D., and Tversky, A. 1979. Prospect theory: An analysis of decision making under risk. *Econometrica, 47*, 263–291.

Kanter, J. W., Manos, R. C., Bowe, W. M., Baruch, D. E., Busch, A. M., and Rusch, L. C. 2010. What is behavioral activation? A review of the empirical literature. *Clinical Psychology Review, 30*, 608–620.

Kocovski, N. L., Fleming, J. E., Hawley, L. L., Huta, V., and Antony, M. M. 2013. Mindfulness and acceptance-based group therapy versus traditional cognitive behavioral group therapy for social anxiety disorder: A randomized controlled trial. *Behaviour Research and Therapy*, 51, 889–898.

Kruger, J., and Evans, M. If you don't want to be late, enumerate: Unpacking reduces the planning fallacy. *Journal of Experimental Social Psychology*, 40, 586–598.

Krueger, K. R., Murphy, J. W., and Bink. A. B. 2019. Thera-prov: A pilot study of improv used to treat anxiety and depression. *Journal of Mental Health*, 28, 621–626.

Kruse, E., Chancellor, J., Ruberton, P. M., and Lyubomirsky, S. 2014. An upward spiral between gratitude and humility. *Social Psychological and Personality Science*, 5, 805–814.

Kushlev, K., Heintzelman, S. J., Oishi, S., and Diener, E. 2018. The declining marginal utility of social time for subjective well-being. *Journal of Research in Personality*, 74, 124–140.

Layous, K., Chancellor, J., and Lyubomirsky, S. 2014. Positive activities as protective factors against mental health conditions. *Journal of Abnormal Psychology*, 123, 3–12.

Lee, D. H., Rezende, L. F. M., Joh, H. K., Keum, N., Ferrari, G., Rey-Lopez, J. P., Rimm, E. B., Tabung, F. K., and Giovannucci, E. L. 2022. Long-term leisure-time physical activity intensity and all-cause and cause-specific mortality: A prospective cohort of US adults. *Circulation*, 146, 523–534.

Lee, Y. C., Lu, C. T., Cheng, W. N., and Li, H. Y. 2022. The impact of mouth-taping in mouth-breathers with mild obstructive sleep apnea: A preliminary study. *Healthcare*, 10, 1755.

Linehan, M. M. 2015. *DBT skills training manual* (2nd ed.). New York: Guilford Press.

Lundberg, J. O., Settergren, G., Gelinder, S., Lundberg, J. M., Alving, K., and Weitzberg, E. 1996. Inhalation of nasally derived nitric oxide modulates pulmonary function in humans. *Acta Physiologica Scandinavica*, 158, 343–347.

Lyubomirsky, S., Dickerhoof, R., Boehm, J. K., and Sheldon, K. M. 2011. Becoming happier takes both a will and a proper way: An experimental longitudinal intervention to boost well-being. *Emotion*, 11, 391–402.

Lyubomirsky, S., and Layous, K. 2013. How do simple positive activities increase well-being? *Current Directions in Psychological Science*, 22, 57–62.

Madore, K. P., and Wagner, A. D. 2019. Multicosts of multitasking. *Cerebrum*, 2019, cer-04-19.

Magnon, V., Dutheil, F., and Vallet, G. T. 2021. Benefits from one session of deep and slow breathing on vagal tone and anxiety in young and older adults. *Scientific Reports*, 11, 19267.

Mark, G., Gudith, D., and Klocke, U. 2008. The cost of interrupted work: More speed and stress. https://www.ics.uci.edu/~gmark/chi08-mark.pdf.

Masi, C. M., Chen, H. Y., Hawkley, L. C., and Cacioppo, J. T. 2011. A meta-analysis of interventions to reduce loneliness. *Personality and Social Psychology Review, 15,* 219–266.

McRaven, W. H. 2014. University of Texas at Austin 2014 commencement speech. [Video]. YouTube. https://www.youtube.com/watch?v=pxBQLFLei70.

McRaven, W. H. 2017. *Make your bed: Little things that can change your life . . . and maybe the world.* New York: Grand Central Publishing.

Mikkelsen, K., Stojanovska, L., Polenakovic, M., Bosevski, M., and Apostolopoulos, V. 2017. Exercise and mental health. *Maturitas, 106,* 48–56.

Monfort, S. S., Stroup, H. E., and Waugh, C. E. 2015. The impact of anticipating positive events on responses to stress. *Journal of Experimental Social Psychology, 58,* 11–22.

Myllymäki, T., Kujala, U. M., and Lindholm, H. 2018. Acute effect of alcohol intake on cardiovascular autonomic regulation during the first hours of sleep in a large real-world sample of Finnish employees: Observational study. *JMIR Mental Health, 5,* e23.

National Sleep Foundation. 2012. Bedroom poll. https://www.sleepfoundation.org/wp-content/uploads/2018/10/NSF_Bedroom_Poll_Report_1.pdf.

Natraj, N., and Ganguly, K. 2018. Shaping reality through mental rehearsal. *Neuron, 97,* 998–1000.

Nestor, J. 2020. *Breath: The new science of a lost art.* New York: Riverhead Books.

Newman, D. B., Gordon, A. M., and Mendes, W. B. 2021. Comparing daily physiological and psychological benefits of gratitude and optimism using a digital platform. *Emotion, 21,* 1357–1365.

Nuckowska, M. K., Gruszecki, M., Kot, J., Wolf, J., Guminski, W., Frydrychowski, A. F., Wtorek, J., Narkiewicz, K., and Winklewski, P. J. 2019. Impact of slow breathing on the blood pressure and subarachnoid space width oscillations in humans. *Scientific Reports, 9,* 6232.

Ostafin, B. D., and Proulx, T. 2020. Meaning in life and resilience to stressors. *Anxiety, Stress, and Coping, 33,* 603–622.

Papa, A., Sewell, M. T., Garrison-Diehn, C., and Rummel, C. 2013. A randomized open trial assessing the feasibility of behavioral activation for pathological grief responding. *Behavior Therapy, 44,* 639–650.

Pennebaker, J. W. 2018. Expressive writing in psychological science. *Perspectives on Psychological Science, 13,* 226–229.

Pennebaker, J. W., and Smyth, J. M. 2016. *Opening up by writing it down: How expressive writing improves health and eases emotional pain* (3rd ed.). New York: Guilford Press.

Ramirez, G., and Beilock, S. L. 2011. Writing about testing worries boosts exam performance in the classroom. *Science, 331*, 211–213.

Ritterband, L. M., Thorndike, F. P., Ingersoll, K. S., Lord, H. R., Gonder-Frederick, L., Frederick, C., Quigg, M. S., Cohn, W. F., and Morin, C. M. 2017. Effect of a web-based cognitive behavior therapy for insomnia intervention with 1-year follow-up: A randomized clinical trial. *JAMA Psychiatry, 74*, 68–75.

Rizvi, S. L. 2019. *Chain analysis in dialectical behavioral therapy.* New York: Guilford Press.

Russo-Netzer, P., and Cohen, G. L. 2022. If you're uncomfortable, go outside your comfort zone: A novel behavioral stretch intervention supports the well-being of unhappy people. *The Journal of Positive Psychology*, https://doi.org/10.1080/17439760.2022.2036794.

Safer, D. J., Telch, C. F., and Check, E. Y. 2009. *Dialectical behavior therapy for binge eating and bulimia.* New York: Guilford Press.

Sakurada, K., Konta, T., Watanabe, M., Ishizawa, K., Ueno, Y., Yamashita, H., and Kayama, T. 2020. Associations of frequency of laughter with risk of all-cause mortality and cardiovascular disease incidence in a general population: Findings from the Yamagata study. *Journal of Epidemiology, 30*, 188–193.

Salmon, P. 2001. Effects of physical exercise on anxiety, depression, and sensitivity to stress: A unifying theory. *Clinical Psychology Review, 21*, 33–61.

Sandstrom, G. M., Boothby, E. J., and Cooney, G. 2022. Talking to strangers: A week-long intervention reduces psychological barriers to social connection. *Journal of Experimental Social Psychology, 102*, 104356.

Sandstrom, G. M., and Dunn, E. W. 2014. Is efficiency overrated? Minimal social interactions lead to belonging and positive affect. *Social Psychological and Personality Science, 5*, 436–441.

Sandstrom, G. M., and Dunn, E. W. 2014. Social interactions and well-being: The surprising power of weak ties. *Personality & Social Psychology Bulletin, 40*, 910–922.

Schickedanz, A., Perales, L., Holguin, M., Rhone-Collins, M., Robinson, H., Tehrani, N., Smith, L., Chung, P. J., and Szilagyi, P. G. 2023. Clinic-based financial coaching and missed pediatric preventive care: A randomized trial. *Pediatrics, 151*, e2021054970.

Schleider, J. L., Mullarkey, M. C., Fox, K. R., Dobias, M. L., Shroff, A., Hart, E. A., and Roulston, C. A. 2022. A randomized trial of online single-session interventions for adolescent depression during COVID-19. *Nature Human Behavior, 6*, 258–268.

Schoenfeld, T. J., Rada, P., Pieruzzini, P. R., Hsueh, B., and Gould, E. 2013. Physical exercise prevents stress-induced activation of granule neurons and enhances local inhibitory mechanisms in the dentate gyrus. *The Journal of Neuroscience, 33,* 7770–7777.

Segal, Z. 2016. The three-minute breathing practice. *Mindful.* https://www.mindful.org/the-three-minute-breathing-space-practice/.

Seligman, M. P. 2006. *Learned optimism: How to change your mind and your life.* New York: Vintage.

Singh, B., Olds, T., Curtis, R., Dumuid, D., Virgara, R., Watson, A., Szeto, K., O'Connor, E., Ferguson, T., Eglitis, E., Miatke, A., Simpson, C. E., and Maher, C. 2023. Effectiveness of physical activity interventions for improving depression, anxiety and distress: an overview of systematic reviews. *British Journal of Sports Medicine,* bjsports-2022-106195. https://doi.org/10.1136/bjsports-2022-106195

Sloan, D. M., Marx, B. P., Resick, P. A., Young-McCaughan, S., Dondanville, K. A., Straud, C. L., Mintz, J., Litz, B. T., and Peterson, A. L. 2022. Effect of written exposure therapy vs cognitive processing therapy on increasing treatment efficiency among military service members with posttraumatic stress disorder: A randomized noninferiority trial. *JAMA Network Open, 5,* e2140911.

Smyth, J., Johnson, J., Auer, B., Lehman, E., Talamo, G., and Sciamanna, C. 2018. Online positive affect journaling in the improvement of mental distress and well-being in general medical patients with elevated anxiety symptoms: Evidence from a preliminary randomized controlled trial. *JMIR Mental Health, 5,* e11290.

Sproesser, G., Schupp, H. T., and Renner, B. 2014. The bright side of stress-induced eating: Eating more when stressed but less when pleased. *Psychological Science, 25,* 58–65.

Stietz, J., Jauk, E., Krach, S., and Kanske, P. 2019. Dissociating empathy from perspective-taking: Evidence from intra- and inter-individual differences research. *Frontiers in Psychiatry, 10,* 126.

Stothard, E. R., McHill, A. W., Depner, C. M., Birks, B. R., Moehlman, T. M., Ritchie, H. K., Guzzetti, J. R., Chinoy, E. D., LeBourgeois, M. K., Axelsson, J., and Wright, K. P., Jr. 2017. Circadian entrainment to the natural light-dark cycle across seasons and the weekend. *Current Biology, 27,* 508–513.

Sun, J., Harris, K., and Vazire, S. 2020. Is well-being associated with the quantity and quality of social interactions? *Journal of Personality and Social Psychology, 119,* 1478–1496.

Tait, R. J., Paz Castro, R., Kirkman, J. J. L., Moore, J. C., and Schaub, M. P. 2019. A digital intervention addressing alcohol use problems (the "Daybreak" program): Quasi-experimental randomized controlled trial. *Journal of Medical Internet Research, 21,* e14967.

Taylor, S. E., Klein, L. C., Lewis, B. P., Gruenewald, T. L., Gurung, R. A., and Updegraff, J. A. 2000. Biobehavioral responses to stress in females: Tend-and-befriend, not fight-or-flight. *Psychological Review, 107*, 411–429.

Vincent, N., and Lionberg, C. 2001. Treatment preference and patient satisfaction in chronic insomnia. *Sleep, 24*, 411–417.

Vyas, S., Even-Chen, N., Stavisky, S. D., Ryu, S. I., Nuyujukian, P., and Shenoy, K. V. 2018. Neural population dynamics underlying motor learning transfer. *Neuron, 97*, 1177–1186.e3.

Willcox, B. J., Willcox, D. C., and Suzuki, M. 2017. Demographic, phenotypic, and genetic characteristics of centenarians in Okinawa and Japan: Part 1—Centenarians in Okinawa. *Mechanisms of Ageing and Development, 165*, 75–79.

Williams, M., Teasdale, J., Segal, Z., and Kabat-Zinn, J. 2007. *The mindful way through depression*. New York: Guilford Press.

Wood, A. M., Maltby, J., Gillett, R., Linley, P. A., and Joseph, S. 2008. The role of gratitude in the development of social support, stress, and depression: Two longitudinal studies. *Journal of Research in Personality, 42*, 854–871.

Wright, K. P., Jr., McHill, A. W., Birks, B. R., Griffin, B. R., Rusterholz, T., and Chinoy, E. D. 2013. Entrainment of the human circadian clock to the natural light-dark cycle. *Current Biology, 23*, 1554–1558.

Wu, J., Balliet, D., Kou, Y., and Van Lange, P. A. M. 2019. Gossip in the dictator and ultimatum games: Its immediate and downstream consequences for cooperation. *Frontiers in Psychology, 10*, 651.

Yemiscigil, A., and Vlaev, I. 2021. The bidirectional relationship between sense of purpose in life and physical activity: A longitudinal study. *Journal of Behavioral Medicine, 44*, 715–725.

Zaccaro, A., Piarulli, A., Laurino, M., Garbella, E., Menicucci, D., Neri, B., and Gemignani, A. 2018. How breath-control can change your life: A systematic review on psycho-physiological correlates of slow breathing. *Frontiers in Human Neuroscience, 12*, 353.

Zander-Schellenberg, T., Collins, I. M., Miché, M., Guttmann, C., Lieb, R., and Wahl, K. 2020. Does laughing have a stress-buffering effect in daily life? An intensive longitudinal study. *PLoS ONE, 15*, e0235851.

마치며

Motto, J. A., and Bostrom, A. G. 2001. A randomized controlled trial of postcrisis suicide prevention. *Psychiatric Services, 52*, 828–833.